让世界辞又起来

李德臻

中华优秀传统文化修习教程
全国少儿智力运动训练教程
世界华人家学文化传承教程

李德臻　主编

潘新国　编审

何云波　学术指导

中华人文素养教程

围棋

（级位卷）

浙江大学出版社
ZHEJIANG UNIVERSITY PRESS

君子人格：人文素养教育之境

——《中华人文素养教程》序

余潇枫 *

（一）

凡人都有其人格，因而人人都是"格"中之人。人格是人的总体形象，现代君子人格是人的价值生命的至高体现，也应是独立人格与公民人格的完好整合。

人至少有"五格"，即体格、性格、品格、资格和规格。体格表征的是一种"生理自我"，通常代表人的外表、容貌和给人的印象等，体格既有先天的因素，又有后天可塑造的可能。性格表征的是一种"心理自我"，通常指人的性格、气质、能力等，是人的心理动力机制的总和。品格表征的是一种"道德自我"，通常指能区分人的高尚与卑下的品质、境界、道德水准以及人的尊严等，是人在后天的行为习惯养成与接受教育过程中形成的德性。资格表征的是一种"法律自我"，通常指法律对人的权利与义务的规定，或是作为主体的权利、义务的确认与获得。规格表征的是一种"角色自我"，不同的社会角色有不同角色行为方式的统一性规定和固定倾向性要求，这些往往通过规格来体现。这"五格"人人都有，各不相同，但五个"格"综合起来则表征的是人的"价值自我"，是人立于世、面于人、从其事的总体形象。

在汉语中，"格"有两种基本词性：一是作为名词的"格"，指定格、规格、格局等，与名词的格组成的相应名词词组有"品格""性格""风格""格言"等，因而"人格"指称人是一种有规定、有准则、有限制的特殊存在物，在名词性的"格"的观照中，人是接受性的、顺从性的、被限定的"存在"；二是作为动词的"格"，指推究、框正、击、打、升等，与动词的格组成的相应动词词组有"格物""格心""格斗""升格"等，因而"人格"指称人是一种行动者、否定者、创造者的存在物，在动词性的"格"

* 余潇枫，浙江宁波人，浙江大学公共管理学院教授、博士生导师，哈佛大学、牛津大学、中国社会科学院高级访问学者，中国首位"昆仑学者"，现为浙江大学全球领导力研究中心主任、浙江大学非传统安全与和平发展研究中心主任、中国高校国际政治研究会常务理事。著有《哲学人格》《人格之境：类伦理学引论》《国际关系伦理学》《比较行政体制：政治学理论应用》《非传统安全概论》等，译著《国际安全研究的演化》《女性主义与后现代国际关系》等，主编《中国非传统安全研究报告（蓝皮书）》《浙江模式与地方政府创新》等，主持"中国非传统安全能力建设""中国非传统安全威胁识别、评估及应对"等多项国家级课题。

的观照中，人并不是一种顺从性的、被限定的"存在"，而是一种通过努力奋斗能创造自己本质的"生存"。提倡君子人格的塑造，强调的是在整合名词的格与动词的格的两种含义的同时，更多地凸显"生存"意义上的"格物""格心""格斗"与人的价值意义上的"升格"。

人格之所以重要，是因为人生活在一个属于人的世界之中，离开人的世界，人就与本然世界的一棵树、一块石头、一只兔子没有什么不同的意义。人格之所以被视作为"人之为人"的标志，还是因为人格是以理性为导引的人的价值动力源，它给予人以主动选择与创造的可能。

（二）

西方社会有民主政治的渊源，由于民主政治的实施需要社会个体的最大可能的参与，故西方社会多崇尚个体示范意义上的"独立人格"。

古希腊雅典法庭曾以"亵渎神"与"蛊惑青年"为由判处苏格拉底死刑，但法庭却同时给苏格拉底留置了可以赎走，也可以逃狱的可能。然而苏格拉底放弃逃生，也不听学生们的规劝，选择了喝毒芹汁而死的方式，并发表演说试图来催醒雅典民主的"沉沦"，成为哲学史上千古传颂的故事。苏格拉底不惜以自己的生命，去维护自己的信仰和人格的尊严，所追求的正是"独立人格"的弘扬。马克思称赞苏格拉底是"哲学的化身"，并称赞他不是作为"神的形象，而是作为人的形象的代表者"。

康德认为人类心灵中最为景仰和敬畏的是"头顶的星空与心中的道德律"，因而，人格说到底就是人的理性崇高性的体现，人格独立问题是"最高伦理学"的研究对象。康德提出了关于独立人格的三大理性判据。其一是精神自由，即理性的自由，理性是人区别于物的标志，自由是整个纯粹理性的"拱心石"，世界上的一切事物都要经过人的理性的"批判"才能逼近真理。其二是意志自律，人格是受意志支配的理性"实体"，其有效性取决于意志的自律性，意志自律表明人要为自我立法，人负有特殊的道德使命，人对自己的意愿与选择要承担责任。其三是良心自觉，即人的善良心、义务感、内心法则，就是人对普遍道德律的绝对尊重，特别是良心自觉强调人不仅要"合于道德"，而且更要"本于道德"，只有"本于道德"才真正体现了人的自觉意义上的良心。康德的独立人格理论强调了人是目的，人格的尊严无价，为人格的塑造建构了理性的价值坐标。

后来黑格尔对康德的独立人格判据进行了"修正"，添加了第四个判据，即"经济自主"。黑格尔认为没有经济自主，人的生存便没有坚实的现实支撑，便没有真正的独立人格可言。黑格尔的修正，在现实性的意义上可以说是一种必要的"完善"，然而在合理性的意义上或许可以说是对康德的一种深深的"误读"。

（三）

中国有贤人政治的渊源，贤人政治是通过榜样的力量激发人们共同努力完成天下大业，故中国社会多追求贤人示范意义上的"君子人格"。

君子人格所蕴含的是道德向高标准看齐与境界向高层次升华的意识自觉，凸显的是正直、正派、正当、正气与正义的价值取向。中国人的所有的德性之学都可以用"君子之道"四字所囊括。中国传统政治思想的一大特点是强调为政者为先的"正心、诚意、修身、齐家"的表率作用，进而才能有"治国、平天下"的可能。中国历史上的禅让制度，大禹治水三过家门而不入的舍小家为大家精神，无数仁人志士为国奉献等等，都是中国式的"君子人格"在历史语境中的践行。

儒家的君子人格是"内圣外王"的最高追求，是以礼为前提，以人伦为核心的对"仁"的追求。孔子认为，"贤人""圣人"必须是"仁者"，有"仁"才有人的价值和人格，同时，人格又是平等的，"人皆可以为尧舜"。儒家对君子人格的塑造主要体现在对"仁、智、礼、义、信、勇"六大美德的追求上。仁者不忧，强调的是仁者"爱人"，对外以爱心对世间万物，对内则要心性和谐，不被那些自己努力达不到的东西，那些为时运所制约的东西，那些人人皆不可抗拒的东西所骚扰，达到不忧不烦的心与物的统一。智者不惑，强调的是智者"知人"，即因知识渊博而心胸开阔，因技能精熟而善解难题，因智慧高深而有自知之明。义者不悔，强调以应当性与合理性处理人际关系，使事事得其所宜，用义而非利作为人格境界的评价尺度，"君子喻于义，小人喻于利""不义而富且贵，于我如浮云"。信者不欺，强调诚实与信用在现实生活中的重要性，"与朋友交，言而有信""道千乘之国，敬事而有信"；信还是立身处世的基础，"民无信不立"，信者不欺，贵在不自欺亦不欺人。勇者不惧，强调的是道德之勇、合乎礼义之勇、呈现浩然之气之勇，孔子认为，"仁者必有勇"，勇者未必有仁，如果说仁、智、勇是天下之"达德"，那么勇与义、礼、智的关系是：勇而无义则为盗，勇而无礼则为乱，勇而无谋则不取。

对中国人来说，仁、智、礼、义、信、勇是构成君子人格的基本要件。孟子较好地继承了孔子的儒家学说与人格理论，提出了永世流传的"大丈夫"型的君子人格，其具体的表述是："居天下之广居，立天下之正位，行天下之大道，得志与民由之，不得志独行其道。富贵不能淫，贫贱不能移，威武不能屈。"而"富贵不能淫，贫贱不能移，威武不能屈"的大丈夫人格正是仁、智、礼、义、信、勇的集中体现，也是君子人格的典型写照。

（四）

无论是西方的独立人格还是中国的君子人格均需要与现代法治社会的公民人格相整合，需要通过对公民的现代人文素养教育而实现传统人格的现代化转型。美国学者英格尔斯则对现代社会的现代公民人格进行了长达几十年的研究，他认为人格三要素是"心理""观念""行为"，这些都切切实实地表现在日常生活之中。现代人格即是"现代心理""现代观念""现代行为"诸要素的集合。英格尔斯强调，人的现代化是社会现代化的前提，而人格现代化又是人的现代化的前提；如果国民在心理、观念和行为上都没有转变为现代人格，不仅其国家称不上是现代化的国家，而且其"失败和畸形发展的悲剧结局是不可避免的"。

现代公民人格为"独立人格"与"君子人格"的现代转型提供了新的理论范式。现代君子人格必须是以现代独立人格为前提的人格，同样现代独立人格也必须以现代君子人格为价值取向，两者又以现代公民人格为其基础。现代公民人格是以法治为前提的非人身依附型的独立人格。可以说，公民人格既是一种道德规范，又是一种法律约束，还是一种责任自觉。当然，在价值排序上，公民人格是基础性的，现代君子人格则是公民人格的价值提升，更具有高位的价值性。

人无独立的人格意识，人是"无我"的，人就属于了实体化和人格化了的那个集群（群落或族群），而君子人格首先是人有独立的君子意识，把自己与小人相区别；同时，君子意识又高于公民意识，如果说公民的价值标准是"合于义务"的话，那么君子的价值标准是"本于义务"。现代君子人格要求在人的生存中发挥创造性的潜力与示范性的张力，以真理为归依，以天下为已任，在整合与超越"本然世界"与"应然世界"的"适然世界"中实现人之为人的至高境界。

人文素养教育为培养现代君子人格提供了重要的路径，也为现代年青追求人格之境提供了重要的可能。君子是"有道"之人，有"人文素养"则是"有道"的前提与基础，"君子坦诚""君子安贫""君子使物""君子崇德""君子博智"等都是君子的人文素养的具体表现。培养现代君子人格的人文素养教育之所以重要，是因为人格化了的世界需要有崇高的人文价值追求。如果说，英国文化的人格化代表是"绅士"的话，那么中国文化的人格化代表则是"君子"。

总之，君子人格是中国人所必然向往与追求的至高价值范式。君子人格是"良知人格"，是"正义人格"，是"勇者人格"，是中华民族人文素养教育之境。在现代社会，无论物质多么丰富、生活多么喧嚣，也无论信息多么刺激、思想多么暴激，只有确立"自觉为人"的君子人格，才使我们有可能在精神家园的寻找中，永远地自主，持续地升华，才使我们有可能去真正导引那生命的律动，去拓展体现"人之为人"的价值生命的无限边界。《中华人文素养教程》正是以其"源于经典，承于主流，彰于特色，重于涵养，便于教学"的原则为现代君子人格的培养提供了正统化、家学化、生态化、实用性、广览性特征的教学文本。"邂逅书香门第里的自己，回归诗礼家国中的斯文"——当代人需从国学中汲取文化营养，以自觉的精神确立君子人格。

"让世界斯文起来"，这是李德臻博士按照孔子大同思想提出的世界愿景。在斯文世界里，"人活在上帝与牛顿之间"，这是历代仁人志士孜孜追求的终极目标，是未来中国乃至全球最生态、最和美、最理想的社会形态，也是人类臻及"诗意栖居"生存范式的一个永续和合的适然境界。

是为序。

余潇枫

二〇一八年八月十二日于浙江大学求是园

博文约礼：人文素养教育之维

——《中华人文素养教程》序

董平*

李德臻先生主编和十多位专家学者鼎力勷襄而成的《中华人文素养教程》付梓之际，希望我能写个序。蒙李先生青眼，聘我为该教程的"首席专家"，下面我就《素养教程》稍谈一些感想。

中国是世界上最早开化而进入文明的国度之一，教育无疑是摆脱野蛮而进入文明的根本有效方式，因此中国也是世界上最早形成独特教育传统的国度之一。生活在两千五百多年前的孔子是中国平民教育的开创者。某种意义上我们可以说，中国历代的教育都是在孔子思想的指引之下的，是对孔子的教育理念、实践方法的继承与贯彻，由此而实现了中国教育的历史绵延。宋朝人有句话，叫做"天不生仲尼，万古如长夜"，这当然并不是说如果没有孔子太阳就出不来了，天下就一团漆黑了，而是说孔子的思想及其德性实践精神照亮了中国人的心灵世界，启迪了中国文化的精神情怀，从而使人们能够沿着文明的道路不断前行，而终究跻身于精神超拔的光大高明之域。

人因教育而进入文明。文明是每一个人的内在向往，是人类基于自身生存而产生的本原性价值关切。孔子最早倡导"有教无类"，充分体现他在教育上的平权意识。人人都能够而且应该接受教育，经由教育而共同转进于文明的创造，共同享有文明的成果，从而以文明化成天下，协和万邦，确乎是儒家的基本社会理想。这一理想的实现必须以教育为基础。只有人人实现其德性的自觉，并具备自我德性的现实表达能力，作为人群的社会才可能呈现出良序美俗。因此在孔子那里，教育的根本目的就是要使人成为人，由"自然人"而成为"社会人"，由"个体"而成为"主体"。孔子说"主忠信"，即是要以"忠信"为"主本"而建立起自我的全人格。能以"忠信"为本，以之为安身立命的根基，既内有所主，则外在言行方

* 董平，浙江衢州人，现为浙江大学求是特聘教授、哲学系中国哲学博士生导师，担任浙江大学中国思想文化研究所所长、浙江大学佛教文化研究中心主任。兼任中国哲学史学会副会长、中华孔子学会副会长、中国孔子基金会学术委员、浙江省文史研究馆馆员、浙江省稽山王阳明研究院院长等职。曾在央视《百家讲坛》主讲《名相管仲》《传奇王阳明》。主要研究方向为先秦儒家道家哲学、宋明理学与浙东学派、王阳明心学、中国佛教哲学，兼及印度哲学。著有《陈亮评传》《陈亮文粹》《天台宗研究》《浙江思想学术史——从王充到王国维》《老子研读》《王阳明的生活世界：通往圣人之路》《先秦儒学广论》《宋明儒学与浙东学术》等著作，《王阳明全集》（合作）《邹守益集》《杨简全集》等古籍整理著作，以及《东方宗教与哲学》《世界名人论中国文化》（合作）等译著。

有根据，由是而人格得以健全。这一健全人格，即孔子所谓"君子"。"君子"是人格健全的人，是为"成人"。

今天讲教育，都必以"成才"为目的，而不以"成人"为目的，这实在是今日教育的最大误区。孔子讲"君子不器"，最为今日讲教育的人所误会，以为"不器"就是不要求"成才"，而不"成才"就是教育的失败。我坚信孔子之所以从事民间教育事业，定然是为了要培养人才，并且是站在"道"的绝对高度，要培养出能够保持文明传承的种子人才。然而孔子为何要说"君子不器"呢？我们一定要晓得，任何人才的成就，都必须以个体人格的健全与完善为基础性前提。一个对"真己"全然无所知晓，心无所主，而事实上又为人格不健全的人，他连个人的生活责任都承担不起，如何能够指望这样的人来承担起国家大事，能够担当起民族复兴之大业？孔子讲"君子不器"，就是要求人们不要把教育本身当作达成未来功利目的的工具，不能把功利目标作为知识的目的，而要一意"为己"，关注自身人格的健全与完善。只有在健全人格的基础上才可能有事业的真正开拓，惟以"不器"为前提，方能最后"成器"，像子贡那样成为"瑚琏之器"，是为重器美器。达成人格的自觉、健全、完善，即是"成己"，"成己"是"成物"的前提，惟"成己"方能"成物"。所以在儒家的传统理念中，"成己，仁也；成物，智也。""成己"与"成物"的统一，既是"不器"与"成器"的统一，也是"仁"与"智"的统一。这种统一在现实中的确实体现，即是健全人格的表达，以此健全人格为基础，才有事业的成就，是为"君子"。

今天讲教育，又都讲"素质教育"，而人们的做法，大抵给学生塞进一大堆"基础知识"，以为这样做了，就叫做"素质教育"。这又是关于"素质教育"的一大误区。其实人的"素质"，就是人的本原性实在状态。经验生活中，个人的一切成就，都必须是以此"素质"为根基的现实发展。真正的"素质"，就是人在现实中安身立命的基础。照我的看法，孔子才是最早的"素质教育"的提倡者。我们每一个人之所以能够接受教育，通过教育之所以能够成为"君子"，教育作为培养人的"后天的"经验活动之所以可能，都是因为我们人人都"先天地"具有自己的本原"素质"。这个"素质"既是本原的，就不可能是后天习得的，而只能是"天赋的"，所以孔子确信"天生德于予"，孟子坚信"恻隐之心""羞恶之心""辞让之心""是非之心"是人之所以为人的内在根据，"非由外铄我也，我固有之也"。孔子所说的"天德"、孟子所说的"四端之心"，人人生来具足，是"天之所予我者"，不由外铄，非关后天，所以便是人的本原"素质"。正是"素质"的原在才使教育成为可能，因为教育的功能与作用，实际上只在于使受教育者能够自觉到自己有此"素质"的本在，从而使人们能够自觉地加以进一步的封植涵养而使其强固壮大，并锻炼出能够将这些"素质"清晰地、恰当地表达于自己的现实生活之中的能力。在这一意义上，教育其实是人自身本原德性的一种能力呈现，它并不意味着把与人的自身"素质"不相关的东西塞进去，而是意味着要把人的本原"素质"启迪出来。孟子讲"存心养性"，就是强调"素质"的涵养；讲"扩而充之"，就是"素质"表达能力的培养，这就是"素质教育"。如此"素质"，即是德性，德性的表达即是德行；如此"素质"，即是"真己"，"真己"的实现即是"成己"。孔子强调"学以为己"，就是要通过学习的手段与方式使人们能够自觉地意识到"真己"的存在，并将"真己"自身的存在性切实地体现于现实生活之中。如此"真己"的现实表达，不只是德行之善，不只是素质之真，而且是人文之美，所以孔子赞赏"素以为绚"，孟子坚持"充实之为美"。真、善、美的统一原本不只是一种理论，而更是基于"素质"的自我表达而体现在人的生命实践过程之中的。"充实"即是"诚"，外在言行与内在"真己"的相互同一，内外一致，叫做"诚"。"诚"让人快乐，所以孟子说"反身而诚，乐莫大焉"，是为幸福。

教育是要让人幸福，不是要人痛苦。幸福是由于作为本原"素质"的"真己"得到了真实的现实体现而在主体那里所产生的一种快乐，是由于人的本原实在实现了其本身而产生的一种合目的性的内在感受，因此它是内源性的，而不是依赖于外物的。真正的"素质教育"，便是通达于这种"真乐"的途径。

《中华人文素养教程》是依循传统而注重"素质教育"的。其《国学》全书六个单元："孝""仁""义""礼""智""信"，推主编之意，盖欲以"百善孝为先"来奠定学行之根基，而继之以仁义礼智信的实践工夫，可谓紧扣人的"素质"，而深切于今日教育之所需。每课之内容，既有统说，又有原典，既有扩展性阅读材料，又附有思考题，可谓体例完备，而语言简洁，明快通达，尤适合于少年学子。该教程还将诗教、礼教、乐教、历史、家学以及家国情怀、审美趣味、生态理念等等，渗透于《古筝》《围棋》《书法》《国画》《生活美学》诸才艺课程之中，旨在全面涵育学子的生活品味，借以变化气质而转进于"斯文"的雅致。惟自身文雅，方能承继"斯文"之传统而参与于文明的共建。

颜回赞叹孔子，称"仰之弥高，钻之弥坚，瞻之在前，忽焉在后。夫子循循然善诱人，博我以文，约我以礼，欲罢不能。既竭吾才，如有所立卓尔！"中国的传统教育所指向的，从来都不只是一个书本上的学问，而要求须将所学的东西落实于现实的日常生活中去。博学于文，终须归于"约之以礼"，要体现到人在现实中的各种交往情境中去。《中庸》说："博学之，审问之，慎思之，明辨之，笃行之。"一切学问思辨的为学功夫，最终也是要落实到"笃行之"的实践中去的。惟有实践才是一切学问思辨的最后意义与价值所在。我们在这样的"学"与"习"的双重互动之中不断开明自己的德性，不断磨砺自我德性的表达能力，不断展开心身一元的完善人格，不断趋向于真善美统一的光明而崇高的世界，我们将因此而享有人生的幸福。

是为序。

董平

二〇一八年九月二十日于浙江大学中国思想文化研究所

前　言

　　以浙江大学、西泠印社、中国美术学院、中国围棋协会、浙江师范大学、浙江音乐学院等院校机构的知名学者为学术指导，由浙江大学出版社出版，凝聚着二十多位专家学者、十多位专职编辑人员和三十多位国学才艺任课教师心血与智慧的《中华人文素养教程》（简称《素养教程》），历时三载，六易其稿，终于问世了。

甲、教程编写的时代背景

　　教育部关于《完善中华优秀传统文化教育指导纲要》，以弘扬爱国主义精神为核心，从爱国、处世、修身三个层面概括了中华优秀传统文化教育的主要内容：

　　一是开展以天下兴亡、匹夫有责为重点的家国情怀教育。引导青少年学生深刻认识以祖国的繁荣为最大的光荣，以国家的衰落为最大的耻辱，增强国家认同，培养爱国情感，树立民族自信，形成为实现中华民族伟大复兴而不懈努力的共同理想追求。

　　二是开展以仁爱共济、立己达人为重点的社会关爱教育。引导青少年学生正确处理个人与他人、个人与社会、个人与自然的关系，学会心存善念、理解他人、尊老爱幼、扶残济困、关心社会、尊重自然，培育集体主义精神和生态文明意识，形成乐于奉献、热心公益慈善的良好风尚。

　　三是开展以正心笃志、崇德弘毅为重点的人格修养教育。引导青少年学生明辨是非、遵纪守法、坚韧豁达、奋发向上，自觉弘扬中华民族优秀道德思想，形成良好的道德品质和行为习惯。通过家国情怀、社会关爱和人格修养三个层面的教育，培养青少年学生做有自信、懂自尊、能自强，高素养、讲文明、有爱心、知荣辱、守诚信、敢创新的中国人。

乙、人文素养的古今诠释

　　"人文"一词，最早出现于《易经》贲卦的象辞："刚柔交错，天文也。文明以止，人文也。观乎天文，以察时变；观乎人文，以化成天下。"三国时期王弼解释："止物不以威武，而以文明，人文也。"宋代程颐诠释："天文，天之理也；人文，人之道也。"人文，本义为人的道德层面上的品质、风貌和精神境界。素养，乃平时之教养，是人通过教育和实践等途径日积月累起来的整体素质。素养包括政治素养、人文素养、艺术素养、科学素养、职业素养、技能素养、业务素养以及体质素养、心理素养等。其中，人文素养是素养的核心，是人们学习知识内化后而生成的气质修养——高尚的思想品德、稳定的心理素质、良好的思维方式、自觉的行为操守、优雅的审美情趣、和谐的人际关系，以及正确的世界观、人生观和价值观。一个人具有良好的人文素养，最终会体现在崇真、向善、尚美的人生德性品格之中，它不仅可以长效地促进个人的全面发展，还对民族昌盛、社会进步有着至关重要的作用。

丙、素养教育的当代意义

《汉书》云："马不伏历，不可以趋道；士不素养，不可以重国。"在中国，素养教育源远流长，历朝历代皆将其作为立国之本、树人之基。同时，素养教育也是当代之国策，代表着 21 世纪中国教育和世界教育的方向。素养教育强调家学文化熏陶、社会风气影响、学校教育培养和个人日常修行等多元教育，从本质上揭示了素养教育的模式与方法——传承与创新并存、国教与家学共融、道统与新知同在、认知与践行并重。因而，相对于应试教育、技能训练、职业培训而言，素养教育是对教育规律最直接、最全面、最深刻的揭示与阐释。素养教育的目的，是为了唤醒人的良知，重塑人的信仰，启发人的智慧，陶冶人的情操，砥砺人的意志，五个方面相互关联，构成了人的整体素养，涵盖了人的全部精神世界和人生智慧。素养教育将人文素养作为人的第一要素，强调教育的第一责任是通过"传道、授业、解惑"的教学活动帮助受教育者树立正确的世界观、人生观和价值观，掌握"修身、齐家、治国、平天下"的经世才能。素养教育始终遵循格物致知、知行合一的原则，将个人的思想品行、担当精神、好学敬业、审美情趣、家国情怀作为衡量一个人素养水平的基本标准。

丁、素养教程的编写意图

《关于实施中华优秀传统文化传承发展工程的意见》指出，围绕立德树人根本任务，遵循学生认知规律和教育教学规律，按照一体化、分学段、有序推进的原则，把中华优秀传统文化全方位融入思想道德教育、文化知识教育、艺术体育教育、社会实践教育各环节，贯穿于启蒙教育、基础教育、职业教育、高等教育、继续教育各领域。以幼儿、小学、中学教材为重点，构建中华文化课程和教材体系。编写中华文化青少年读物，开展"少年传承中华传统美德"系列教育活动，创作系列绘本、童谣、儿歌、动画等。修订中小学道德与法治、语文、历史等课程教材。

综观非学历教育培训机构所采用的国学（含启蒙国学，下同）教材，至今未有真正意义上的教材，一直来以传统读本代教材，千篇一律，一成不变。艺术教材也存在一个偏颇的问题，只强调"技"的教学，忽视了"道"的层面，培养出来的学生，其作品缺少创意、缺少灵气，缺少思想境界。楼宇烈先生提出："中国艺术注重表意，讲究体悟，修养道德自觉，强调'以道统艺，由艺臻道'，借由艺术上通下达，实现对世俗尘嚣的超越，并最终实现自我精神的提升。"就国学教材而言，至少需具备五个要素：一是具有主题鲜明的中华传统文化教育思想，二是按照课程大纲内在文化体系编排的单元体例，三是符合学生年龄心理特征安排的教学内容，四是适合课堂教学活动开展而设置的思考题，五是以家学文化为背景、以诗礼相成为模式、以知行合一为原则设置的实践练习；就传统才艺教材而言，除基础知识和基本技能教学外，还需要有德育、美育的渗透，有诗情的融合，有通识教育，有课外广览的延伸。基于此，我们于2015年9月定规划、聚人才、举财力、分步骤启动"中华人文素养教程研发工程"（简称"素养教程"研发工程）。"素养教程"研发工程建设分三个阶段完成：

"一五"期间（2015—2019），前三年完成《素养教程》课程大纲的编制；完成《素养教程》国学、古筝、围棋（级位卷）、书法（楷书卷）、国画（花鸟卷）、生活美学（茶艺、花艺、香艺、女红、服饰、妆容）教程的编著与出版；后两年完成与《素养教程》相配套的《素养体验式教学案》的编写与出版。

"二五"期间（2020—2024），前三年完成《素养教程》诗教、琴箫、围棋（段位卷）、书法（篆隶卷）、国画（山水卷）、心性美学（太极、品诗、知礼、赏乐、鉴宝、颐生）等科目教程以及相配套《素养体验式教学案》的编著与出版；后两年启动针对国内贫困地区和海外华人家庭少儿免费学习的《启蒙诗礼乐》公益教育云课程的编著。

"三五"期间（2025—2029），前三年完成《素养教程》家学、胡笛、象棋、书法（行草卷）、国画（人物卷）、民俗工艺（陶艺、沙艺、布艺、纸艺、扎编、皮影）等科目教程以及相配套《素养体验式教学案》的编著与出版；后两年完成《启蒙诗礼乐》公益教育云课程的编著。

戊、素养教程的编写特色

1.编辑方针：课程大纲遵循"明德养正，精艺博学；诗礼相成，知行合一"的教学理念，围绕人文素养教育"唤醒正念良知，启迪理性智慧，激发审美雅趣，培育家国情怀，涵养斯文品质"五大重点，把国学文化精神渗透于各科目教程之中，通过教学全面提升学员的人文素养，培养有品德、有智慧、有担当、有家国情怀、有斯文大爱精神的当代才子佳人。

2.编辑原则：源于经典，承于主流，彰于特色，重于涵养，便于教学。

3.教程特征：正统化、家学化、生态化、实用性、广览性，这些特色恰好与教育部教材改革目标不期而遇，成了部编新教材的有益补充。

（1）正统化——正心笃志、崇德弘毅、仁爱共济的淑世精神教育。教程以中华优秀传统文化为源泉，将诗教、礼教、乐教、经学、史学、美学和君子精神渗透于人文素养教育课程之中，注重"为天地立心，为生民立命，为往圣继绝学，为万世开太平"的励志教育，强调知人论世能力、守正创新意识和审美情趣的教育，为学员启明德的品性，确立善的正念，播撒诗的种子，教化礼的言行，培育艺的情趣，在学习才艺的过程中接受中华传统美德的熏陶，在潜移默化中逐渐形成健康的人格和正确的世界观、人生观、价值观，进而涵养当代才子佳人的浩然正气、聪明才智和斯文品质。

（2）家学化——诗礼相成、立己达人、经国济世的家国情怀培养。教程着眼于以书香门第为代表的世代相传的中华家学，追溯历代家学渊源，充分汲取传统家训、家书、治家格言和孝经、弟子规、百家姓等宝贵的家学资源，提炼其精华渗透于诸课程之中，强调和家睦邻、推己及人、立己达人，

围棋，源于中国，古时称弈，又称烂柯、坐隐、手谈、忘忧等。据先秦典籍《世本》记载，"尧造围棋，丹朱善之"，至今已有4000余年历史，堪称棋之鼻祖。春秋时期《左传》、西晋张华《博物志》等典籍均有记载，是我国古人的智慧结晶。

一、围棋的历史文化意义

围棋蕴含着博大精深的中华天象易理文化。《棋经十三篇·论局篇第一》曰："夫万物之数，从一而起。局之路，三百六十有一。一者，生数之主，据其极而运四方也。三百六十，以象周天之数。分为四隅，以象四时。隅各九十路，以象其日。外周七十二路，以象其候。夫棋三百六十，黑白相半，以法阴阳。局之线道，谓之枰。线道之间，谓之罫。局方而静，棋圆而动。自古及今，弈者无同局。《传》曰：'日日新。'故宜用意深而存虑精，以求其胜负之由，则至其所未至矣。"大致是说，万事万物的数是从一开始的，"一"是其他数产生的依托，把握了这个根本才能控制四方。围棋模拟周天的数目，由纵横十九条线组成三百六十一路数；模拟四季的数目，分成四个角；模拟每一季的天数，每角各分九十路；模拟时令的变化，分周围七十二路；依据阴阳和合规律，棋子三百六十颗，白子和黑子各占一半；棋局的线、路叫做棋盘，线、路交错所构成的方格如同大地纵横线路构成的经纬度。棋盘如大地，是方形的、静态的；棋子如大地上的生命体，是圆形的、运动的。棋局千变万化、无穷无尽，如同宇宙天象地理之运行与演化，从古到今未出现过相同的棋局。《传》解释说："每天都有新的变化。"元代学者虞集《玄玄棋经·序》曰："夫棋之制也，有天地方圆之象，有阴阳动静之理，有星辰分布之序，有风雷变化之机，有春生秋杀之权，有山河表里之势。此道之升降，人事之盛衰，莫不寓是。惟达者为能，守之以仁，行之以义，秩之以礼，明之以智，夫乌可以寻常他艺忽之哉！"

围棋文化不仅揭示了自然哲学的规律、理念和方法，同时集儒、道、释、兵文化精华于一体，集中表达了中国文化的基本思想。

《周易·系辞上》："《易》有太极，是生两仪，两仪生四象，四象生八卦"。围棋棋盘的中心点，称为天元，象征太极；黑、白子象征阴阳两仪；棋盘分为四部分，象征四象，表春、夏、秋、冬四时；棋盘纵横十九条线建议"，以供课堂教学和学员自学参考，其中"广览博学"提供了一系列古典文献书目和相关资料，旨在为学员的课外学习起到导向作用，培养学员自觉阅读的良好习惯。

该教程旨在为学员提供一套完整规范、简明易懂、意趣盎然、寓品德和审美教育于棋艺教学之中、融学堂教学与亲子家教为一体的课程体系。该教程适合儿童、少年、成人不同层面的教学，教师组织课堂教学和学员自习时，需根据不同的家庭文化背景、学员年龄特征、原有文化知识水平来选用，以取得更好的学习效果。

2.《围棋》教程单元主题

第一单元"围棋概述"，认识围棋，初知围棋的历史渊源、棋盘棋子基本概念、行棋的基本规则等；第二单元"吃子与逃子"，了解提子、逃子、双吃、门吃、征吃、枷吃、分断、连接等行棋技巧；第三单元"活棋与死棋"，了解真眼与假眼、活棋与死棋、大眼做活与大眼杀棋、死活常型、对杀等行棋技巧；第四单元"布局"，了解围地、占角、守角与挂角、角部与边上的常见死活、布局常识、布局中的拆与逼、布局中的高低协调、布局中的大场与急所、基本定式等行棋技巧；第五单元"中盘"，熟知中盘基础理论、实战中的棋形等围棋知识；第六单元"官子"（收官），熟知目与官子、常见的官子手段、地域的计算与胜负判断等行棋技巧。

3.《围棋》教程特色优势

《围棋》教程，具有鲜明的特色和优势。概括起来，主要有三个方面：

第一，通过与历史典故、古典诗词、围棋理论、通识的对接，将品德教育、意志训练和审美教育渗透于围棋技能教学之中，重在拓展知识、引导思维，在围棋技能教学中启发人生智慧并挖掘中国棋道内在的精神，让学员在德商（MQ）、智商（IQ）、情商（EQ）、逆商（AQ）诸方面得到有效的提升。

第二，通过一系列亲子活动、知行实践教学活动的合理安排，构建起书香家学的文化空间，从而促使围棋教学真正纳入国学才艺教育体系之中，成为中华人文素养教育的重要课程，为培养有人生志向、社会担当、家国情怀和审美情趣的当代才子佳人，发挥应有的积极作用。

第三，教程按照循序渐进的原则，从易到难来安排教学内容，适合少年儿童不同层面的教学和成人自学初级进修；知识链构建的条理性很强，知识点讲解清晰易懂并与"知学思考""知行合一"练习相对应，方便学员课外自己练习和才艺技能水平自我测评。

潘升国

丙申年春分于杭州

第一单元

围棋概述

本单元概述

    本单元安排的课程内容和教学目标是：引导学员认识围棋，初知围棋的历史渊源、棋盘棋子基本概念、行棋的基本规则等；通过学习《尧（yáo）造围棋》《观棋烂柯（kē）》两则历史典故，知道围棋的发源地在中国，下围棋是一项很有趣的斗智斗勇游戏，是我国古人的智慧结晶；通过赏阅《围棋铭（míng）》《即日》两首古诗，明白围棋之道是古人对宇宙法则、自然规律的理解和运用，下围棋能使人的精神得到升华，从而消解人生的一些纷扰、困惑与忧愁；通过理解《尹文子》《宋史·潘慎修传》中的名句，懂得做人处事要学会进退取舍，棋如人生，要持守仁、义、礼、智、信的道德规范。

尧造围棋

相传，尧是上古时期的一位部落联盟首领，德高望重，深受子民爱戴。可是他的儿子丹朱却游手好闲，淘气顽劣，平时就知道和小伙伴玩简单粗暴的打仗游戏。

尧担心丹朱再这样下去，将来不仅成不了才，还会危害部落。经过多日苦思，尧从天地间受到了启发，终于想出了一个教育丹朱的好方法。

尧对丹朱说："我知道你喜欢玩打仗游戏，可是那很容易受伤，现在我教你一种不会受伤的打仗游戏。"丹朱听后很好奇。尧让丹朱捡来一些小石子，按照颜色分成黑白两堆，自己则用树枝在地上画了许多交叉的线条。尧告诉丹朱规则："你我分别代表黑白石子，轮流在线的交叉点上摆放石子，围住的石子就算被消灭掉，必须拿走。最后看谁围的地盘多谁就赢了。"

"这有何难！"丹朱信心十足地与父亲在地上打起仗来，由于丹朱落子随心所欲，自己的黑石子总是被父亲的白石子围起来消灭掉。丹朱又急又气，尧却笑着说："这游戏就像战场打仗，必须学会排兵布阵，还要分析双方战况，灵活运用作战方法，否则是无法取胜的。"自从丹朱学棋以后，他那愚顽的习性居然被改了过来，人也变得爱动脑筋起来。尧教丹朱玩的这种游戏经过不断发展，便成了现在的围棋。史书上因此有了"尧造围棋，以教丹朱"的记载。

阅读启示：围棋是中华民族一种古老的对弈游戏，不仅可以激发人的斗志，还可以启迪人的智慧，磨炼人的毅力。

【基础知识】

棋盘与棋子

围棋用具主要有棋子和棋盘。棋子分为黑白两种颜色，黑有181子，白有180子。围棋棋盘有很多种，图1为最常见的棋盘，由横竖各19条平行线构成361个交叉点。为便于判定位置，在盘上标列9个小圆点，这些小圆点被称为星，中心点的星叫天元。棋盘的角部称作角，边上称作边，中央称作中腹。根据方位，角又分为左上角、右上角、左下角、右下角，边又分为上边、下边、左边和右边。棋盘上的每条边线都叫第一线（一路），紧靠着第一线的那条线叫第二线（二路），向中腹靠拢依次为第三线（三路）、第四线（四路）……直至第九线（九路）。为便于判断，棋盘上各点的位置一般采用坐标法进行编号。

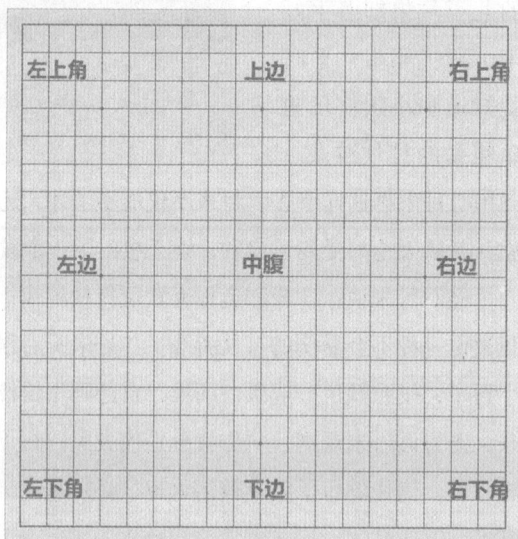

图1

围棋历史渊源

围棋起源于中国，一般认为由尧创造，古代称为"弈"，是中华民族传统文化的瑰宝之一。

春秋战国时期，围棋已发展到一定阶段。该时期出现了许多下棋高手，围棋也开始在诸子百家的言论中出现，围棋理论开始形成。

西汉时期，围棋较为普及，但由于未受到统治者的重视，围棋只在民间流行，发展缓慢。

东汉时期，围棋的发展出现了良好的开端，出现了班固（《弈旨》）、马融（《围棋赋》）、李尤（《围棋铭》）、黄宪（《机论》）等一批围棋理论的奠基者，围棋逐渐得到士大夫的重视。

三国时期，围棋更加蓬勃发展，高手不断涌现，严子卿（qīng）、马绥（suí）明等被推为"棋圣"。

围棋，源于中国，古时称弈，又称烂柯、坐隐、手谈、忘忧等。据先秦典籍《世本》记载，"尧造围棋，丹朱善之"，至今已有4000余年历史，堪称棋之鼻祖。春秋时期《左传》、西晋张华《博物志》等典籍均有记载，是我国古人的智慧结晶。

一、围棋的历史文化意义

围棋蕴含着博大精深的中华天象易理文化。《棋经十三篇·论局篇第一》曰："夫万物之数，从一而起。局之路，三百六十有一。一者，生数之主，据其极而运四方也。三百六十，以象周天之数。分为四隅，以象四时。隅各九十路，以象其日。外周七十二路，以象其候。夫棋三百六十，黑白相半，以法阴阳。局之线道，谓之枰。线道之间，谓之罫。局方而静，棋圆而动。自古及今，弈者无同局。《传》曰：'日日新。'故宜用意深而存虑精，以求其胜负之由，则至其所未至矣。"大致是说，万事万物的数是从一开始的，"一"是其他数产生的依托，把握了这个根本才能控制四方。围棋模拟周天的数目，由纵横十九条线组成三百六十一路数；模拟四季的数目，分成四个角；模拟每一季的天数，每角各分九十路；模拟时令的变化，分周围七十二路；依据阴阳和合规律，棋子三百六十颗，白子和黑子各占一半；棋局的线、路叫做棋盘，线、路交错所构成的方格如同大地纵横线路构成的经纬度。棋盘如大地，是方形的、静态的；棋子如大地上的生命体，是圆形的、运动的。棋局千变万化、无穷无尽，如同宇宙天象地理之运行与演化，从古到今未出现过相同的棋局。《传》解释说："每天都有新的变化。"元代学者虞集《玄玄棋经·序》曰："夫棋之制也，有天地方圆之象，有阴阳动静之理，有星辰分布之序，有风雷变化之机，有春生秋杀之权，有山河表里之势。此道之升降，人事之盛衰，莫不寓是。惟达者为能，守之以仁，行之以义，秩之以礼，明之以智，夫乌可以寻常他艺忽之哉！"

围棋文化不仅揭示了自然哲学的规律、理念和方法，同时集儒、道、释、兵文化精华于一体，集中表达了中国文化的基本思想。

《周易·系辞上》："《易》有太极，是生两仪，两仪生四象，四象生八卦"。围棋棋盘的中心点，称为天元，象征太极；黑、白子象征阴阳两仪；棋盘分为四部分，象征四象，表春、夏、秋、冬四时；棋盘纵横十九条线组成361个交叉点，即为卦象的演化；棋子是圆形的、棋盘的格子是方形的，象征天圆地方、动静虚实之象。棋人在下棋的过程中可看世间之动静，观人生之沉浮，悟内心之纯杂。

儒士以棋粹雅，苏轼曾在《观棋》中写道："胜固欣然，败亦可喜；优哉游哉，聊复尔耳。"在文人雅士眼里，琴棋书画诗酒花茶，是一种超凡脱俗、风流雅致的生活境界。何云波《〈忘忧清乐集〉与北宋东京的围棋记忆》中道："翰林院在宣祐门内东廊，掌供奉图画、弈棋、琴院之事，常以翰林司兼领。待诏、艺学无专员，有书、画、琴阮、棋、合香、装画、捏塑等名。……《神宗正使职官志》：翰林院勾当官一名，以内侍押班都知充，掌艺学供奉之事，总天文、书艺、图画、医官四局。……书艺局掌书诏命赐以及供奉书籍、笔墨、琴弈，有待诏、艺学、书学祗候、学生。"围棋是古代文人的人生和仕途中不可或缺的一门才艺。

道家以棋修真："忘忧清乐在枰棋，坐隐吴图悟道机。乌鹭悠闲飞河洛，木狐藏野烂柯溪。"（宋·李逸民《七绝》）围棋历来被视为仙家之物，棋枰之上充满仙机，与道家顺其自然、随遇而安的修仙文化一脉相承，代表了道家守静致虚、大象无形的隐者风范。

禅宗以棋悟禅："骨气清冷无片尘，即应僧可是前身。诗因缘解堪呈佛，棋与禅通可悟人。"（宋·徐照《赠从善上人》）佛家讲顿悟，围棋讲感觉，佛理棋理相通，行棋布局之间皆透露着禅意。禅宗与围棋有着共同的文化基因，围棋棋理和佛教教义之间有着许多相通和共同之处，所以禅宗把围棋作为修炼"平常心"的不二法门。

棋道深藏兵法：围棋可以称得上是真正的兵棋，它是古今模拟战争最成功的一种游戏。孙子曰："故经之以五事，校之以计，而索其情：一曰道，二曰天，三曰地，四曰将，五曰法。"下棋也一样，先要讲"道"，师出有名，下棋主要是为了切磋棋艺，提升人的素养，而不是为了争名夺利；其次是"天时"，指的是机会，下棋最讲究的就是把握机会，出奇制胜；第三是"地利"，这条在围棋上是贯穿下棋始终的，一方面要守好自己的阵地以构筑厚势，另一方面要善于发现对方的薄弱地盘以攻其不备；第四是"将"，"将者，智信仁勇严也"，下棋也一样，棋下到收官之时，比拼的往往对弈者的个人素养，而不是技术；第五是"法"，围棋如兵法，要讲究法度，懂得权衡利弊，弃用决策。

围棋是中国传统文化中的瑰宝，是古人遗留下来的宝贵财富，是极具代表性的传统文化符号，它使一代代著名的国手和千千万万的棋人，身临"棋"境，皆乐在"棋"中，感受"棋"乐无穷的文化，以陶冶情操、抒发意境、修身养性、增智生慧。在当代，围棋同样以其宁静致远、闲雅淡定的独特韵味，不断地洗涤着现代人日益浮躁的心灵，以促进和谐社会、幸福人生的现代文明进程。

二、围棋教学的当代意义

围棋是一种斗智斗勇的游戏，人们将围棋形象地比喻为黑白世界，是深受古人喜爱的娱乐竞技活动，同时也是人类历史上最悠久的棋类。由于围棋将艺术、竞技和科学三者融为一体，有发展智力、培养意志力和大局观以及机动灵活战术的特点。所以，围棋在中国几千年来长盛不衰，逐渐地发展成了一种国际性的文化竞技活动。少年儿童学围棋有着诸多好处，从最直接的意义上说，围棋有布局、中盘和收官三个阶段，布局可以提高孩子的抽象思维能力，培养全局思考问题的习惯，中盘的攻击与防守可以提高孩子的计算和逻辑分析能力，而收官阶段可以培养耐心、细心以及临危不乱的能力。《国家中长期教育改革和发展规划纲要（2010—2020年）》提出："全面加强和改进德育、智育、体育、美育，全面实施素质教育，组织广大中小学生参加科学健康的体育活动，提高中小学生围棋素养和水平，促进学生健康成长全面发展。"教育部颁发的《基础教育课程改革纲要（试行）》指出，"要大力推进基础教育课程改革，调整和改革基础教育的课程体系、结构、内容，构建符合素质教育要求的新的基础教育课程体系"，同时提出"要实行国家、地方、学校三级课程管理"的要求，基础教育的课程设置朝着更符合素质教育的要求方向发展。

2000年，中国围棋协会倡导开展青少年棋艺培训和等级测试活动。2001年3月，教育部和国家体育总局联合发文，"要求在学校开展围棋活动"，指出学习围棋"有利于青少年学生个性的塑造和美德的培养，有利于培养学生独立解决问题的思维能力、操作能力，有利于提高学生的文化素养。"基于此，《中华人文素养教程·围棋（级位卷）》（以下称《围棋》）的编写方针是，在注重围棋基础知识、基本技能教学的同时，充分挖掘棋道精神，通过学棋以培养少年儿童的大局观和长远眼界，敢于面对现实、勇于挑战自我、不怕艰难困苦、经得起挫折失败考验的人格品德。"人生有涯，棋道无边"，人一旦领悟了棋道，就会将个人的奋斗目标放置于民族振兴的大局中思考与定位，就会将有限人生投入到有无限意义的事业之中，并为之付出坚忍不拔、百折不挠的努力。

三、《围棋》教程体例与特征

1.《围棋》教程课文体例

《围棋》教程按照"传承中华书香文化，涵养当代才子佳人"的办学宗旨，"明德养正，精艺博学；诗礼相成，知行合一"的教育理念和"博观约取，厚积薄发；循序渐进，推陈出新"的教学原则设置课程大纲。每课由"历史典故""基础知识""基本技能""方寸风雅""手谈经纬""乾坤通识""知学思考""知行合一"等八个部分组成，力求做到德育与智育、国教与家学、主题与通识、阅读与思考、讲授与练习、课内与课外以及专业性与趣味性、历史渊源与时代意义的融合统一、相得益彰。该教程按照认识围棋、行棋规则、吃子与逃子、活棋与死棋、布局、中盘、官子的知识链，安排6个单元，共36篇课文。教学课时建议：小学中高年级阶段，每篇课文拟安排4课时，加上任课教师自行安排的单元串讲、阶段复习、各类知识性竞赛，整本教程需要讲授160课时；小学低年级阶段，每篇课文拟安排6课时，需通过教学案细化增加一些故事、诗歌唱诵等内容，以增加教学的趣味性和降低学习难度，总课时为240课时；幼儿阶段，每篇课文拟安排8课时，需通过教学案细化增加一些故事、诗歌唱诵和游戏等内容，以增加教学的趣味性和降低学习难度，总课时为320课时。

该教程"历史典故"安排36则围棋名人的有趣故事，重在棋德教育；"方寸风雅"安排36首与围棋相关的优美古诗词，重在培养学棋人的文学情趣；"自圆棋说"安排36则棋论，重在培养理性认识能力；"乾坤通识"安排与围棋相关的礼仪、专业术语等常识性内容，以扩大知识面；"知学思考"为课堂思考题，重在培养抽象思维能力；"知行合一"为家庭亲子教育练习题，旨在巩固所学知识，训练学以致用的能力和养成家庭学习的风气。此外，每个单元之后，设有"本单元教学建议"，以供课堂教学和学员自学参考，其中"广览博学"提供了一系列古典文献书目和相关资料，旨在为学员的课外学习起到导向作用，培养学员自觉阅读的良好习惯。

该教程旨在为学员提供一套完整规范、简明易懂、意趣盎然、寓品德和审美教育于棋艺教学之中、融学堂教学与亲子家教为一体的课程体系。该教程适合儿童、少年、成人不同层面的教学，教师组织课堂教学和学员自习时，需根据不同的家庭文化背景、学员年龄特征、原有文化知识水平来选用，以取得更好的学习效果。

2.《围棋》教程单元主题

第一单元"围棋概述"，认识围棋，初知围棋的历史渊源、棋盘棋子基本概念、行棋的基本规则等；第二单元"吃子与逃子"，了解提子、逃子、双吃、门吃、征吃、枷吃、分断、连接等行棋技巧；第三单元"活棋与死棋"，了解真眼与假眼、活棋与死棋、大眼做活与大眼杀棋、死活常型、对杀等行棋技巧；第四单元"布局"，了解围地、占角、守角与挂角、角部与边上的常见死活、布局常识、布局中的拆与逼、布局中的高低协调、布局中的大场与急所、基本定式等行棋技巧；第五单元"中盘"，熟知中盘基础理论、实战中的棋形等围棋知识；第六单元"官子"（收官），熟知目与官子、常见的官子手段、地域的计算与胜负判断等行棋技巧。

3.《围棋》教程特色优势

《围棋》教程，具有鲜明的特色和优势。概括起来，主要有三个方面：

第一，通过与历史典故、古典诗词、围棋理论、通识的对接，将品德教育、意志训练和审美教育渗透于围棋技能教学之中，重在拓展知识、引导思维，在围棋技能教学中启发人生智慧并挖掘中国棋道内在的精神，让学员在德商（MQ）、智商（IQ）、情商（EQ）、逆商（AQ）诸方面得到有效的提升。

第二，通过一系列亲子活动、知行实践教学活动的合理安排，构建起书香家学的文化空间，从而促使围棋教学真正纳入国学才艺教育体系之中，成为中华人文素养教育的重要课程，为培养有人生志向、社会担当、家国情怀和审美情趣的当代才子佳人，发挥应有的积极作用。

第三，教程按照循序渐进的原则，从易到难来安排教学内容，适合少年儿童不同层面的教学和成人自学初级进修；知识链构建的条理性很强，知识点讲解清晰易懂并与"知学思考""知行合一"练习相对应，方便学员课外自己练习和才艺技能水平自我测评。

潘升国

丙申年春分于杭州

南北朝时期，南朝的统治者爱好围棋，不仅设立围棋州邑（yì），还设大中正、小中正等官职，成为实行围棋九品制的管理机构。

唐初设"内文学馆"，后改称"习艺馆"，还设有经、史、书、画、棋等博士。唐玄宗初设置翰（hàn）林待诏（zhào），为文学技艺侍从之职，其中有棋待诏，属翰林院，官阶同九品。棋待诏制，从唐初至南宋末，延续了五百余年，直至元明时期才名存实亡。

明朝时期，民间的围棋竞赛非常盛行，人们棋艺水平迅速提高，并在正德、嘉靖（jìng）年间形成了三个著名的流派：永嘉派、新安派和京师派。

清朝康熙（xī）末到嘉庆初，弈学更盛，棋坛涌现出了一大批名家，其中梁魏今、程兰如、范西屏、施襄（xiāng）夏四人被称为"围棋四大家"。

民国时期，近代棋圣吴清源融汇古老的中华文化，提出"六合之棋"。

现当代，围棋被列为体育竞赛项目，代表人物主要有陈祖德、聂卫平、马晓春、常昊（hào）等。20世纪70至90年代，在一共举行过的六届中日围棋擂台赛上，聂卫平一直担任中方主帅，多次在危急关头力挽狂澜战胜日本队顶级高手，为祖国争得荣誉，为民族赢得自信，被国人称为"棋圣"。

【基本技能】

数一数图2棋盘上纵横各有几条线，在棋盘上标出第一、二、三、四线。说一说哪几个点是星点，感受一下执棋子下棋的状态。

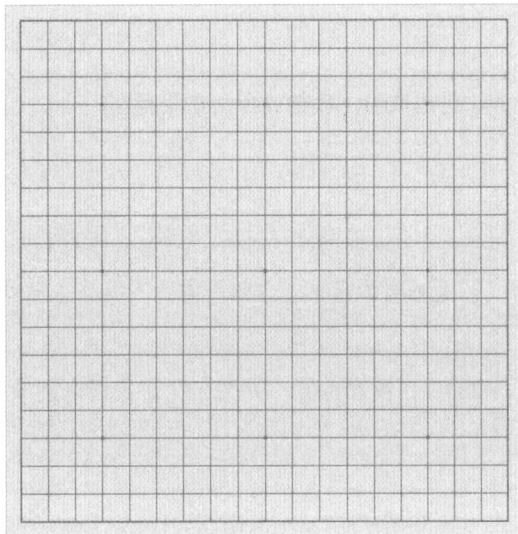

图2

【方寸风雅】

围棋铭

东汉·李尤

诗人幽忆，感物则思。

志之空闲，玩弄游意。

局为宪矩，棋法阴阳。

道为经纬，方错列张。

赏阅：

作者深藏心中的思想情感，因感遇物象引发深思。围棋是闲暇时益智的游戏，赏玩研究要用心留意。开局都有章法规则，棋理本于阴阳的变化。以道为条理秩序，纵横交错，陈列有序。

本铭概括了围棋的特点和陶冶性情的功能，描写了作者内心感知事物而生发的思考。

李尤（约55—135，一说约44—126），字伯仁，广汉雒（luò）（今四川广汉雒城）人，东汉文史学家。他是第一个以铭文为主要写作文体的作家，曾主管国家藏书、校（jiào）书之事。有《函谷关赋》等。

【手谈经纬】

以智力求者，喻如弈。弈，进退取与，攻劫放舍，在我者也。

——战国齐·尹文《尹文子》

赏阅：

靠智力达到目的的人，就如同下棋。在下棋过程中，进攻退劫获取给予，主动权都掌握在自己手中。

尹文（约前360—前280），被尊称为"尹文子"，战国时期齐国哲学家，属稷（jì）下名家学派。有《尹文子》。

【乾坤通识】

围棋别名

围棋是中国传统棋种，历代流传着大量与围棋有关的神话故事、奇闻轶事，也流传着许多富有趣味的围棋别名。

围棋最早的别称为"弈"。《论语·阳货》有言："饱食终日，无所用心，难矣哉！不有博弈者乎？为之犹贤乎已。"其中的"弈"指的就是围棋。

围棋最神秘的别名为"烂柯"。据南朝梁任昉（fǎng）《述异记》卷上所载，进山砍柴的樵夫王质途遇仙人对弈，一局看罢发现自己砍柴的斧子已锈迹斑（bān）斑，斧柄也腐朽成土。正所谓"仙界一日，人间千载"。因此，"烂柯"成为围棋经久流传的别名。

围棋最亲近的别名为"手谈"与"坐隐"。东晋高僧支道林与谢安等人相交甚笃（dǔ），他长期在棋盘边观战，棋手交锋时总是缄（jiān）口不语，手起棋落，将围棋称为"手谈"。王坦之则把弈者正襟危坐、运神凝思时毫无喜怒哀乐的神态，比作僧人参禅入定，故称围棋为"坐隐"。

围棋最大气的别名为"方圆"。围棋棋盘为方在下，棋子为圆在上，故得别名"方圆"。《易经》占天卜地均用方圆之理，围棋虽变幻莫测，却又遵循自然，备受人们喜爱。

围棋最魅惑的别名为"木野狐"。据邢居实的《拊（fǔ）掌录》记载："人目棋枰（píng）为木野狐，言其魅惑人如狐也。"围棋棋子是最为古朴的黑白两色，却有让人废寝忘食的迷人魅力。

围棋最雅致的别名为"忘忧子"。棋手对弈时思想集中，心无旁骛（wù），可以忘记一切的烦恼和忧虑，故围棋又称"忘忧子"。

此外，关于围棋的别名还有"黑白""大棋"等。由于各个朝代文化的差异，围棋也有着不同的别称和文化内涵。

【知学思考】

1.棋盘主要分为哪几个部分？

2.为什么围棋可以开发思维、启迪智慧和增强毅力？

3."手谈""坐隐"的内在意思是什么？

【知行合一】

1.牢记围棋各部分名称，熟练掌握围棋的基本概念。

2.与家人、朋友分享故事《尧造围棋》和李尤的《围棋铭》，了解围棋的渊源、特点和功能。

3.查阅资料，了解我国"棋圣"聂卫平在中日围棋擂台赛等国际大赛中，连胜日本顶级选手11局，为祖国争得荣誉，为民族赢得自信的事迹。

第二课 行棋规则

观棋烂柯

　　相传，晋朝时浙江衢（qú）州有位叫王质的樵夫，有一天他上山去砍柴，在深山老林中看到一位老者和一个童子在溪边大石上下围棋。童叟（sǒu）俩的棋艺十分精湛，一下子就把喜欢围棋的王质给吸引住了。于是，王质把砍柴用的斧子放在石头上，驻足观看下棋。这盘棋下得很久，一直观看到收官，王质都舍不得离开。后来，老人对王质说："太阳快下山了，你该回家了！"王质恍然大悟，立即弯腰拿斧头准备回家，却发现斧头已锈迹斑斑，斧柄也腐烂成泥土了。

　　当王质回到村里，村里的房屋都已变样，自家的房屋也找不到了，村里人都不认识他，只有村口的石桥还是老样子。王质向村人问起一些旧事，村里的老人说，那些事都已经过去几百年了。王质把他神奇的经历告诉了村人，大家才知道王质上山砍柴时误入仙境，遇到了神仙下棋，看完一盘棋，时间就过去几百年了。从此，人们把王质遇见过神仙下棋的那座山称作烂柯山，而"烂柯"也成为了围棋的一个别称。

　　阅读启示： 该故事说明，在晋朝时期围棋就已在我国民间广为流行，连普通的樵夫百姓都酷爱围棋。

【基础知识】

行棋的基本规则

　　围棋千变万化，但其基本规则并不复杂，现代规则综合起来有以下几条：

1. 空枰开局。

2. 对局双方各执一色棋子。

3. 黑先白后，交替下子，每人每次只能下一子（历史上是白先黑后）。

4. 棋子下在棋盘的交叉点上，而不是下在空格内。棋子下定后不能再移动位置，不准再拿起重下。

5. 无气的棋子即为死子，应从棋盘上剔除（注：一个棋子在棋盘上，与它直线紧邻的空点就是这个棋子的"气"）。

6. 无气的交叉点不能放入棋子（提子除外）。

7. 在黑白双方行棋过程中，运用吃子、打劫、做活、围地等行棋技术直至终局（终局即棋盘上每一个交叉点的归属均已完全确定下来）。

8. 以占地多少决定胜负。

【基本技能】

1. 请找出图1中哪些棋子走错了，把错误的棋子用笔圈起来。

2. 请指出图2中双方的错着，并把错着棋子的数字写在棋盘下面的括号里。

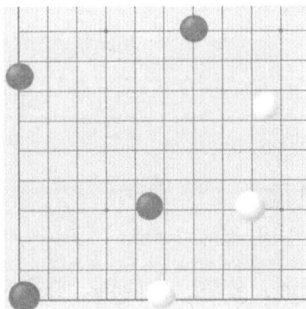　　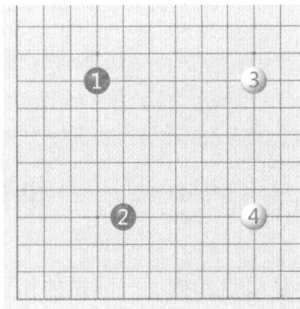

图 1　　　　　　　　图 2（　）

【方寸风雅】

即　日

唐·李商隐

小鼎煎茶面曲池，白须道士竹间棋。

何人书破蒲葵扇，记着南塘移树时。
（pú kuí）

赏阅：

用小鼎煮着茶，眼前是曲江池水。白胡子道士在竹林中布棋。是谁在这蒲葵扇上题了字？

原来记的是当年慈恩寺南池移树一事。

全诗风格闲静优雅，作者在山林间忘却了一切世俗事，一心煎茶、着棋、书扇（李商隐擅长书法）。由此也可以看出，唐代时围棋已成为文人士大夫的高雅追求。

李商隐（约813—858），字义山，号玉谿（xī）生，又号樊（fán）南生，怀州河内（今河南沁 qìn 阳）人，晚唐诗人，曾任秘书省校书郎等职。李商隐的诗深情绵邈（miǎo），婉曲见意，与杜牧合称"小李杜"，与温庭筠（yún）合称"温李"。有《李义山诗集》。

【手谈经纬】

仁则能全，义则能守，礼则能变，智则能兼，信则能克。君子知斯五者，庶几（shù jǐ）可以言棋矣。

——《宋史·潘慎修传》

赏阅：

讲仁爱就能保全自己，守正义就能保持品节，遵礼制就能知道变通，用智慧就能做到兼收并蓄，讲诚信就能战胜对手。君子知道了这五点，差不多就可以谈论棋道了。

潘慎修（937—1005），字成德，五代十国时期莆（pú）田（今属福建省）人，曾任翰林侍读学士。善弈棋，有《棋说》，宋真宗时同修《起居注》。

【乾坤通识】

棋子和棋盘

围棋的用具主要是棋盘和棋子。围棋的棋子呈圆形，分黑、白两色。普通棋子的材质主要是玻璃和石头，也有使用塑料类合成材料的棋子，由于工艺不同，质量差别较大。高档棋子的材质主要是玉石、玛（mǎ）瑙（nǎo）等，由于此类棋子价格高昂，民间很少见。

围棋棋盘以木制为宜，呈正方形。普通棋盘使用小木块拼接而成或用胶合板等合成木质材料制作而成，而高档棋盘则是用整块木头制作而成。在古代，宫廷或高官富人用的棋盘，是用上好的红木制作而成，最高级的是采用小叶紫檀（tán）。现在市场上出售的比较好的棋盘主要使用榧（fěi）木、楸（qiū）木、新榧木等木料。棋盘要求木材纹理清晰、弹性良好、不易变形，还要防虫蛀。棋盘的最佳选择是榧木，也称香榧。榧木做的棋盘，棋子敲在棋盘上面后，棋盘表面会凹进去一点，然后自动恢复。由于榧木是受保护的珍稀树种，资源珍贵稀少，在资源保护政策下，近年来棋盘制作转用其他针叶树种，如铁杉、冷杉、云杉等，被称为新榧木。

【知学思考】

1.围棋的棋子在棋盘上可以移动吗？为什么？

2.谈谈你对"仁则能全，义则能守，礼则能变，智则能兼，信则能克。君子知斯五者，庶几可以言棋矣"这段话的理解。

【知行合一】

1.熟读、记住行棋的基本规则。

2.与家人、朋友分享故事《观棋烂柯》和李商隐的《即日》，了解晋代时围棋已很普及，唐代时围棋已成为士大夫的人生雅事。

3*[1].名局精粹：上网搜索"周懒予（黑先）——过百龄（白）（第一谱）"，感受围棋游戏变化无穷的乐趣，收官之战惊心动魄的战斗场面和最终决胜的棋道之妙。

---

[1] 带"*"号的为"智慧题"，适合有一定围棋对弈水准和国学功底的学员。（本教程所有"*"题都为智慧题，以后不再一一注明）

本单元教学建议

◎教学目标

1. 认识棋盘与棋子，掌握行棋基本规则。

2. 了解围棋的别名，知道如何选择棋盘与棋子。

3. 明白围棋之道是古人对宇宙法则、自然规律的理解和运用，下围棋能使人的精神升华，从而消解人生中的一些纷扰、困惑与忧愁；懂得做人处事要学会进退取舍，棋如人生，持守仁、义、礼、智、信的道德规范。

◎教学重点

了解下围棋的规范动作，掌握行棋基本规则。

◎教学难点

掌握行棋的基本规则。

◎广览博学

1. 搜索、阅读文献《宋史·潘慎修传》。

2. 搜索相关文献，了解我国当代棋圣聂卫平在中日围棋擂台赛上为祖国争得荣誉的事迹。

3. 搜索阿尔法围棋，了解围棋与人工智能。

第二单元

吃子与逃子

本单元概述

　　本单元安排的课程内容和教学目标是：引导学员了解提子、逃子、双吃、门吃、征吃、枷（jiā）吃、分断、连接等行棋技巧；通过学习《弈秋诲棋》《一鼓作气》《熟能生巧》《南辕（yuán）北辙》等历史典故，明白下围棋要专心致志、持之以恒，面临危局要冷静应对，锻炼不轻言放弃的强大内心；通过赏阅《观棋》《看棋》《五言咏棋》等古诗，体会下棋时置身事外的乐趣，领会局势的变化无穷，懂得下棋人要有宽广的胸襟，赢得来也要输得起，领悟在行棋中看似简单的一步，都蕴含着深刻的道理；通过理解《玄玄棋经》《围棋十诀》《棋经十三篇》中的名句，懂得人生如棋，棋如人生，棋与人生始终有着内在的联系，正确看待围棋与人生中的胜败，培养胜不骄、败不馁（něi）的良好心理素质。

第三课 气

【历史典故】

弈秋诲棋

春秋时期，鲁国有位叫秋的人，他从小就很喜欢下围棋，一直细心钻研棋道，后来终于成为一名围棋高手。人们不知道秋姓什么，因其擅长下棋就尊称他"弈秋"。

很多爱好围棋的青年想要拜弈秋门下学棋艺，经过挑选，弈秋最后收下了两名弟子。他每天同时教两名弟子下棋。其中一名弟子专心致志学艺，听先生讲课从不敢怠（dài）慢；另一名弟子却心不在焉，虽然听着课，心里却想着鸿（hóng）鹄（hú）什么时候能飞来，想着如何张弓搭箭去射它。弈秋语重心长地对不专心的弟子说："你如此三心二意，怎么能学会下棋的技能呢？"这名弟子听了面露愧色，有悔改的意愿，但不久又犯老毛病，学习时还是心猿（yuán）意马。后来，专心的弟子同弈秋一样成了名扬天下的围棋高手，而另一名不专心的弟子则连最基本的下棋技能都没有学会。

阅读启示：该故事告诉我们，只有态度端正、专心致志，才能学有所成；如果三心二意，终将一事无成。

【基础知识】

气

一颗棋子落在棋盘上，它的上、下、左、右便有了与它紧紧相连的 2～4 个空交叉点，这些空交叉点就是这颗棋子的气（角上的一颗子有两口气，边上的一颗子有三口气，中央的一颗子有四口气）。棋盘上单独一颗棋子最多有四口气（有两个或两个以上棋子的除外）。棋子相连时，它们的气

15

也共用，可一起计算。棋盘上的棋子依赖气生存，气越多，生命力越强。

图 1 中，左下角的黑子有两个与它紧紧相邻的空交叉点，有 A 位两口气；中腹的黑子有四个与它紧紧相邻的空交叉点，因此有 A 位四口气。

图 2 中，角上的二子有 A 位三口气，边上的二子有 A 位四口气，中腹的二子有 A 位六口气。

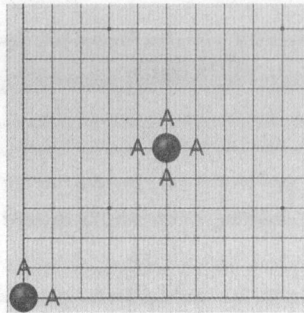
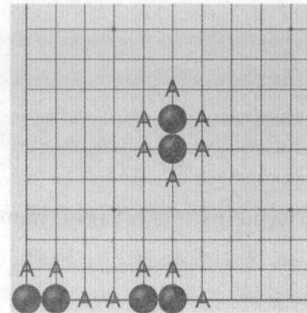

图 1   图 2

图 3 中，白棋堵住了黑子两口气，这颗黑子还剩 A 位两口气。

图 4 中，白棋堵住了黑子三口气，这颗黑子只剩 A 位一口气。

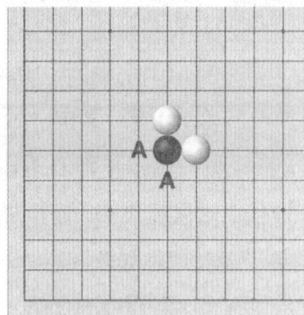
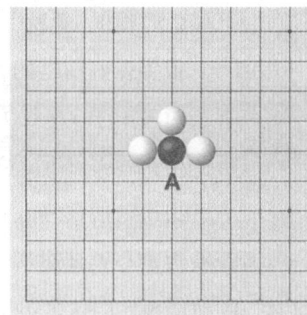

图 3   图 4

图 5 中，A 位都不是棋子的气。

图 6 中，A 位也都不是棋子的气。

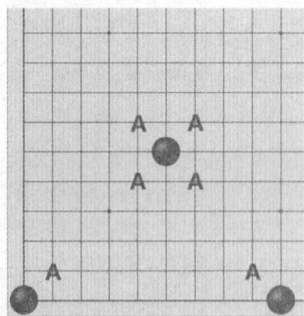
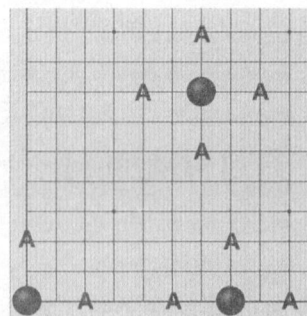

图 5   图 6

图 7 中，两颗黑子相连，共有 A 位六口气。

图 8 中，原有黑子有四口气，黑 1 再紧挨着它下子，棋子增至六口气。

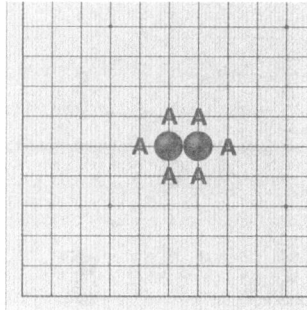
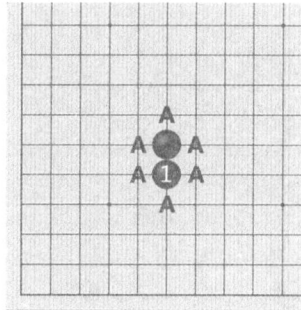

图 7　　　　　　　　　图 8

图 9 中，黑三子周围有两个与它们紧紧相邻的空交叉点，所以它们有 A 位两口气。

图 10 中，黑四子周围有六个与它们紧紧相邻的空交叉点，所以它们有 A 位六口气。

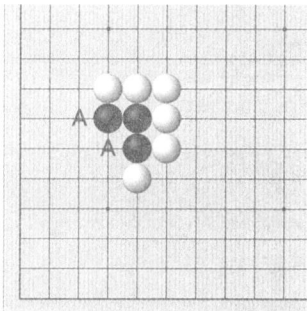
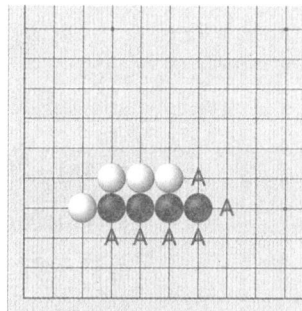

图 9　　　　　　　　　图 10

【基本技能】

1. 图 11、图 12 中，棋盘上的棋子分别有几口气？请把答案写在棋盘下面的括号里。

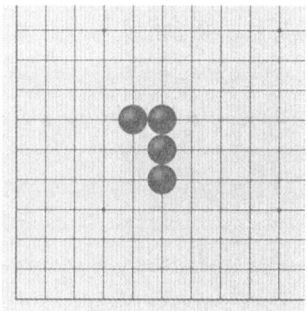
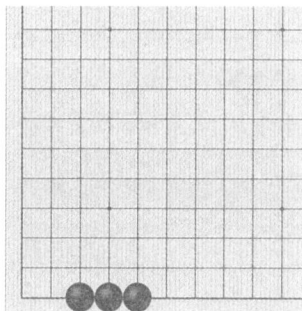

图 11（　　）　　　　　图 12（　　）

2. 请在图 13、图 14 棋盘中黑子的气上画"×"。

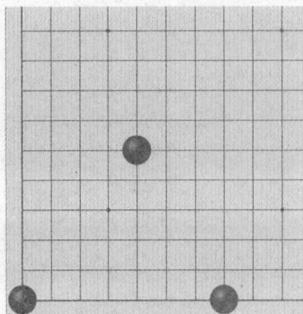
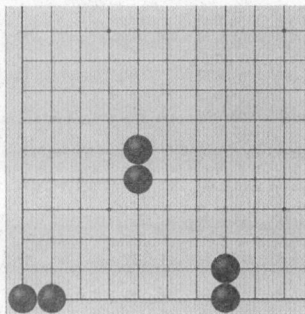

图 13   图 14

【方寸风雅】

赠棋僧侣

唐·张乔

机谋时未有，多向弈棋销^{xiāo}。

已与山僧敌，无令海客饶。

静驱云阵起，疏点雁行遥。

夜雨如相忆，松窗更见招。

赏阅：

僧侣从无机谋，智慧多消磨在围棋争斗中。棋艺已和山寺僧人势均力敌，不使城外的棋手相让。棋盘摆出云般变化的棋阵，棋子落下如雁阵疏远高妙。风雨之夜如想起我，请尽管邀招，我定会来和你在松窗之下摆棋对弈。

本诗先是赞美棋僧的人品、棋品以及行棋的高妙，最后抒发作者对友人的思念，并期盼与之对弈的思想情感。

张乔（生卒年不详），池州（今属安徽省）人，唐代诗人。他的诗清雅有巧思，《全唐诗》收其诗 2 卷。

【手谈经纬】

夫棋之制也，有天地方圆之象，有阴阳动静之理，有星辰分布之序，有风雷变化之机，有春秋生杀之权，有山河表里之势。

——元·虞^{yú}集《玄玄棋经·序》

赏阅：

围棋的法度，有天地间方正浑圆的气象，有阴阳动静的道理，有星辰分布的秩序，有风雨雷电的机变，有春生秋杀的权力，有山河内外的威势。

虞集（1272—1348），字伯生，号道园，世称邵（shào）庵（ān）先生，仁寿（今属四川省）人，元代文学家，有《道园学古录》。《玄玄棋经》为元代严德甫所著，虞集为其作序。

【乾坤通识】

围棋的级位和段位

中国围棋段位分为业余和专业两种。业余有级位和段位，专业只有段位。棋手围棋水平的高低可用段位和级位来区分，从低到高分别为：业余级位，业余段位，职业段位。

业余级位、段位均以阿拉伯数字来表示。初学围棋首先接触的是级位，级位最低32级，最高1级。目前级位证书有25级、20级、15级、10级、5级、2级、1级七种。超越级位后将获得段位。

业余段位共分八个等级，最低1段，最高8段。其中，世界业余围棋锦标赛冠军可以获得8段，全国冠军可获得7段，全国赛前十名或者省赛前六名可获得6段，5段以下则通过参加围棋段位赛获得。

职业段位共有九个等级，从低到高依次为：初段、二段、三段、四段、五段、六段、七段、八段、九段。

同等级的业余段位棋手的棋艺水平与职业段位棋手相比，相差甚远。一般来说，职业初段棋手实力与业余5至6段的棋手实力相当。

【知学思考】

1.谈谈你对"夫棋之制也，有天地方圆之象"的理解。

2.什么是围棋的气？图15中的棋块有几口气？请把答案写在棋盘下面的括号里。

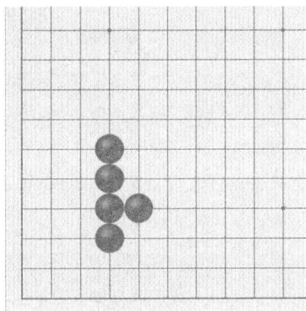

图15（　　）

【知行合一】

1. 与家人、朋友分享故事《弈秋诲棋》和张乔的《赠棋僧侣》，懂得学棋要专心致志。

2. 图16～图19棋盘上的棋子各有几口气？请把答案写在棋盘下面的括号里。

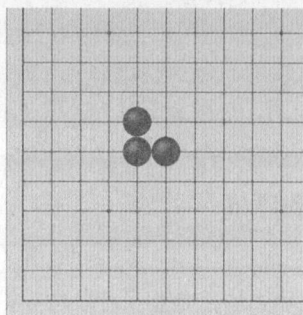

图16（　　）

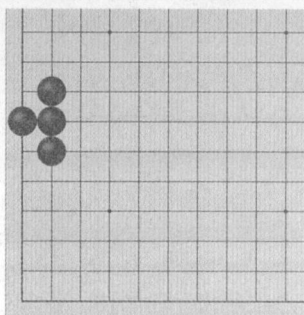

图17（　　）

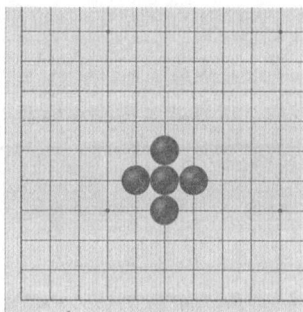

图18（　　）

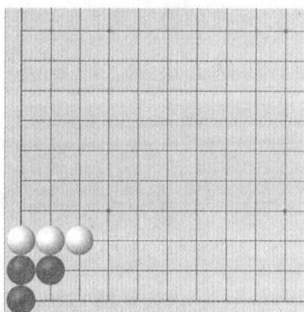

图19（　　）

3*. 名局精粹：上网搜索"周懒予（黑先）——过百龄（白）（第二谱）"，感受围棋游戏变化无穷的乐趣，体会弈棋之妙。

第四课 紧气与叫吃

【历史典故】

兵临城下

张仪是战国时期的纵横家，秦惠文王时的国相。秦惠文王死后，秦武王即位。武王本来就不喜欢张仪，继位后许多大臣都诋（dǐ）毁张仪。又因为张仪之前曾去各国游说，齐王也乘机派使者来责备张仪。

张仪听到这些后对武王说："我有一条计策。为了国家社稷，您不如设法让诸国发生变动，趁此机会扩充疆土。齐王对我憎恶之至，无论我走到哪里，他都会发兵攻打。我愿前往魏国，这样齐王一定会出兵攻魏。当齐、魏两军在城下打得无法脱身两败俱伤时，您就乘机侵入韩国，夺取三川，麾（huī）兵直逼两周地界，索取天子祭器，然后挟天子，掌握天下地图户籍，君临天下，以开创万世不移的帝王基业！"武王觉得这是一条妙计，便派出三十辆兵车，把张仪送到魏都大梁。

齐王果然发兵攻魏，魏王震恐。张仪又向魏王献退齐之策，派自己的门客冯喜借用楚国使者的名义前往齐国。冯喜对齐王说："大王为何如此抬举张仪呢？"齐王奇怪地问道："寡人憎恨张仪，张仪在哪，寡人必定攻打哪里，寡人怎么会抬举他呢？"冯喜说："这正是大王抬举他的地方。"于是，冯喜将张仪离开秦国之时与武王密谋的事情一一说明，原来一切都是张仪为了得到秦武王信任而设下的计谋。齐王恍然大悟，马上命令撤军。

阅读启示："兵临城下"指敌方已来到己方的城墙下面，城被围困，形容形势危急。对弈中也会遇到这种情况，对方的子几乎都紧在了己方的气上，己方就剩一口气的状态，这时己方要当断即断，才能不被对方吃到更多的子。

【基础知识】

紧气与叫吃

把自己的棋子下在对方的气上，使对方的气数不断缩短的着法叫紧气，也称收气。将对方一子或若干棋子包围成只剩下一口气的状态（己方的子最少要有两口气）称为叫吃，也叫打吃。

图1中，黑A就是在紧气。

图2中，黑A走过之后，白子仅剩一口气，若白方置之不理，黑方再下一子就能提掉被围白子。

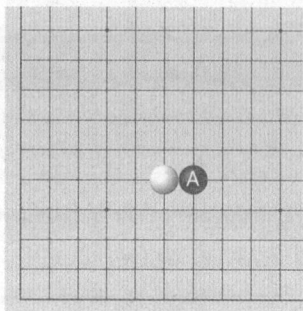 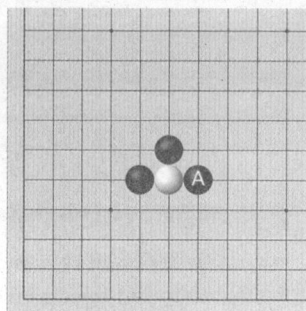

图1　　　　　　　　　　　图2

图3中，白棋有四口气。

图4中，黑▲下在白棋的气上，白棋只剩三口气，黑棋在紧白棋的气。

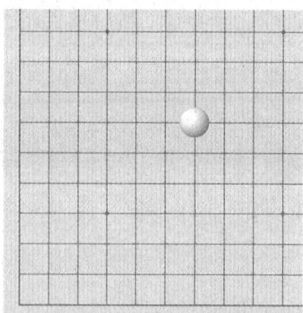 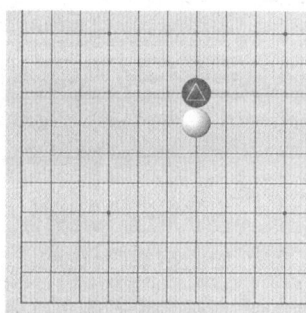

图3　　　　　　　　　　　图4

图5中，黑▲再把棋子下在白棋的气上，还是在紧这颗白棋的气，白棋还有两口气。

图6中，黑▲再次把棋子下在白棋的气上，继续紧这颗白棋的气，白棋只剩一口气。

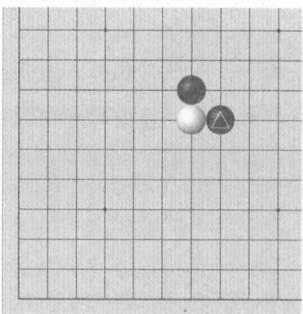 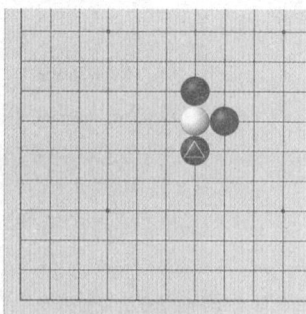

图5　　　　　　　　　　　图6

图7中，对于黑方处在一路边线上的棋子，白方只需要从白1位打吃，就能吃到黑子，此时的黑▲一子难以逃脱。

图8中，黑方逃跑，白方继续追打，一直经过黑2、白3、黑4、白5、黑6、白7、黑8、白9、

黑 10 逃到角部，被白 11 吃住。所以，对于对方边线上的棋子，只要己方原有一子与它紧紧相邻，那么从上面或一侧打吃基本可以吃住对方，若对方在前方或周围有接应子则另当别论。一般情况下，如果己方被叫吃的棋子处于边线位置，再逃会损失更多。

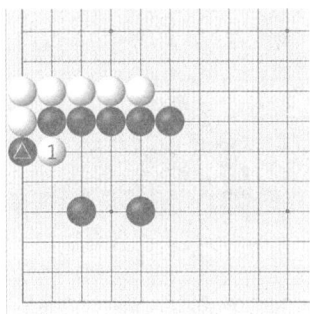

图 7

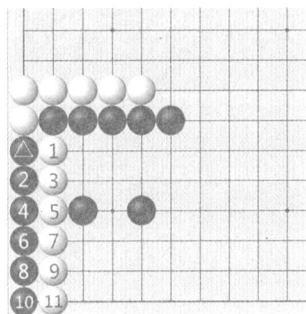

图 8

图 9 中，黑棋现有两口气，容易被白棋叫吃。

图 10 中，若轮到白棋下子，白棋下在 A 位叫吃，黑棋无路可逃被吃。

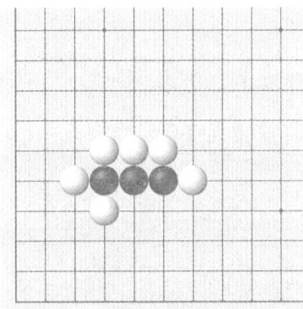

图 9

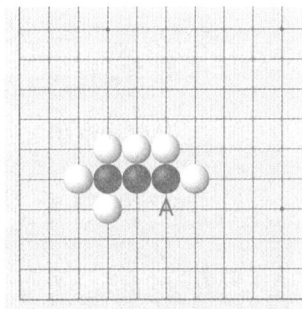

图 10

【基本技能】

1.图 11、图 12 中的黑 1 是不是在紧气？若是，请在棋盘下的括号里画"√"；不是，就画"×"。

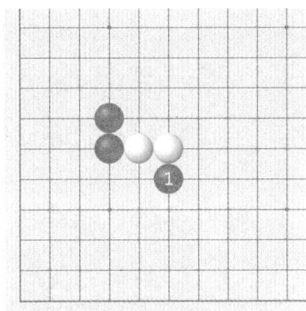

图 11（　　）

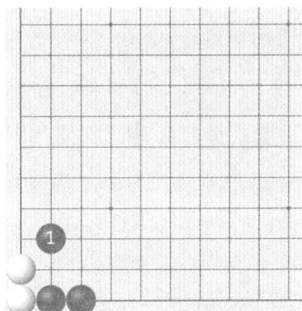

图 12（　　）

2. 在图13、图14中找出棋盘上被叫吃的白棋，并在棋子上面画"△"。

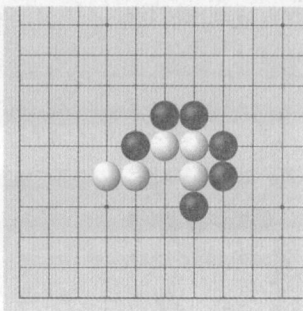 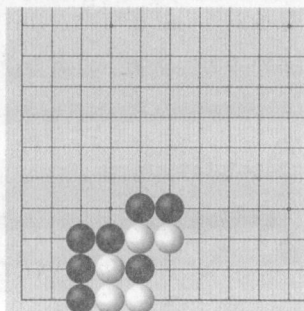

图 13　　　　　　　　图 14

【方寸风雅】

观　棋

唐·温庭筠

闲对楸枰倾一壶，黄华坪上几成卢。

他时谒帝铜龙水，便赌宣城太守无。

赏阅：

空闲时对着楸木棋盘饮一壶酒，黄华坪那里有一种叫樗（chū）蒲的围棋游戏（樗蒲，即几成卢，古代一种游戏，像后代的掷 zhì 色 shǎi 子）。日后若能进宫见到皇帝，待漏侍棋，一定能像羊玄保棋胜宋武帝而授宣城太守那样求得仕途通达。

这是一首观棋的诗，作者以才情自许，透露出他怀才不遇的愤懑（mèn）不平之气。

温庭筠（约812—866），本名岐（qí），字飞卿，太原祁（今山西祁县）人，唐代诗人、词人，官至国子助教。温庭筠是"花间派"词的先导，词风秾（nóng）丽绵密，多用比兴，与李商隐齐名，时称"温李"。有《温飞卿集》。

【手谈经纬】

不得贪胜。

——《围棋十诀》

赏阅：

下围棋不能急躁冒进，盲目拼杀。局势领先后要稳中求胜、步步为营，不能让对手有机可乘。

关于《围棋十诀》的作者，相传有王积薪（唐）、刘仲甫（宋）等多种说法。最早见载于南宋陈元靓（jìng）《事林广记》（标题为《象棋十诀》），对后世中外棋界有广泛影响。

【乾坤通识】

初学围棋的比赛方法

初学者可用 13 路或 9 路棋盘，以提子多少来决定胜负。图 15 中，黑 1、白 2、黑 3、白 4 依次下成下图"扭十字"的形状。扭十字形成以后，双方开始提子比赛。比赛结果的判定通常用以下两种方法：一是谁先提到十颗子（或五颗子、三颗子甚至一颗子等）的获胜，二是规定时间内提子多的获胜。

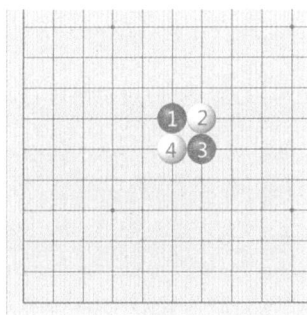

图 15

【知学思考】

1. 举例说明什么叫紧气、叫吃。

2. 为什么"不得贪胜"能成为《围棋十诀》之首？结合自身对弈经历，谈谈你对"不得贪胜"的理解。

【知行合一】

1. 与家人、朋友分享故事《兵临城下》和温庭筠的《观棋》，懂得领兵打杖需要智慧，对弈也一样。

2. 在图 16～图 19 中找出棋盘上被叫吃的白棋，并在棋子上面画"△"。

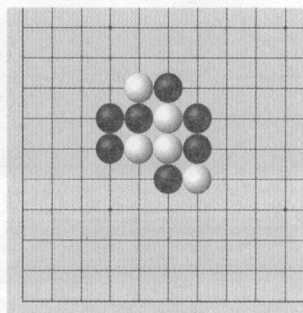

图 16

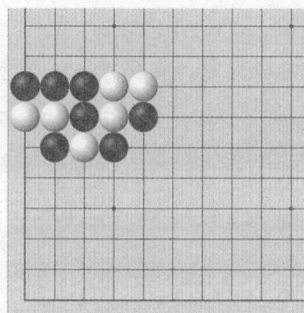

图 17

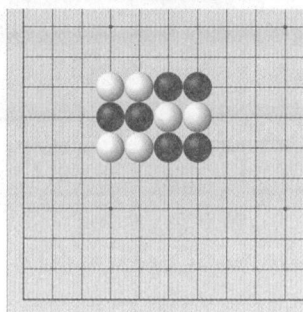

图 18

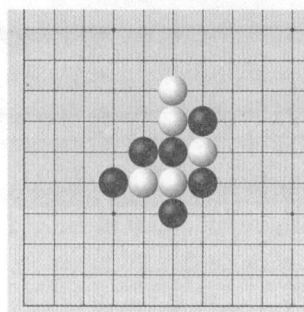

图 19

4*.名局精粹：上网搜索"周懒予（黑先）——过百龄（白）（第三谱）"，感受对弈的乐趣。

【历史典故】

死里逃生

春秋时期，楚国有个叫次非的人，在一次偶然的机会中得到一把宝剑，便高兴地乘船渡江回家。当船行到江中间的时候，江面上突然狂风大作，波涛汹涌，两条巨蛟（jiāo）从水里腾空而起，兴风作浪，绕着他们的船张牙舞爪。船上的人都吓坏了，不知道该怎么办，直呼救命。次非却镇静地问船夫："照这样下去的话，全船的人是不是只能等死了？"船夫无奈地说："这条江里的蛟龙凶恶无比，以前也有很多人被它们所吞噬（shì）。碰上巨蛟是必死无疑，还能有什么办法呢？"次非立刻拔出宝剑，说："以前的人之所以会在这里丢了性命，是因为他们虽然有武器，却不敢和恶蛟拼命！"说罢，次非纵身跃入江中，跟恶蛟拼死搏斗，终于斩杀了这两条恶蛟。随后，江面恢复风平浪静，全船人都死里逃生，安全地渡过了江。

阅读启示："死里逃生"用来比喻从极危险的境地中逃脱，幸免于死。对弈中也常常会遇见这样的情况，眼见已陷入困局，但往往因下好几颗关键的子，就可死里逃生，转危为安。

【基础知识】

提子与逃子

当棋子没有气的时候，这颗棋子就会被提掉，把对方无气的棋子提出棋盘的情况就叫提子。当棋子被叫吃后，在棋子气的位置下一颗子，原来被叫吃的棋子脱离危险的情况叫逃子，也叫逃跑。在实战中，要根据棋形的不同选择不同的方法帮助棋子逃跑。

图1中，黑A是在提子。

27

图2中，白A是逃子，逃子时要灵活运用吃子的方法。

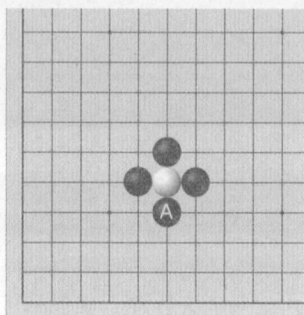

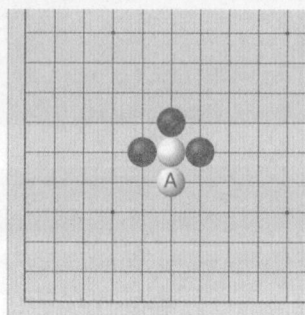

图1 图2

图3中，白棋的三颗子现在只有一口气，是被叫吃的情况。

图4中，若轮到黑棋下子，黑棋下在A位，白棋的三颗子就没有了气。

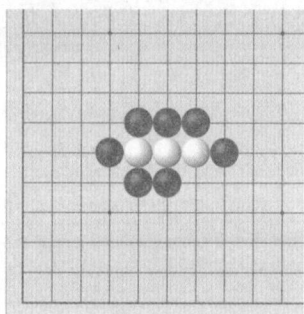

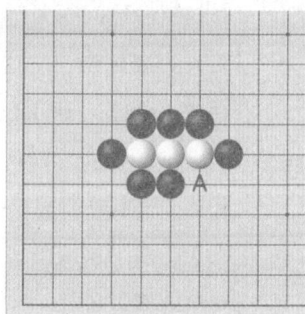

图3 图4

图5中，白棋的三颗子还有一口气，也是被叫吃的情况。

图6中，若轮到白棋下子，下在A位，白棋三颗子就逃了出来。

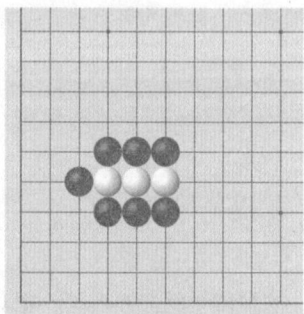

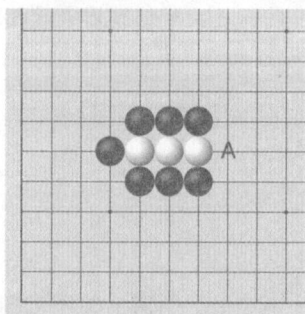

图5 图6

图7中，这是白棋逃子后的形状。

图8中，若白棋没有逃子，黑B之后，白棋的三颗子将被提掉。

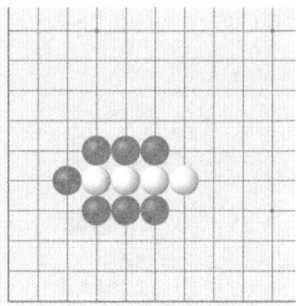
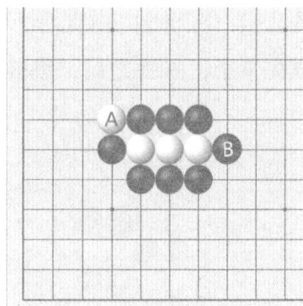

图 7   图 8

互相叫吃

白子和黑子同时叫吃，也就是说，黑棋叫吃着白棋，白棋也同时叫吃着黑棋，这种情况就是互相叫吃。互相叫吃的情况下，谁先动手就可以先提掉对方的棋子。

图 9 中，黑白双方就是互相叫吃。

图 10 中，黑 A 二子与白 B 二子互相被叫吃的形状也是互相叫吃。

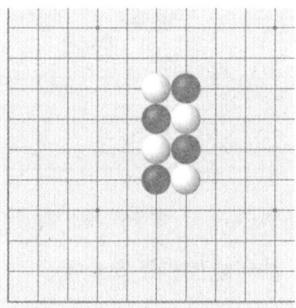
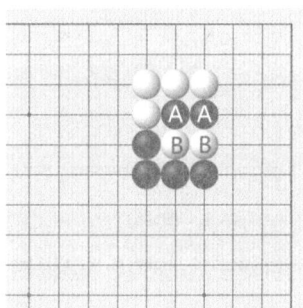

图 9   图 10

图 11 中，黑 1 先行，就可以吃掉白 B 二子，给自己长气。

图 12 中，白 1 先行，就可以吃掉黑 A 二子，给自己长气。

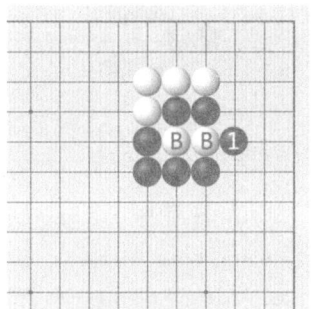
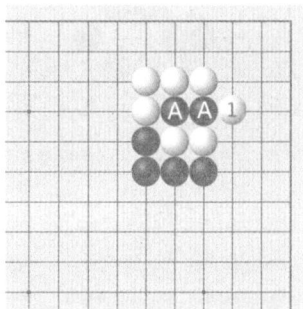

图 11   图 12

图 13 中，黑棋两子被白棋叫吃，白棋两子也被黑棋叫吃，这是互相叫吃。

图 14 中，若白棋先下子，白 A 之后，黑棋两子就没有了气。

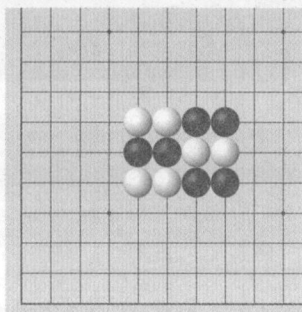 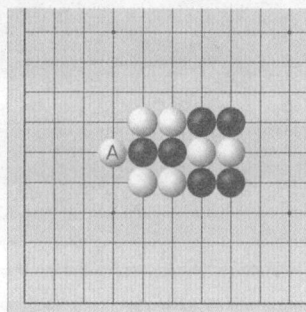

图 13　　　　　　　　　图 14

图 15 中，这是白棋提子后的形状。

图 16 中，若黑棋先下子，黑 A 之后，白棋两子就没有了气。

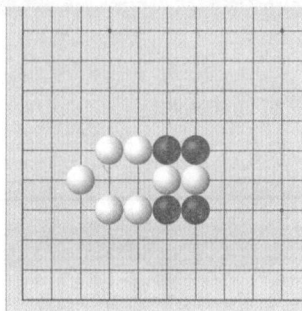 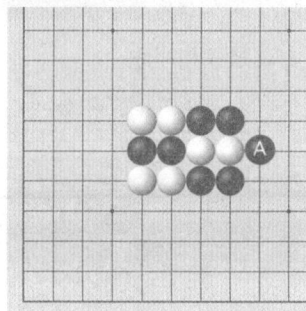

图 15　　　　　　　　　图 16

图 17 中，这是黑棋提子后的形状，黑棋提子后，被叫吃的棋子安全了。

图 18 中，互相叫吃的情况下，先动手吃掉对方的棋子也是救出自己棋子的方法。

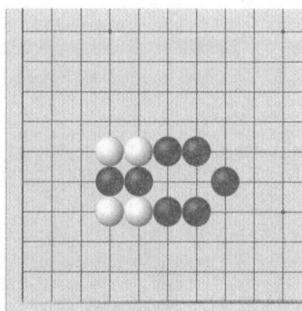 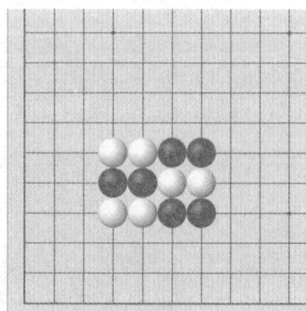

图 17　　　　　　　　　图 18

【基本技能】

1. 图 19、图 20 中，要提白△子，黑 1 应该下在哪儿？请在要下子的位置写"1"。

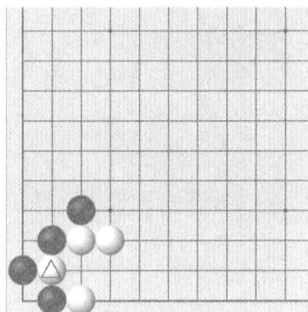 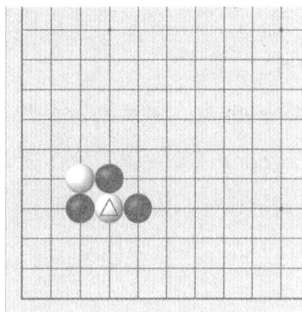

图 19　　　　　　　图 20

2.（黑先）图 21、图 22 是双方互相叫吃的状态，请在要下子的位置写"1"。

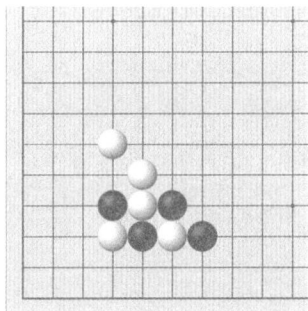 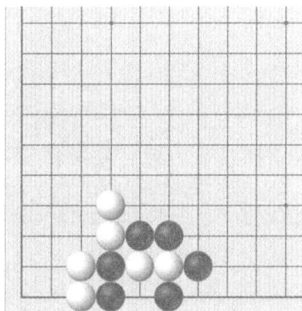

图 21　　　　　　　图 22

【方寸风雅】

观　棋

唐·杜荀鹤

对面不相见，用心同用兵。

算人常欲杀，顾己自贪生。

得势侵吞远，乘危打劫赢。

有时逢敌手，当局到深更。

赏阅：

　　两个人下棋，对面不相见，用计谋等同于用兵。算计要尽可能多杀对方的兵力，又要考虑到己方的生机。得到有利的局势就侵并敌方辽远的地盘，趁着机会打劫掳掠（吃子占地）

赢得主动权。有时候恰逢旗鼓相当的对手，一局棋便下到深更半夜。

本诗生动地描写了作者观棋看到的情景，棋局变化多端，下棋人全神贯注，体现出围棋的盎然趣味。

杜荀鹤（846—904），字彦之，号九华山人，池州石埭（dài）（今安徽石台）人，唐代诗人，官至翰林学士。有《唐风集》。

【手谈经纬】

入界宜缓。

——《围棋十诀》

赏阅：

进入对方的模样或势力时，要缓缓而行，不求一击得逞，不可急躁冒进，以免被对手一网打尽。

【乾坤通识】

围棋常用术语（一）

1. 关

关是在己方原有棋子上隔一路行棋。图23中，对于黑方原有的一子来说，黑1就叫关。同样，对于左边上白方原有的一子来说，白2也是关。

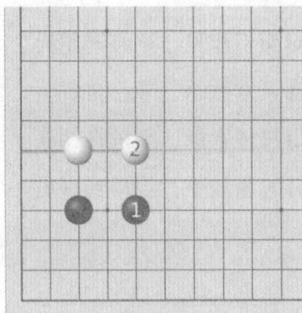

图23

2. 双

双是由两个单关挨在一起，所以又叫双关，也可以说是两个并列的关。双多用于防止对方分断自己的棋。图 24 中，黑 1 双就是为了不让白△一子断开黑棋。

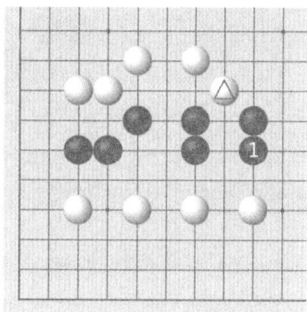

图 24

3. 尖

尖是在己方原有棋子的斜上或斜下一路处行棋。图 25 中原有的这颗白子，在 A、B、C、D 的任意一处行棋，都可称为尖。

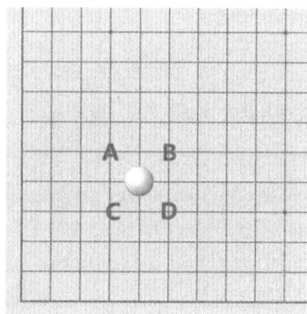

图 25

【知学思考】

1. 联系实际，说说提子与逃子的不同点。

2. 谈谈你对"入界宜缓"的理解。

【知行合一】

1. 与家人、朋友分享故事《死里逃生》和杜荀鹤的《观棋》，学会临危而不惊，冷静应对，把握死里逃生、化险为夷的机会。

2. 图 26、图 27 中，要提白△子，黑子应该下在哪儿？请在要下子的位置写"1"。

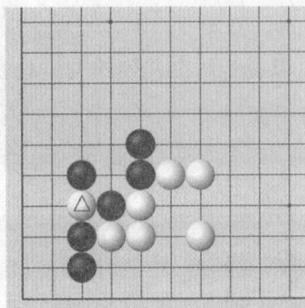
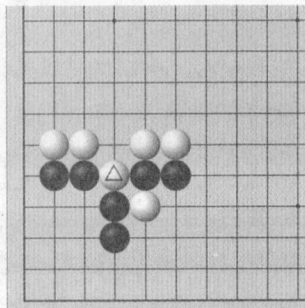

图 26　　　　　　　　　　图 27

3. 图 28、图 29 中，要逃出白△子，白子应该下在哪儿？请在要下子的位置写"1"。

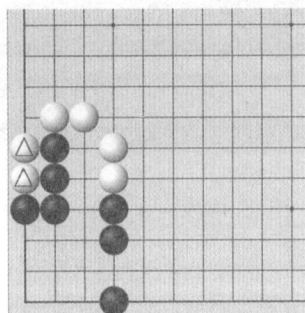
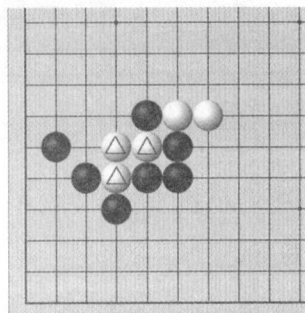

图 28　　　　　　　　　　图 29

4. （黑先）图 30、图 31 是双方互相叫吃的状态，请在要下子的位置写"1"。

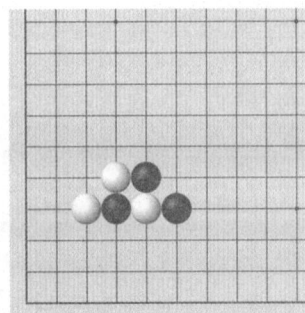
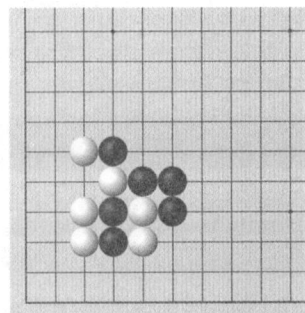

图 30　　　　　　　　　　图 31

5*. 名局精粹：上网搜索"周懒予（黑先）——过百龄（白）（第四谱）"，体会布局之战惊心动魄的场面。

第六课 连接与分断

十箭难断

从前，吐谷（yù）浑首领慕容阿豺（chái）有二十个儿子。临终前，他把弟弟与儿子们叫到床前，对他们说："你们各拿一支箭，叠放在地上。"然后吩咐弟弟慕利延说："你在其中拿出一支箭来折断它。"慕利延拿起一支箭很容易就折断了它。阿豺又吩咐说："现在你把剩下的十九支拿起来握在一起，再折断它们。"但是这一回慕利延使尽了力气也不能折断它们。

阿豺语重心长地对弟弟和儿子们说："一支箭很容易折断，很多支箭在一起则难以折断。你们知道其中的道理吗？只要你们齐心协力，别人就难以侵犯我们，国家才能稳固。"阿豺的弟弟和儿子们明白了他的苦心，承诺一定团结一心守护国家，阿豺露出了欣慰的笑容，很快就去世了。

阅读启示： 该故事告诫我们，只有团结一致、齐心协力，才能众志成城、坚不可摧。下围棋也一样，棋子连接在一起后气长，就相当于自己的兵团结一致，就不容易受到对方的攻击，而被分断的棋子就很危险。

【基础知识】

连接与分断

棋盘上相邻的两块棋，用一颗棋子将它们连成一块的下法就是连接。棋子连接在一起后气长，不容易受到对方的攻击。相邻棋子间若未连接上，可以被对方切断的点叫断点。把棋子下在断点上，用一手棋把对方分开的下法叫分断，也叫切断。

图1中，黑棋下在A位就是连接。

图2中，白棋下在A位就是分断。

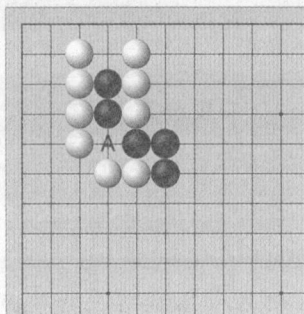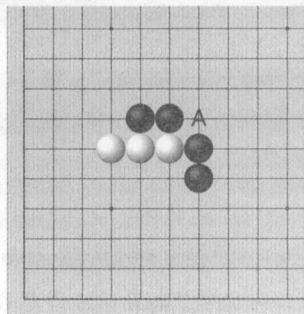

图1　　　　　　　　　图2

图3中，黑A连接，黑棋变成一块棋，棋子不容易被对手吃掉。

图4中，若黑棋忘了连接，白棋下在A位，黑棋就有可能连接不上。

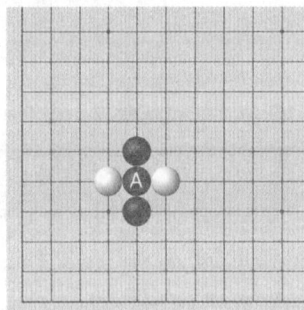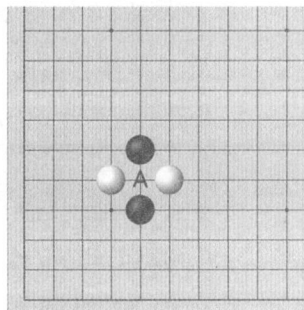

图3　　　　　　　　　图4

图5中，黑棋的这个形状叫尖，尖在周围无对方子的情况下就是连接的形状。

图6中，黑棋的这个形状叫双，一般情况下也是连接的形状。

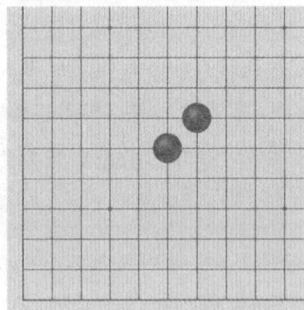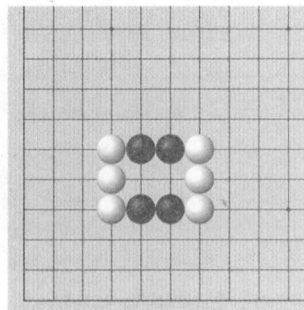

图5　　　　　　　　　图6

图7中，若白棋走A位，黑棋走B位；若白棋走B位，黑棋走A位，黑棋都是连接的形状。

图8中，黑棋是两块棋，没有连接上，但实际是连接的形状。

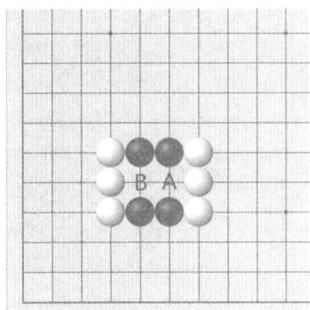
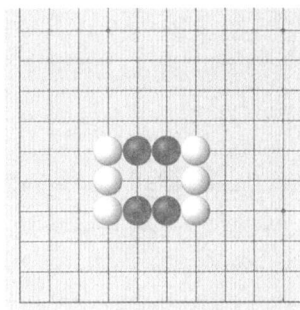

图 7　　　　　　　　　图 8

图 9 中，黑棋现在有三块棋，有两个断点。

图 10 中，A 和 B 两处位置是黑棋的断点，断点是在棋盘上作战时的重要位置。

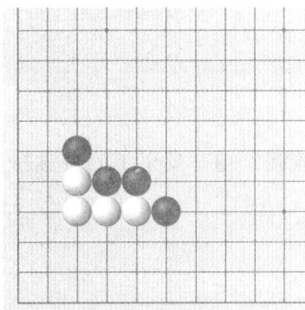
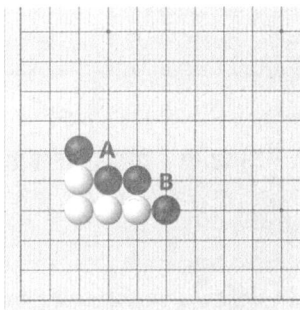

图 9　　　　　　　　　图 10

图 11 中，白棋只在 A 位有一个断点。

图 12 中，黑 1 若下在断点里，白 2 就能提掉黑棋。

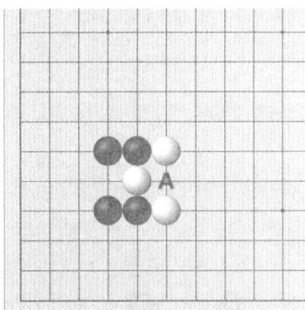
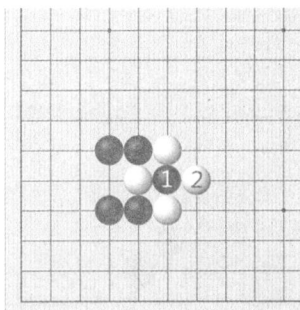

图 11　　　　　　　　　图 12

图 13 中，白 A 的走法，把黑棋切断了，这就是分断。

图 14 中，若白棋没有切断，黑走 A 位，黑棋就连成了一块棋。

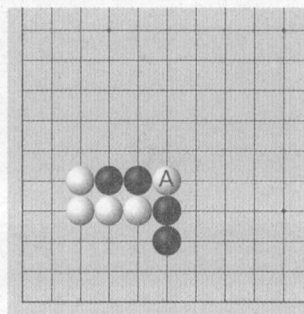

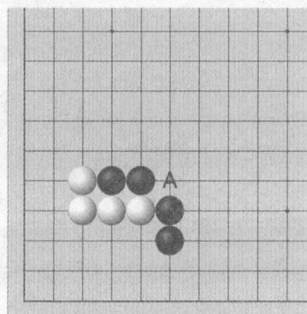

图 13　　　　　　　　　　　　图 14

围棋中有一条重要的格言叫"棋从断处生"，意思是说围棋的许多变化都是从分断产生的。对弈时，双方应当根据棋局的需要，分断和连接重要的棋子，不能见断就连或见断就断。

【基本技能】

1.（黑先）图 15～图 18 中，黑棋走在哪里可以连接？请在要下子的位置写"1"。

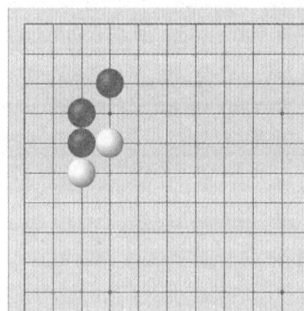

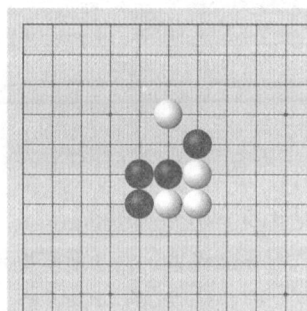

图 15　　　　　　　　　　　　图 16

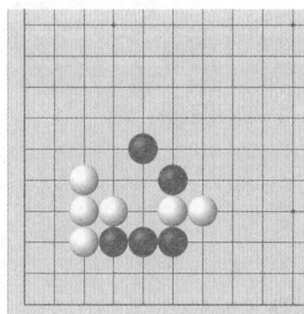

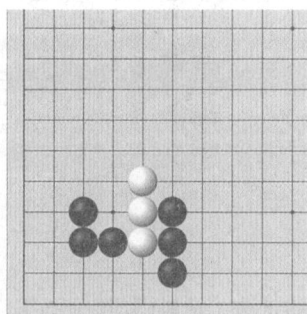

图 17　　　　　　　　　　　　图 18

2.（黑先）图 19～图 22 中，黑棋如何分断白棋？请在要下子的位置写"1"。

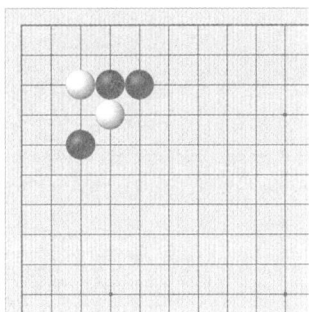

图 19

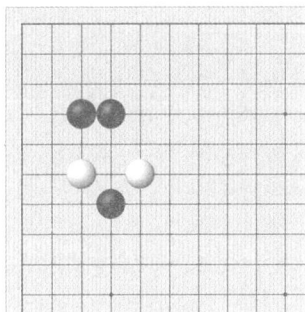

图 20

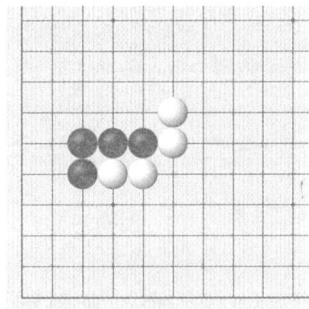

图 21

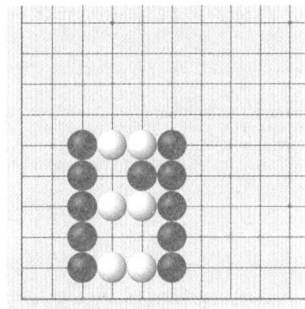

图 22

【方寸风雅】

看 棋

唐·王建

彼此抽先局势平，傍_{bàng}人道死的还生。

两边对坐无言语，尽日时闻下子声。

赏阅：

开局时，双方局势都是平等的，下到一定的时候，一方局危似平面临死局了，可是下了几手棋后，棋形棋局又活了过来。对弈者彼此相对而坐都不说话，一整天只听到时有时无的棋子落盘的声音。

全诗从观棋者的角度带读者感受了一场激烈的战斗，棋逢对手、胜负难卜，全诗语浅意深，颇具匠心。

王建（约767—831），字仲初，颍（yǐng）川（今河南许昌）人，唐代诗人，曾任昭（zhāo）应县丞、太常寺丞、陕州司马等职，世称王司马。他的诗题材广泛，同情百姓疾苦，生活气息浓厚，语言通俗凝练，富有民歌谣谚色彩。今存《王司马集》。

【手谈经纬】

攻彼顾我。

——《围棋十诀》

赏阅：

既要积极进取，又要避免急躁冒进变成盲目主义；既要稳妥防守，又要提防过于顾我而变成保守主义。在攻击或破坏敌人的阵地或棋形时，也要考虑到自己棋子的安危与发展。

【乾坤通识】

棋道训练——正确坐姿

围棋历史悠久，古今中外下围棋的人都非常讲究围棋礼仪。所以，围棋初学者，要严格训练正确的坐姿。坐姿正确，一方面有利于儿童身体发育成长，可增强棋手的自信心；另一方面也是表示对对手的尊重。正确坐姿如下：

1. 轻轻地坐下，臀部只坐椅子三分之二。
2. 上身挺直，双膝自然并拢，两脚平稳着地，双手轻松地放在膝盖上。
3. 思考时，双手应该自然地放在膝盖上，表情从容淡定。
4. 下棋时，用一只手下棋，另一只手自然放在膝盖或大腿上。

【知学思考】

1. 你是如何理解"棋从断处生"这句话的？
2. 你觉得"攻彼顾我"中蕴藏着怎样的人生哲理？

【知行合一】

1. 与家人、朋友分享故事《十箭难断》和王建的《看棋》，懂得团队凝聚力是最强的战斗力，下棋也一样，要学会集中优势兵力攻克对方阵营。
2. 向家人、朋友示范下围棋的正确坐姿，下棋时主动请其提醒和纠正坐姿。
3. （黑先）图23～图26中，黑棋走在哪里可以连接？请在要下子的位置写"1"。

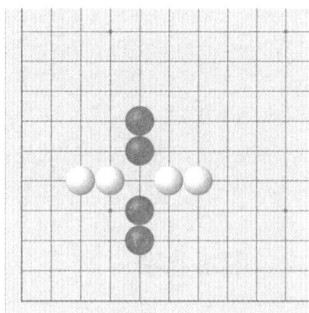

图 23

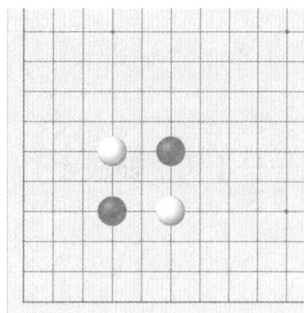

图 24

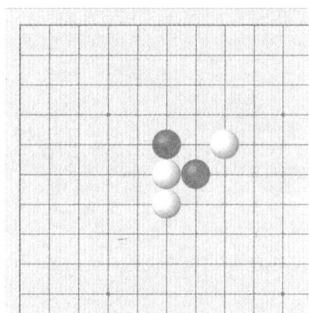

图 25

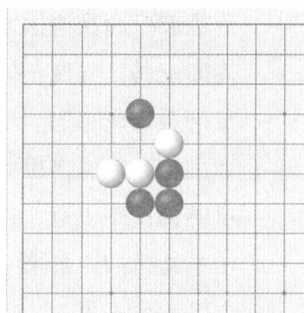

图 26

4.（黑先）图 27～图 30 中，黑棋如何才能把白棋分断？请在要下子的位置写"1"。

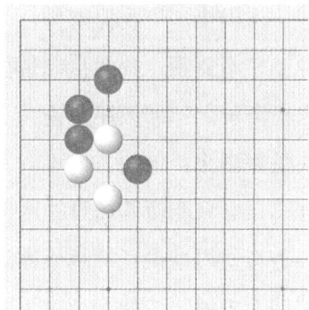

图 27

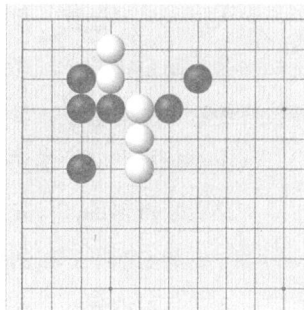

图 28

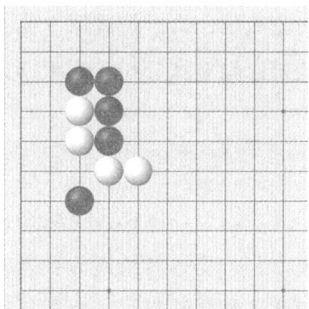

图 29

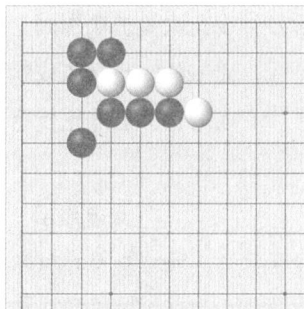

图 30

5.名局精粹：上网搜索"周懒予——李元兆（zhào）（第一谱）"，明白落子无悔的道理。

第七课　叫吃的技巧

【历史典故】

南辕北辙

战国后期，一度称雄天下的魏国国力逐渐衰弱，可魏王仍想出兵攻伐赵国。奉命出使邻邦的谋臣季梁听到这个消息，连忙半途折回，赶来劝阻魏王伐赵。

季梁对魏王说："今天我在太行道上，遇见一个人坐车朝北而行，但他却说他要到南方的楚国去。我问他：'为什么去南方反而朝北走？'那人说：'不要紧，我的马好，跑得快。'我提醒他：'马好也不顶用，因为方向是错的。'那人却说：'不要紧，我的盘缠带得很足。'我又告诉他：'方向错了，盘缠足也不济事。'那人还是说：'不要紧，我的马夫很会赶车。'大王您说这人是否糊涂？他的方向不对，即使马跑得再快，路费带得再足，马夫再会赶车，也只能使他离目的地越来越远罢了。"

魏王听了季梁的讲述，若有所思地说："真是糊涂，方向错了，怎能到达目的地呢？"季梁连忙接下去说："如今，大王要成就霸业，一举一动都要取信于天下，方能建立威信，如果仗着自己国家大、兵力强，就狂妄自大地进攻别国，只会失去威信，恰恰就像那个要去南方的人反而朝北走一样，只会离成就霸业的目标越来越远！"魏王这才明白了季梁的一片苦心，决心停止伐赵。

阅读启示：该故事告诫人们，做任何事情都必须有正确的方向，然后坚持不懈地努力，才能达到预期的目的。对弈也同理，不能仗着我方暂时有优势，就狂妄自大，肆无忌惮地进攻对方。这样做往往会得不偿失，离预期的目标越来越远。

【基础知识】

叫吃的技巧

很多围棋初学者虽然知道什么是叫吃，但在实际对弈中却不知如何运用。弈棋中如果想吃掉对方的棋子，通常用到以下叫吃技巧。

1. 叫吃的方向正确

向一线叫吃：一线是棋盘上最外围的线，也被称为死亡线。选择这个叫吃点就是要让被叫吃的棋子往一线跑。若方向错了，被叫吃的棋子跑在二线，则会越跑气越多。例如，图1中，黑棋下在A位就是向一线叫吃。

向己方叫吃：向自己棋多的地方叫吃，将其堵在我方的包围圈内予以消灭。例如，图2中，黑棋下在A位就是向自己棋子多的方向叫吃。

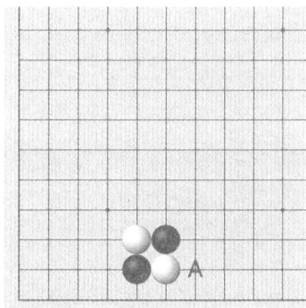

图1

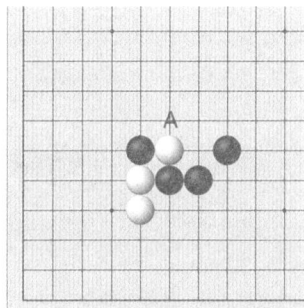

图2

图3中，黑先，白棋还有两口气，黑棋能不能吃掉白棋?

图4中，黑棋下在A位就是把对方的棋子往一线赶，叫吃正确。

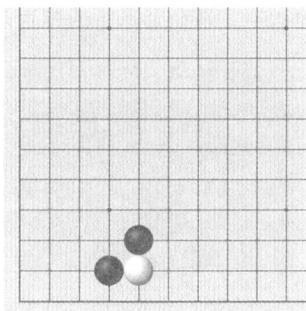

图3

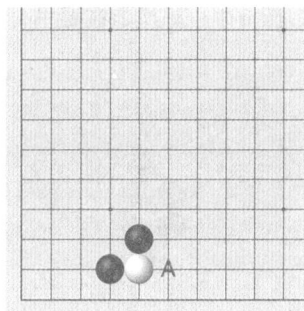

图4

图5中，黑棋如何捉住白棋?

图6中，黑棋下在A位就是向己方叫吃，叫吃正确。

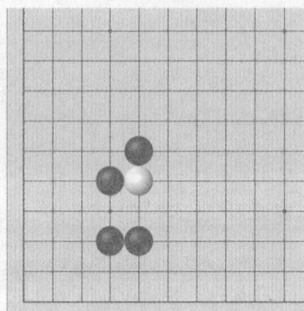

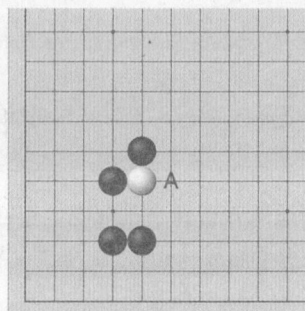

图 5　　　　　　　　　　　图 6

2. 断吃与双叫吃

图 7 中，黑棋下在 A 位切断对方的同时也打吃了对方，这就是断吃；同时叫吃两块棋叫双叫吃，把双方断成两块棋，使两块棋都只剩下一口气。

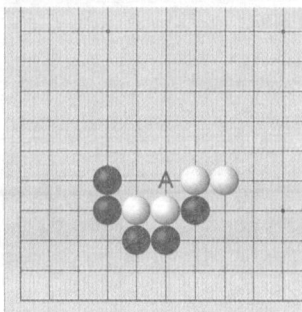

图 7

【基本技能】

1.（黑先）图 8、图 9 中，黑棋走在哪里可以吃掉白棋？请在要下子的位置写"1"。

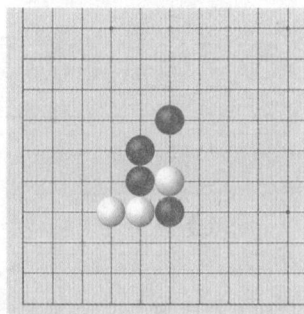

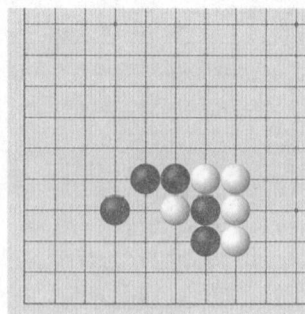

图 8　　　　　　　　　　　图 9

2.（黑先）图 10、图 11 中，黑棋走在哪里可以同时叫吃两颗白棋？请在要下子的位置写"1"。

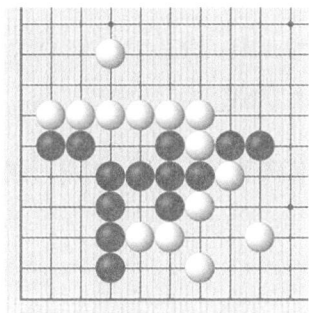　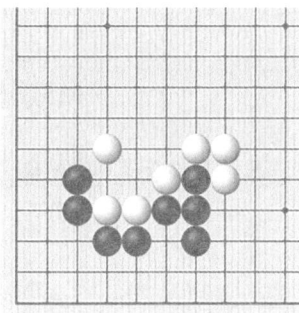

图 10　　　　　　　　图 11

【方寸风雅】

小游仙诗九十八首

唐·曹唐

洞里烟霞无歇时，洞中天地足金芝。

月明朗朗溪头树，白发老人相对棋。

赏阅：

　　洞中的烟雾一直都在，传说在洞中有一种仙药金色芝草。月光照耀在溪边的树上，看见两位白发老人相对而坐正在对弈。

　　作者借歌咏仙境抒发了自己的情怀志向，全诗想象丰富。

　　曹唐（生卒年不详），字尧宾，桂州（今广西桂林）人，唐代诗人，初为道士，后为使府从事。曹唐的诗大都取自古代神话传说及六朝志怪小说，加以艺术创造。有《曹从事诗集》。

【手谈经纬】

弃子争先。

——《围棋十诀》

赏阅：

　　在行棋时，要主动放弃一些意义不大或难以处理的棋子，来换取先手之利，从而获得棋局的主动。

【乾坤通识】

棋道训练——静坐

静坐是调节心情、改善大脑活动节奏的好方法。每天静坐几分钟，对身心健康很有好处。

1. 静坐的时间

（1）上课前静坐三五分钟；

（2）比赛前静坐三五分钟；

（3）做作业前静坐三五分钟；

（4）紧张时静坐三五分钟。

2. 静坐的方法

（1）身体保持端正；

（2）双手在膝盖上放平；

（3）闭上眼睛和嘴巴；

（4）轻轻吸气，慢慢呼出，保持微笑。

【知学思考】

1. 叫吃有哪些技巧？双叫吃的目的是什么？

2. 什么局势下需要"弃子争先"？

【知行合一】

1. 与家人、朋友分享故事《南辕北辙》和曹唐的《小游仙诗九十八首》，学会确立正确的目标，并按照正确的方向努力前行。

2.（黑先）图12～图15中，黑棋走在哪里可以吃掉白棋？请在要下子的位置写"1"。

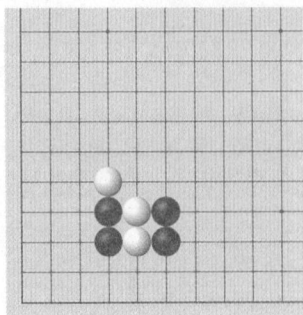

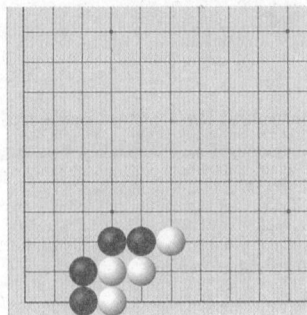

图12　　　　　　　　　　　图13

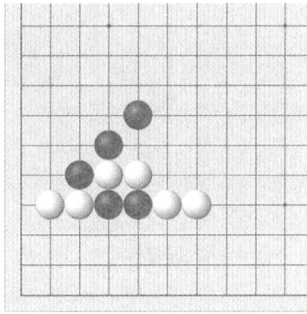

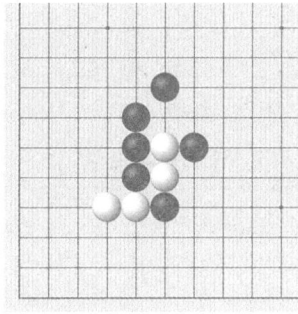

图 14　　　　　　　　　　　图 15

3.（黑先）图 16～图 19 中，黑棋走在哪里可以双叫吃？请在要下子的位置写"1"。

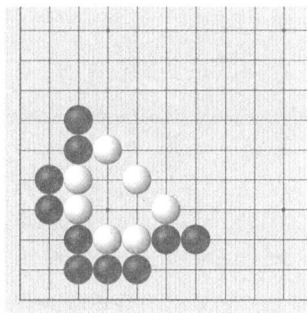

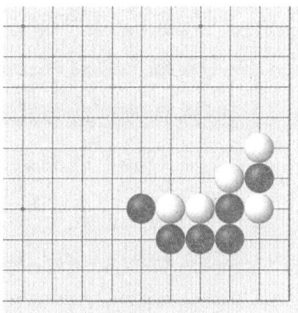

图 16　　　　　　　　　　　图 17

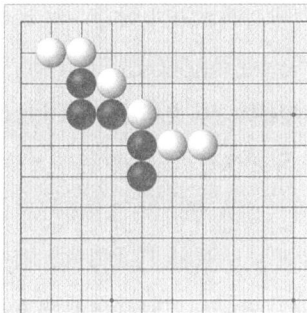

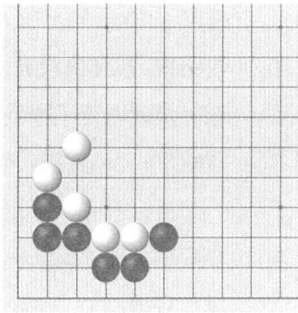

图 18　　　　　　　　　　　图 19

4*.名局精粹：上网搜索"周懒予——李元兆（第二谱）"，感受棋局的无穷变化。

第八课　双吃

【历史典故】

一箭双雕

南北朝时，北周有一位智勇双全的人叫长孙晟（shèng），尤其擅长射箭。北周的国君为拉近与北方突厥（jué）的关系，决定把一位公主嫁给突厥王摄图。聘（pìn）娶时两国为了显示各自的国力，都派出了最英勇的将士作为使者，长孙晟即为副使。历经千辛万苦到达突厥，摄图大摆酒宴。酒过三巡，摄图命人拿来一张硬弓，又命人在百步以外的树上挂了一枚铜钱，要长孙晟射中这枚铜钱。长孙晟没有推辞，拿起硬弓就拉成了弯月形，只看见一支利箭"嗖"地一声就射进了铜钱的小方孔中，众人纷纷叫好。从此，摄图对长孙晟非常敬重，留他在突厥住了一年之久。

后来有一次，摄图带着长孙晟打猎，空中正好有两只大雕正在争肉。突厥王立即递给长孙晟两支箭："你能把这两只大雕都射下来吗？"长孙晟却只接过了一支箭，边策马边道："哪里需要两支箭？"只见长孙晟搭箭拉弓，对准两只大雕射出一箭，两只大雕哀鸣一声，便串在一起摔落了下来。在场的人顿时欢呼起来，连连称赞："您真是武艺精湛，一箭双雕，不愧为神箭手啊！"

阅读启示："一箭双雕"原指射箭技术高超，后比喻做一件事情能达到两个目的。要做到"一箭双雕"，需要有过硬的本领，而且要选对时机。对弈也是同理，在弈棋过程中，要看准时机下子，同时打吃对方两边的棋子，这样才能使赢面最大化。

【基础知识】

双 吃

双吃，又称双打，指某一方下了一步棋后，可以同时打吃对方两边的棋，这样形成二者必得其一的棋形。走出双吃之后，对方逃掉一子，会被吃掉另一子。

图1中，相邻的两颗白A子都只有两口气。

图2中，黑A可以同时叫吃对方的两颗子，这就是双吃的下法。

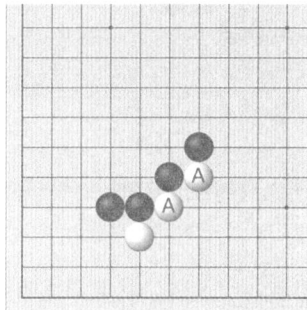 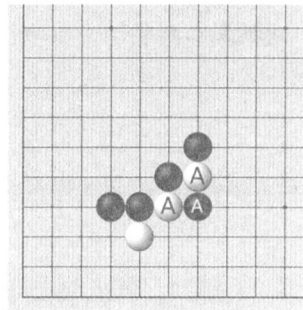

图1　　　　　　　　　　图2

图3中，白A处的两块棋只有两口气。

图4中，黑棋走A位虽然双吃，但这样下白B可以提掉黑棋。

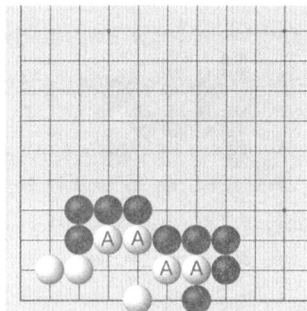 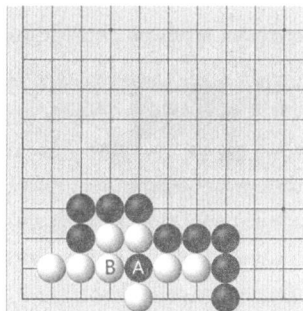

图3　　　　　　　　　　图4

图5中，白A处的两块棋只有两口气。

图6中，黑棋走A位不能双吃，因为这里是黑棋的禁入点。

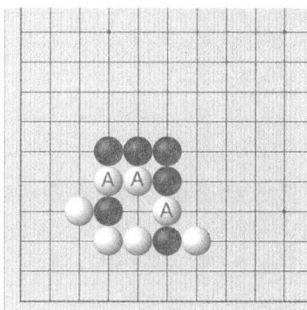 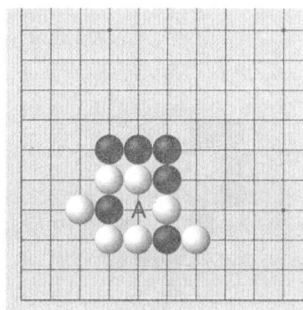

图5　　　　　　　　　　图6

图7中，这是实战中黑攻白的一个局面，若此时轮到黑方行棋，如何形成双吃对方的棋形呢？

图8中，黑1是双吃，黑1同时是对白△和白C打吃。白棋A、B两点不可兼顾，黑棋总是能吃掉白棋一子。

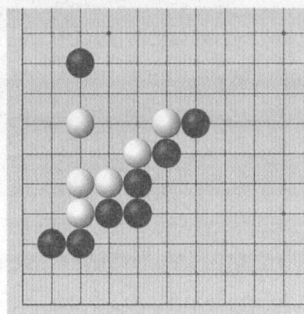
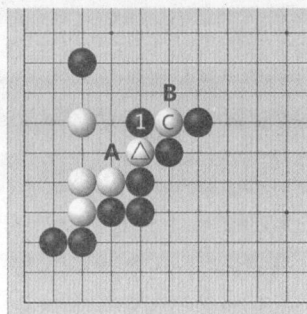

图7　　　　　　　　　图8

图9中，黑棋被白方围在边上，不能靠在里边做活，只能突出包围。白棋外围看上去十分严密，但也有许多断点。

图10中，黑1打，白2接上，黑3打左边一个单子，白4接，这时黑5再打白棋两边的棋子，既打白△一子，又打白A二子。

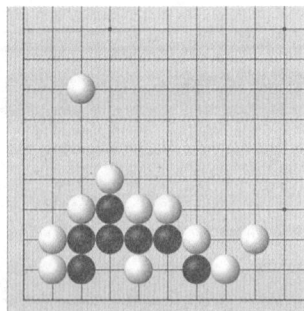
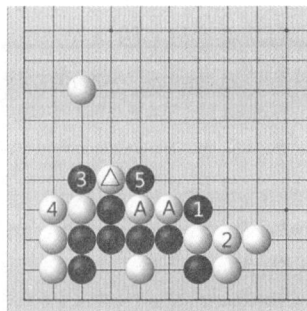

图9　　　　　　　　　图10

【基本技能】

1.（黑先）图11～图14中，黑棋走在哪里可以双吃白棋？请在要下子的位置写"1"。

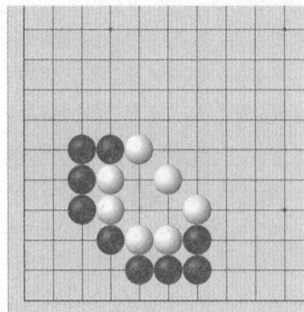
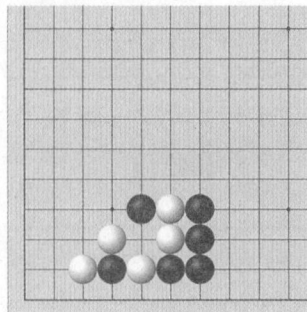

图11　　　　　　　　　图12

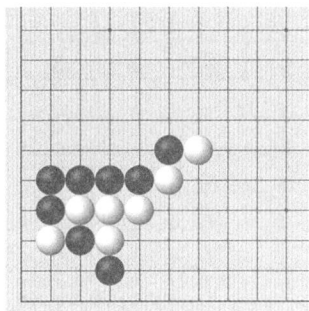
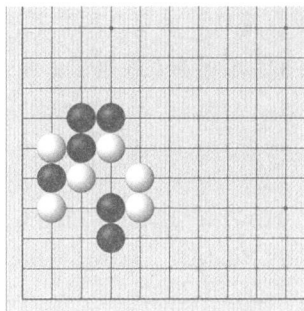

图 13   图 14

2.（黑先）图 15、图 16 中，黑棋如何吃掉白△三子？

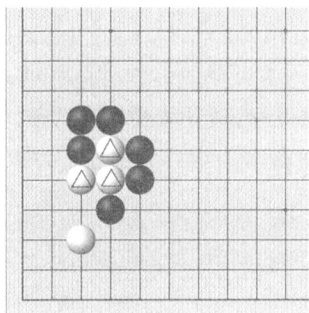
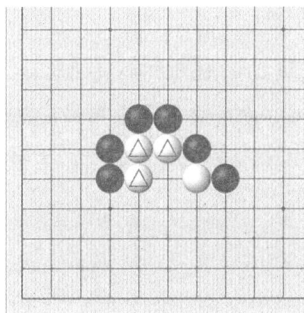

图 15   图 16

【方寸风雅】

五言咏棋

唐·李世民

手谈标昔美，坐隐逸前良。

参差分两势，玄素引双行。

舍生非假命，带死不关伤。

方知仙岭侧，烂斧几寒芳。

赏阅：

　　弈棋时不禁怀念起了之前的贤者。棋局纷繁复杂分出两方阵势，黑白棋子势均力敌，互相对峙。弈棋虽如斗兵，但舍生不用付出生命，赴死不会遭受伤害。领会了弈棋的乐趣，才知道王质当年为什么会因为观棋忘却了时间，以致烂了斧头都不知道。

　　本诗作者直接吟咏围棋，抒发他的围棋棋趣。李世民为围棋诗和围棋文化的发展起到积极的促进作用。

　　李世民（599—649），祖籍赵郡（今河北赵县），一说陇西狄（dí）道（今甘肃临洮

táo），即唐太宗，唐代政治家、军事家、诗人。李世民在唐朝的建立与统一过程中立下赫赫战功，公元 626 年称帝，开创了贞观之治。李世民爱好文学与书法。《全唐诗》录其诗 1 卷。

【手谈经纬】

舍小就大。

——《围棋十诀》

赏阅：

围棋的胜败通过占地的大小来判断，下棋时每一步棋都是一次判断棋子价值大小的选择。小就是目数少、发展潜力小或只与局部利益有关的、处于次要位置的子；大则是目数多、发展潜力大或与全局的利益相关的、处于重要位置的子。因此，下棋时要先下价值大的地方，不要将棋下在小处。

【乾坤通识】

棋道礼仪——入座

入座又称就座，是比赛、就餐、访客时常用的礼仪。

1. 入座礼仪

（1）轻轻地把座椅向后拉开；

（2）从座椅的左侧进入；

（3）身体在桌子和座椅之间站直；

（4）轻轻地坐下，身体坐满椅子的三分之二。

2. 入座、离座注意

（1）入座时姿势端正，女孩子要注意整理衣裙；

（2）入座时不要吵闹、喧哗；

（3）长者坐上座，围棋比赛中通常放置白棋一方为上座；

（4）对局期间如果要离开座位，应该先向对方说明原因，然后再起身离开；

（5）对局结束后，年幼者应等长者先离开座位后再起身离座。

【知学思考】

1.联系实际，谈谈如何形成双吃对方的棋形。

2.结合自身对弈或生活经历，谈谈你对"舍小就大"的理解。

【知行合一】

1.与家人、朋友分享故事《一箭双雕》和李世民的《五言咏棋》，懂得高超的技艺需要勤学苦练的道理，下棋也是如此。

2.（黑先）图17～图20中，黑棋走在哪里可以双吃白棋？请在要下子的位置写"1"。

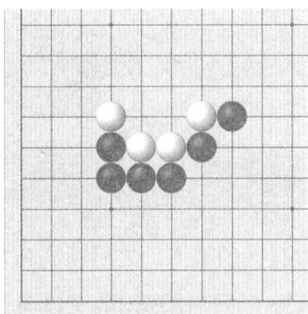

图17

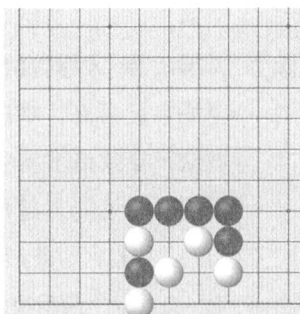

图18

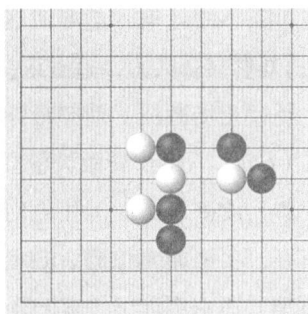

图19

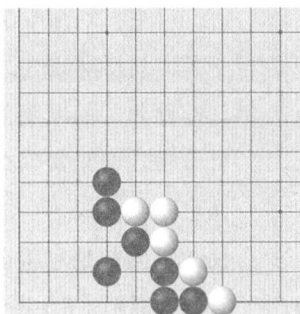

图20

3*.名局精粹：上网搜索"周懒予——李元兆（第三谱）"，体会弈棋的独特魅力。

第九课　门吃

四面楚歌

　　秦朝灭亡后，群雄四起，英勇剽（piāo）悍（hàn）的项羽称西楚霸王，分封功臣和六国贵族，因其赏罚全凭自己喜恶，难以服众，导致诸多重臣叛变。汉王刘邦趁机出兵关中地区，并渐渐坐大自己的军力。之后项羽和刘邦经历了多年的拉锯（jù）战，最后决定以鸿沟（今河南郑州的贾鲁河）东西边为界，互不侵犯。

　　后来，刘邦听从张良和陈平的计策，趁项羽衰弱的时候消灭他。于是，刘邦与韩信、彭越、刘贾会合兵力，追击正在向东开往彭城（今江苏徐州）的项羽部队。经过几场激战，刘邦最终用韩信十面埋伏的计策将项羽紧紧围在了垓（gāi）下（今安徽灵璧县东南）。项羽的部队已是兵疲马困、缺粮少草。夜里，四面围住他们的汉军唱起楚地的民歌以涣散楚军将士的军心，项羽非常惊恐，心里渐渐丧失了斗志，与美人虞姬（jī）在帐中饮酒，不由唱起了《垓下歌》。两人相拥而泣，歌声悲壮哀恸（tòng）。

　　虞姬看到项羽已经穷途末路，悲痛地拔出剑，唱了一首《和垓下歌》。一曲唱罢，愤然自刎（wěn）。项羽悲痛不已，带着仅剩的骑兵突围，可最终也未成功。身边的人劝说项羽渡过乌江，以图东山再起。可项羽心高气傲，仰天长叹："我已无颜见江东父老！"随后也在乌江边上拔剑自尽。

　　阅读启示："四面楚歌"比喻陷入四面受敌、孤立无援的境地。这个故事告诫我们要居安思危、未雨绸（chóu）缪（móu），此外，也教育我们要有宽广的胸襟，赢得来也要输得起，不要在危难时丧失信心，错失东山再起的机会。弈棋也是如此，形势不利时，就应该放弃小局保大局，保存实力以图东山再起。

【基础知识】

门 吃

封住对方棋子的出路并打吃对方的棋子的下法叫门吃，又称为关门吃、抱吃、闷吃。门吃一般应紧在对方的气上。

图1中，若白棋下在A位就会落入黑棋的包围。

图2中，黑棋下在A位是门吃的下法，白棋无法逃跑。

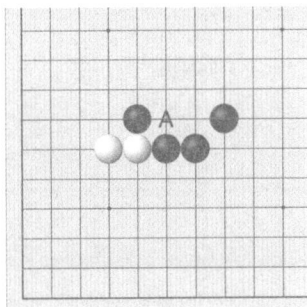 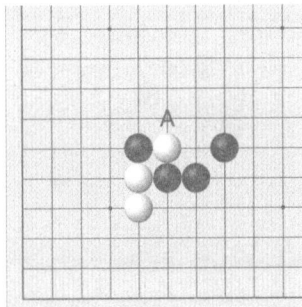

图1　　　　　　　　　　　　　图2

图3中，白棋如何吃到黑子？

图4中，白1打，黑2若长，白3将两颗黑子吃掉。

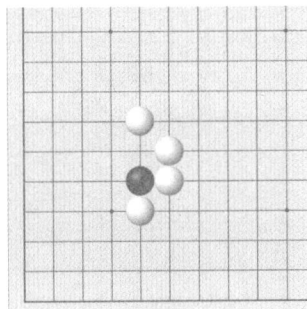 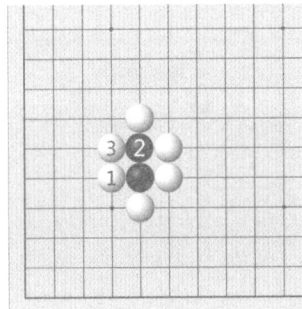

图3　　　　　　　　　　　　　图4

图5中，白A两子只有两口气，容易被对手吃掉。黑棋这时要注意吃子方向。

图6中，黑棋将子下在A位是门吃。黑棋门吃后，白棋的两子就无法逃掉了。

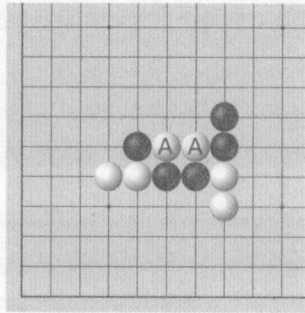
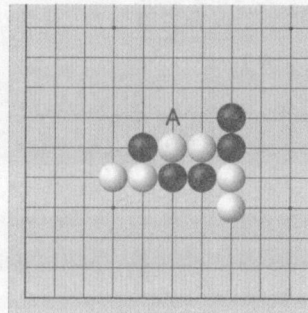

图5   图6

图7中，黑棋如何门吃白A二子？

图8中，黑1打吃，白2逃，黑3关门吃，吃掉白子。

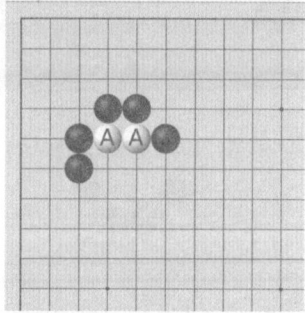
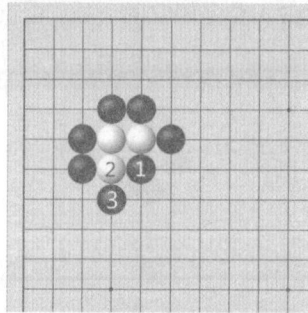

图7   图8

图9中，黑棋如何门吃白A三子？

图10中，黑1门吃，白2逃，黑3吃掉白子。

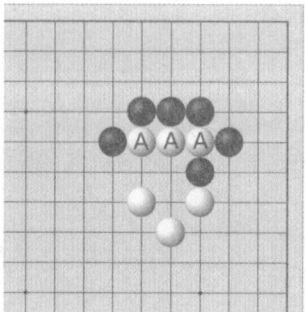
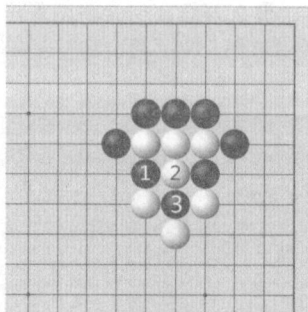

图9   图10

【基本技能】

（黑先）图 11～图 14 中，黑棋走在哪里可以门吃白棋？请在要下子的位置写"1"。

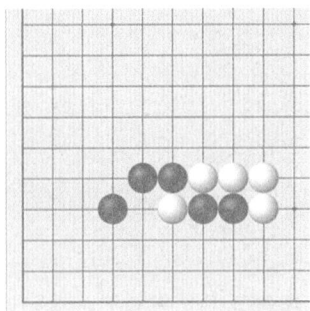

图 11

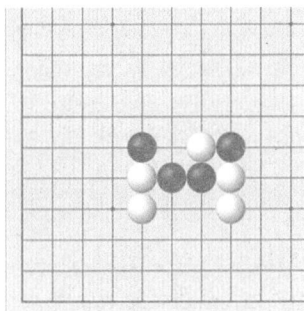

图 12

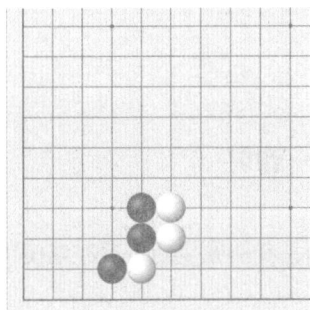

图 13

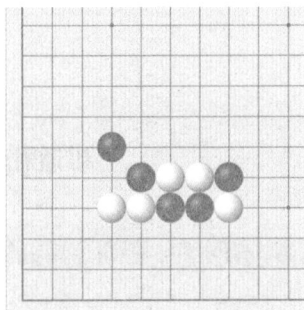

图 14

【方寸风雅】

棋

唐·裴说^{péi}

十九条平路，言平又险巇^{xī}。

人心无算处，国手有输时。

势迥^{jiǒng}流星远，声干下雹迟。

临轩^{xuān}才一局，寒日又西垂。

赏阅：

　　棋盘上的十九条平路，看似平坦，实则险峻崎（qí）岖（qū）。人心的算计没有尽头，就算是国手也有输棋的时候。棋局如同遥远天际的繁星千变万化，落子声像是稀疏冰雹落在瓦上。冬季的白天很短暂，在书房里才下一局棋，不知不觉已是日落西山的时候了。

　　本诗反映出人心的变化和围棋的输赢都是无常的。

裴说（？—908），桂州（今广西桂林）人，唐代诗人，曾任礼部员外郎。他的诗讲究苦吟炼意，追求新奇，《全唐诗》录存其诗1卷。

【手谈经纬】

逢危须弃。

——《围棋十诀》

赏阅：

当形势不利，自己的棋已经很危险时，慌乱逃跑只会让伤亡更严重，因为对方会趁我方逃跑之机发起猛烈追击。在这种情况下，我方就须放弃小局保全大局。

【乾坤通识】

棋道礼仪——鞠躬

鞠躬表示尊重对方，有友好、感谢、谦逊等内涵，我们在生活中要经常使用。棋道礼仪的鞠躬常识如下：

1. 鞠躬的时间与场合

（1）见到老师鞠躬问好；

（2）得到帮助鞠躬感谢；

（3）犯了错误鞠躬道歉；

（4）领奖时鞠躬致谢。

2. 鞠躬的方式

面带微笑，目视对方，伸直腰、脚跟靠拢、双脚尖处微微分开，上身缓缓向前弯曲，视线由对方脸上落至自己的脚前1米处（30°礼）。男性双手放在身体两侧，女性双手合起放在身体前面。

3. 鞠躬注意事项

（1）鞠躬时要脱帽，且手不能插在口袋里；

（2）鞠躬一次便可，切忌连续鞠躬。

【知学思考】

1.什么叫门吃？为什么门吃要紧在对方的气上？

2."逢危须弃"蕴含着怎样的做人做事的道理？

【知行合一】

1.与家人、朋友分享故事《四面楚歌》和裴说的《棋》，懂得做人要居安思危，做事要未雨绸缪，还要临危不惧，保存实力，伺机重起。

2*.《棋经》上讲"善败者不乱"，思考其与"逢危须弃"所表达思想的异同。

3.和家人、朋友一起了解我国古代的行礼方式，学会平时向老师行鞠躬礼，同学之间行点头礼。

（1）跪拜礼：直立，举手齐额如揖（yī）礼，鞠躬90°，直身后手再次齐眉，接着双膝同时着地，缓缓下拜，手掌着地，额头贴手掌上，然后直起上身，同时手随之齐眉，然后根据礼节，平身或再拜……平身时，两手齐眉，起身，直立后手放下。跪拜礼用于十分重要的场合，如入学拜师礼、成年礼、婚礼、朝拜礼、拜寿礼、丧礼等。

（2）躬身礼：两手从外向内同时抱拳形成圆弧，左外右内（女子右外左内），十指并拢，掌心朝胸口；行礼时手向上移动与眼睛齐平，然后自然弯腰90°。躬身礼的动作幅度较大，一般用于比较重要的场合，如向上司或德高望重的长辈行礼，平时用于每天上学向老师行的第一次礼。

（3）拱手礼：手型大致如同躬身礼，但动作幅度较小，一般连续行三下礼，行礼时毋须弯腰，只需身体稍微前倾，头略点即可。拱手礼比较简便，是一种常用礼，可用于对长辈行礼，也可用于平辈间相互行礼。

（4）鞠躬礼：面带微笑，目视对方，伸直腰，脚跟靠拢，双脚尖处微微分开，视线由对方脸上落至自己脚前1米处（30°礼）。男性双手放在身体两侧，女性双手合起放在身体前面。鞠躬时要脱帽，然后上身缓缓向前弯曲，鞠躬一次即可。

（5）颔首（点头）礼：面带微笑，眼视对方，头缓缓点一下，同时身体微微前倾。点头礼用于一般性礼节，主要用于同辈间相互行礼，也可以用于上辈对下辈的回礼，还可用于对陌生人示好。

4.（黑先）图15～图18中，黑棋走在哪里可以门吃白棋？请在要下子的位置写"1"。

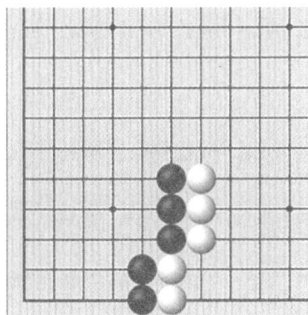

图15

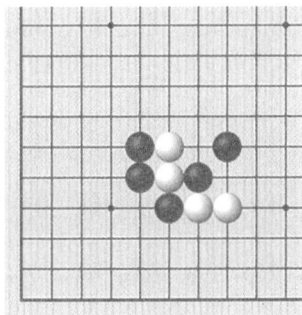

图16

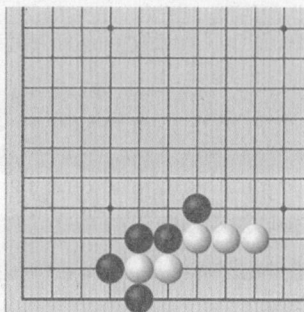
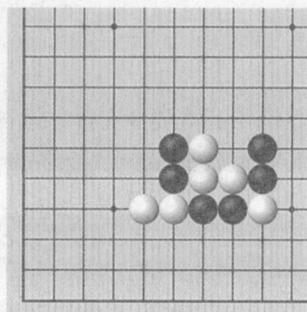

图 17　　　　　　　　　　　图 18

5*.名局精粹：上网搜索"周懒予——李元兆（第四谱）"，体会棋子间存亡与共的团队精神。

【历史典故】

一鼓作气

春秋时期，强大的齐国将出兵攻打弱小的鲁国。鲁国情形堪忧，鲁庄公决心迎战。一个叫曹刿（guì）的人担心国家的兴亡，主动请求跟随鲁庄公参战，鲁庄公见他智勇双全，就同意了。

鲁庄公与曹刿同乘一辆兵车来到战场长勺，齐军人多势众，很早就擂响了战鼓，鲁庄公也要下令擂鼓迎战，但曹刿连忙阻止："还未到时候呢！"随后齐军又擂响了第二声战鼓，曹刿依然建议按兵不动。鲁国将士们全都摩拳擦掌，可无主帅的命令，也只能等待。之后齐国又擂响了第三声鼓，这时曹刿才大声喊道："时机已到，下令反攻！"霎时，鲁军阵地战鼓雷鸣，鲁军将士奋勇上前，齐军未及防备，顿时被打得丢盔（kuī）弃甲。鲁庄公见状大喜，立即就要下令追击齐军，曹刿再一次阻止，然后下车察看齐军逃跑时的车轮痕迹，并远望齐军的队形，片刻后才说："可以追击了。"之后鲁军果然大败齐军。

凯旋后，鲁庄公问道："为什么要等到齐军三次击鼓后才能进攻呢？而且为什么要看车痕和队形之后才决定追击呢？"曹刿回答："打仗凭借士气，擂第一声鼓时士气最旺，第二声鼓时士气就减弱了一些，第三声鼓时士气几乎已经没了。对方没了士气，我军却擂响了鼓，士气气冲云霄，这样去进攻，自然是百战百胜。至于后来，我怕齐国诈败引诱我们，见他们车轮轨迹混乱，战旗也倒了，才确定是真的战败逃窜（cuàn），没有埋伏，才可放心追击。"

阅读启示：该故事告诉我们，两军作战以士气为第一要素。下棋时，在一定的范围内要将自己的棋下在对方的气上，等待时机进攻，才能获得棋局的主动。

【基础知识】

制造双吃

运用吃子手段吃掉对方棋子的方法，叫制造吃子。运用双吃制造吃子的方法叫制造双吃。

图1中，白棋有三个断点。

图2中，黑1准备，然后黑3再双吃，这是制造双吃的下法。

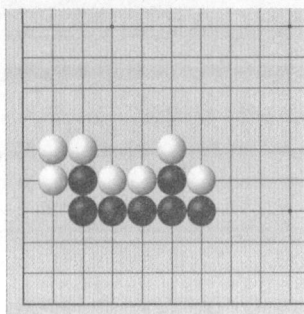

图1

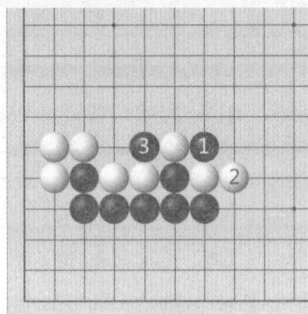

图2

图3中，白棋现有很多断点。

图4中，黑1断打准备，白2提子，黑3再双吃，这是制造双吃。

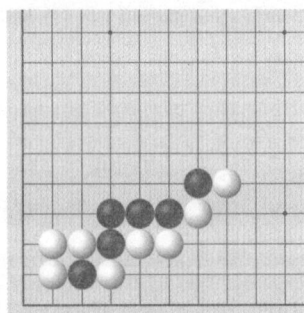

图3

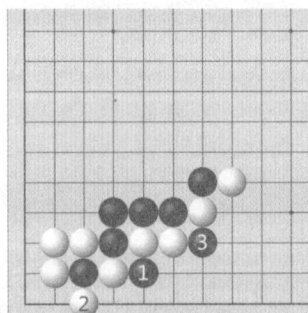

图4

图5中，黑1断打，白2粘这边的断点，黑3可提掉白子。

图6中，在制造双吃时，下子顺序可以颠倒，黑1先叫吃，再走黑3制造双吃。

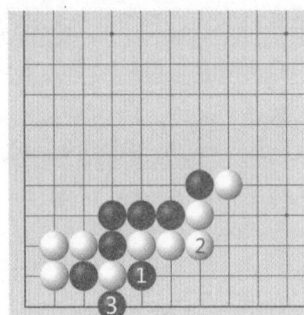

图5

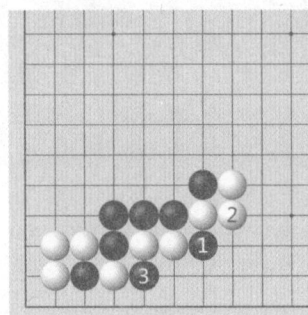

图6

制造门吃

运用门吃制造吃子手段吃掉对方棋子的方法叫制造门吃。

图 7 中，白棋现在有断点。

图 8 中，黑 1 断打，若白 2 长，黑 3 再门吃，这就是制造门吃。

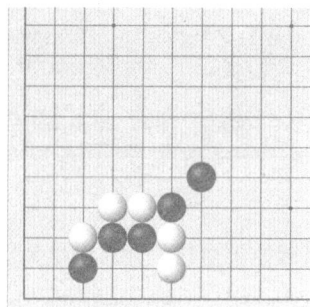

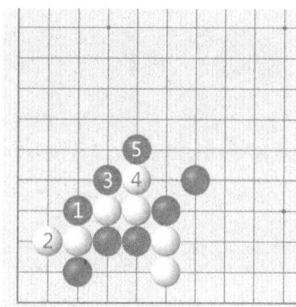

图 7　　　　　　　　　图 8

图 9 中，白棋现有很多断点。

图 10 中，黑 1 断打，若白 2 提黑子，黑 3 再门吃，这是制造门吃。

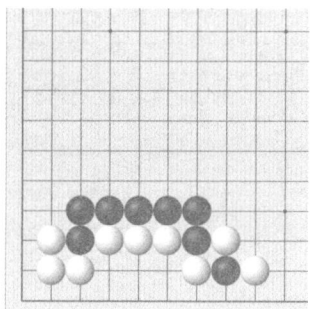

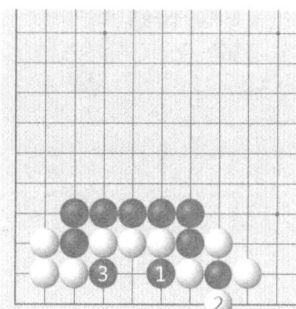

图 9　　　　　　　　　图 10

图 11 中，黑 1 断打时，若白 2 粘这边的断点，黑 3 可以提掉白子。

图 12 中，黑 1 切断下法错误，白 2 粘后，黑棋就吃不到白子。

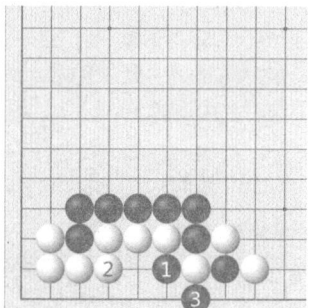

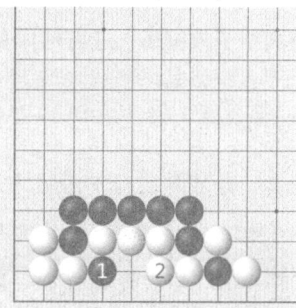

图 11　　　　　　　　　图 12

【基本技能】

1.（黑先）图13、图14中，请运用制造双吃的手段吃掉白棋，并写出"黑1、白2、黑3"三个步骤。

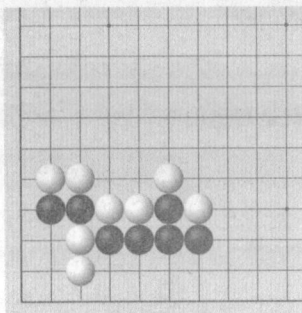 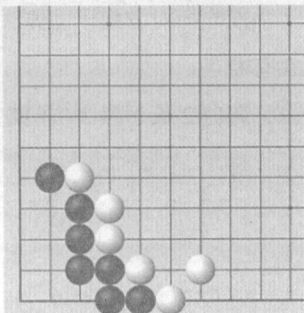

图13　　　　　　　　　　图14

2.（黑先）图15、图16中，请运用制造门吃的手段吃掉白棋，并写出相关步骤。

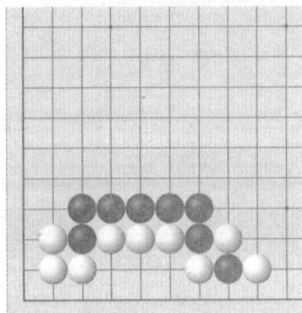 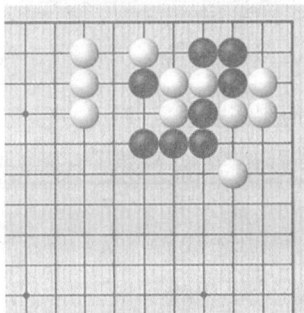

图15　　　　　　　　　　图16

【方寸风雅】

送宋处士归山

唐·许浑

卖药修琴归去迟，山风吹尽桂花枝。
世间甲子须臾事，逢着仙人莫看棋。

赏阅：

来城里卖药材、修古琴的好友迟迟才回去，此时山里的晚风可能已吹尽了桂花枝上的残花。人世间的时间流逝非常快，六十年不过弹指间，如果巧遇上仙人下棋，可莫要贪看，想当年王质才看完一局棋，斧柯都已腐烂了，回到村里已没有认识的人了。

本诗前两句描写了人物活动和周边风景,后两句则感叹人生短暂,岁月蹉(cuō)跎(tuó),同时也表达了作者对围棋的爱好和对闲逸生活的向往,以及对友人美好的祝愿。

许浑(约791—858),字用晦(huì),润州丹阳(今属江苏省)人,太和宗年(832)进士,晚唐诗人。他的诗以五、七言律诗居多,圆稳工整,属对精切,有《丁卯(mǎo)集》。

【手谈经纬】

慎勿轻速。

——《围棋十诀》

赏阅:

对局时要谨慎,重视对手,要根据双方棋势的发展计算周全后,再确定如何行棋,不能凭自己的主观意志率意而行。

【乾坤通识】

棋道礼仪——鼓掌

鼓掌表示欢迎、祝贺、鼓励、赞同、欢送等内涵。鼓掌是我们经常要用到的礼仪。

1. 鼓掌的时间与场合

(1)对表现好的小朋友鼓掌鼓励;

(2)嘉宾进场,鼓掌欢迎;嘉宾退场,鼓掌欢送;

(3)他人领奖时,鼓掌祝贺。

2. 鼓掌的注意点

(1)鼓掌时不能戴手套;

(2)鼓掌要热烈,但要随众自然终止;

(3)鼓掌时不能喊叫、吹口哨、起哄等。

【知学思考】

1.什么情况下可以制造双吃或制造门吃?

2.结合自身对弈或生活经历,谈谈你对"慎勿轻速"的理解。

【知行合一】

1. 与家人、朋友分享故事《一鼓作气》和许浑的《送宋处士归山》，懂得下棋做事如同战斗，胜败往往取决于"气"，气盛则胜，气衰则败。

2.（黑先）图 17～图 20 中，请运用制造双吃的手段吃掉白棋，并写出"黑 1、白 2、黑 3"三个步骤。

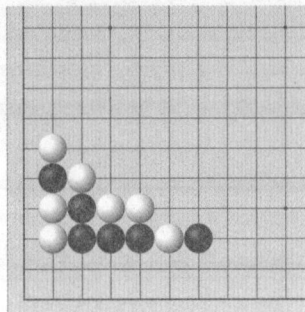

图 17

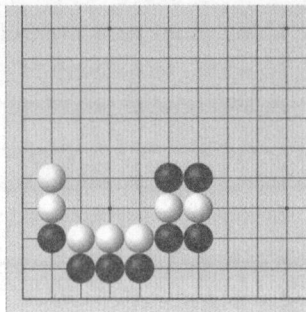

图 18

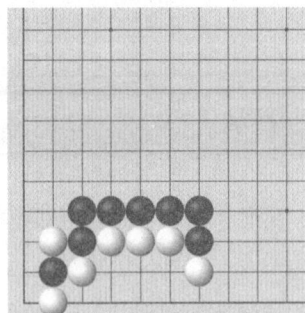

图 19

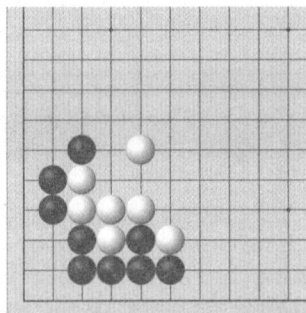

图 20

3.（黑先）图 21～图 24 中，请运用制造门吃的手段吃掉白棋，并写出相关步骤。

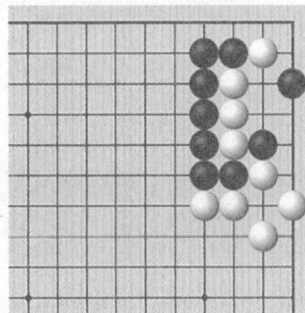

图 21

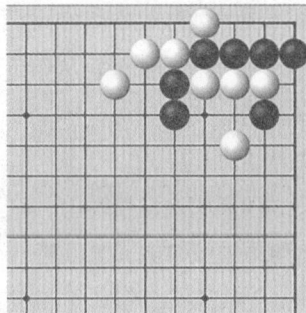

图 22

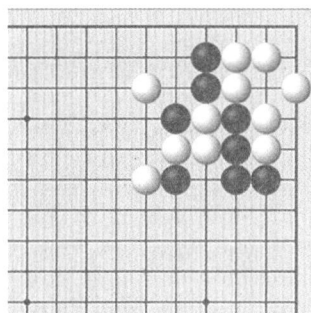 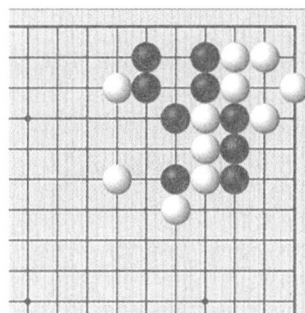

图 23   图 24

4*.名局精粹：上网搜索"周懒予——李元兆（第五谱）"，明白对局者必须高瞻（zhān）远瞩（zhǔ）、胸怀全局。

【历史典故】

唇亡齿寒

春秋时期，晋献公想要出兵攻打虢（guó）国，途中必须经过虞国，晋献公担心虞国不肯答应借路。晋国大臣荀息向晋献公献计："虞国国君十分贪婪，若您肯将珍爱的玉石和良马送给他，他一定会答应借路。"晋献公有些不舍，荀息又说："您攻灭虢国回来，顺道就可以剿（jiǎo）灭虞国。这两件宝物迟早还会还给您。"晋献公听从了荀息的计策。

虞国国君见到玉石和良马两件宝物后果然很动心，打算答应晋献公借路的请求。虞国大夫宫之奇急忙当庭劝阻："大王万万不可借路给晋国！我们与虢国是邻邦，就像唇齿相依的关系，若嘴唇没有了，牙齿便会挨冻！我们两国一直都在危难之际互相帮助，若您给晋国借路，任由他们灭了虢国，他们马上就会回头吃掉我们虞国！"但此时的虞国国君沉浸在得到宝玉和良马的喜悦之中，根本不听劝阻，同意了晋国军队借路的请求。

晋国很快就打下了虢国，也正如宫之奇所担忧的那样，晋军班师时就消灭了虞国。荀息亲自去虞国取回宝玉和良马，履行承诺还给了晋献公。

阅读启示："唇亡齿寒"本意为嘴唇没有了，牙齿就会感到寒冷，借以比喻利害密切相关。这个成语也告诫我们，弈者要有长远的目光和全局的观念，讲求全局的相互配合，不能因小失大。

【基础知识】

征 吃

征吃，也叫征、征子，俗称扭羊头。在某些情况下，一方打吃另一方棋子，即使另一方棋子立即逃出，在被追击的过程中也就只有两口气，没有再长气的机会，直到无处可逃仍免不了被吃的结果。在实战中，由于棋盘上双方棋子纠缠在一起，在征吃的路线上是否会遇到对方的棋子，必须仔细计算，一旦走错，就会造成全局的崩溃。

图1中，黑棋可以把白1征吃掉。

图2中，黑1以下的走法就是征吃，至黑17，白棋无法逃脱。

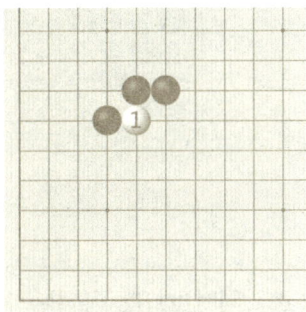 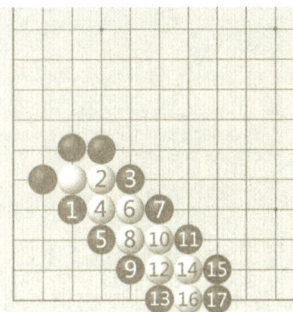

图1　　　　　　　　　图2

图3中，黑1下法错误，白2长后，黑棋便吃不到白棋。

图4中，黑1下法正确，黑3下法错误，忘了堵白棋的头。

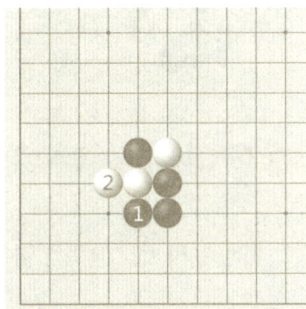 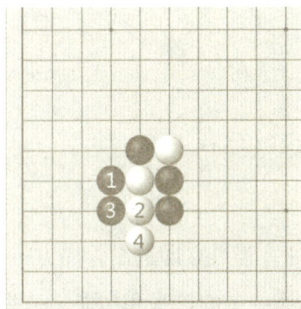

图3　　　　　　　　　图4

图5中，白棋在征子路线上有白A接应，这个时候黑棋征子不成立。

图6中，黑1、黑3打吃，白2、白4逃出，黑5打吃时，白6与接应子连接，黑棋征子失败。

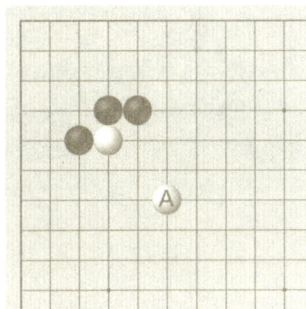 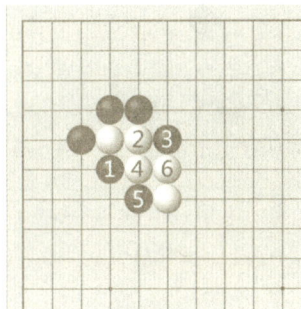

图5　　　　　　　　　图6

图7中，黑棋没有看清白棋的气，就下到黑A位想用征子方法吃棋。

图8中，由于白棋在A位还有一口气，被黑1围住之后，白棋还有两口气，至白8双打吃，黑棋征子失败。

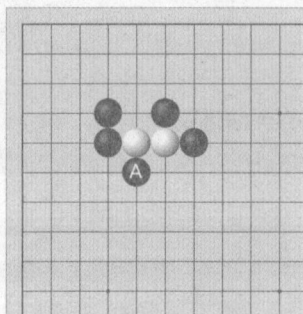
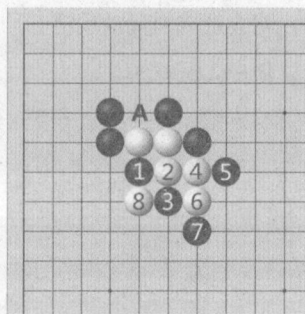

图 7　　　　　　　　　　图 8

图 9 中，黑棋的气很少，不具备征子条件。

图 10 中，黑 1 准备用征子方法吃白棋，可是白 2 逃，同时也打吃了黑棋，征子失败。

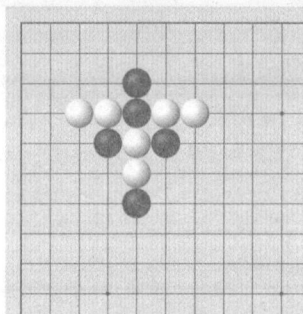
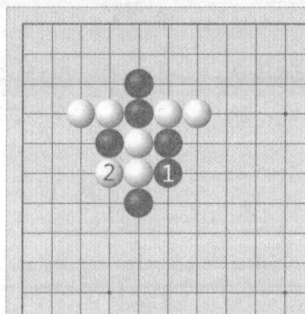

图 9　　　　　　　　　　图 10

图 11 中，白 1 打，若黑立即逃出，白方一征到底，黑吃亏很大。但黑 2 引征，既瞄着被征一子的出逃，又是对角上黑一子的扩张和加强，一举两得。

图 12 中，黑 2 引征后，白 3 提掉黑一子，此时又到黑方行棋，黑可以另寻大场。

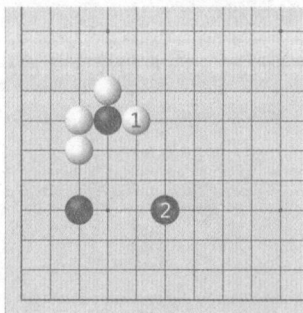
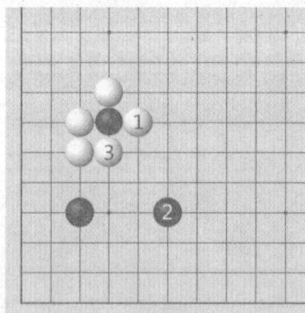

图 11　　　　　　　　　　图 12

【基本技能】

1.（黑先）图13、图14中，黑棋走在哪里可以征吃白棋？请在要下子的位置写"1"。

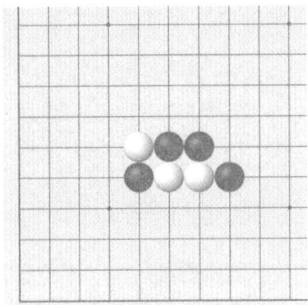
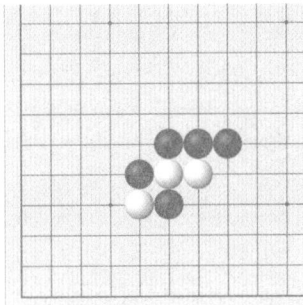

图13　　　　　　　　　　　图14

2.（黑先）图15、图16中，白棋怎样下可以征吃黑棋？请写出"白1、黑2、白3"三个步骤。

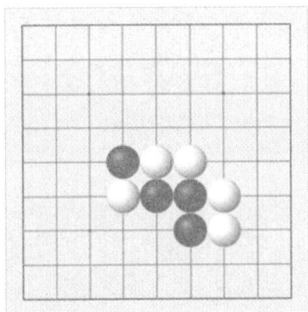
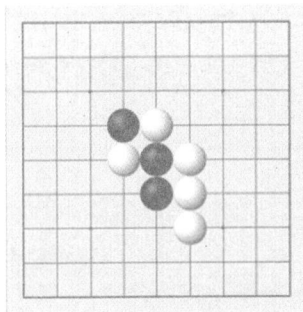

图15　　　　　　　　　　　图16

【方寸风雅】

观棋歌（节选）

唐·刘禹锡

初疑磊落曙天星，次见搏击三秋兵。
雁行布阵众未晓，虎穴得子人皆惊。

赏阅：

　　对局之初，棋子稀疏错落，好似辽阔夜空中的几颗晨星。接下来，就看到双方互相搏斗，势如三秋用兵，十分勇健。棋盘上，排兵布阵犹如雁行，观者很难知晓其中的用意。正在疑惑之际，一方于虎穴中得子，惊

险绝妙，实在让众人惊叹。

作者认为枰上谈兵的围棋活动，可以培养和检验治国平天下的谋略。

刘禹锡（772—842），字梦得，洛阳（今属河南省）人，唐代文学家、哲学家，曾任礼部郎中、苏州刺史、太子宾客等职。刘禹锡诗、文俱佳，涉猎题材广泛，有"诗豪"之称。有《刘宾客集》。

【手谈经纬】

动须相应。

——《围棋十诀》

赏阅：

下棋要有全局观念，在与对手交战时，落子前要前后呼应，并根据对手所下的棋随时准备好应手，以免到头来造成不可挽救的局势。

【乾坤通识】

围棋常用术语（二）

1. 长与立

长是紧靠着自己已有的棋子继续向前延伸行棋。立是指向紧靠着自己原有的棋子方向向下或向边线方向行棋。图17中，黑1就是长。图18中，黑1就是立。

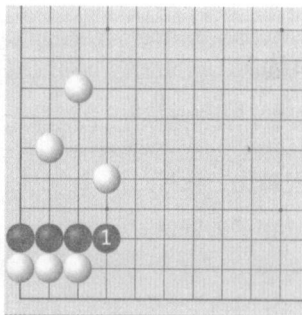
图 17

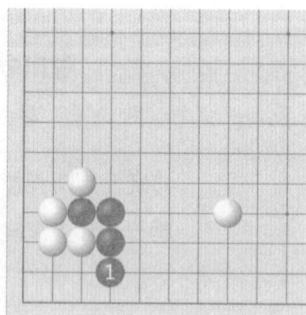
图 18

2. 冲

冲是紧靠着自己原有的棋子向对方的关形中间的空交叉点处行棋。冲是运用自己强的一面去阻击对方，将对方的棋分成两块，以便寻找机会消灭对方。图19是黑1冲过时的图形，黑1把白关形的两个棋子分开了。

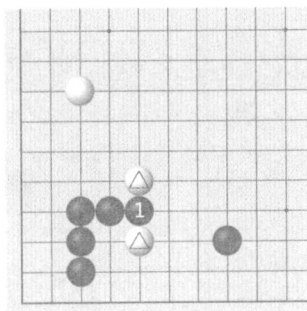

图 19

3. 跳

跳的形状与关相同，都是在与原有棋子隔一路的位置上行棋。但关含有向宽阔地带或中腹扩展的意味，而跳则一般用于双方对局彼此接触交战时，最常用于逃出己方的孤子或者追杀对方薄弱的棋。图 20 中，黑 1 跳出是为巩固自己、攻击对方。

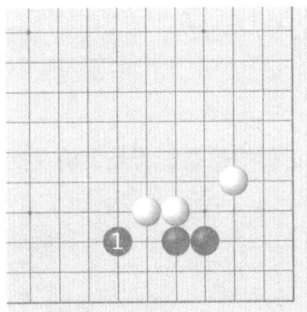

图 20

【知学思考】

　　1. 什么叫征吃？为什么征吃一旦走错，就可能造成全局的崩溃？

　　2. 结合自身对弈或生活经历，谈谈你对"动须相应"的理解。

【知行合一】

　　1. 与家人、朋友分享故事《唇亡齿寒》和刘禹锡的《观棋歌》（节选），懂得为人处事不能只顾眼前利益，而要着眼于大局和长远利益。

　　2.（黑先）图 21～图 24 中，黑棋怎样下可以征吃白棋？请写出相关步骤。

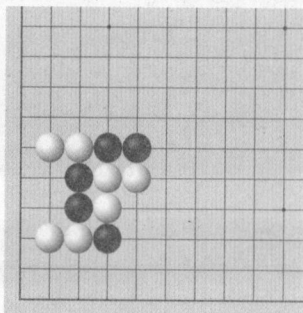

图 21

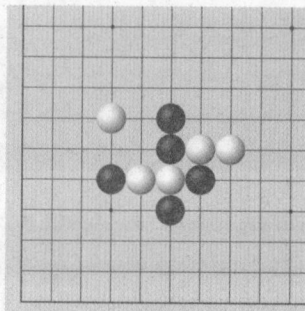

图 22

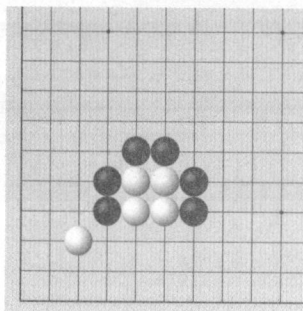

图 23

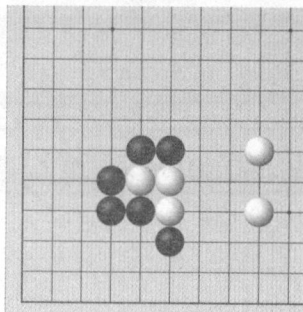

图 24

3.图 25～图 28 中，黑 1 是不是正确的征吃？若是，请在括号里画"√"；不是，就画"×"。

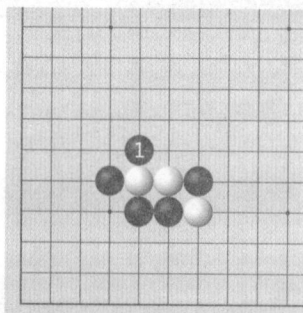

图 25（　　）

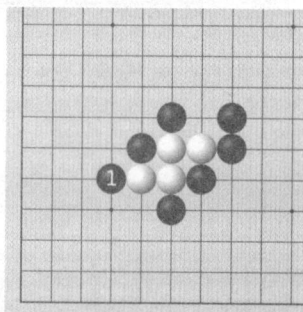

图 26（　　）

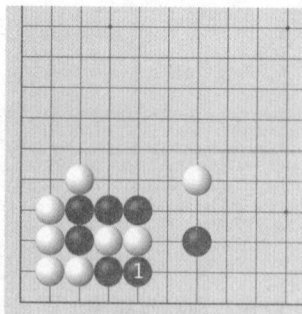

图 27（　　）

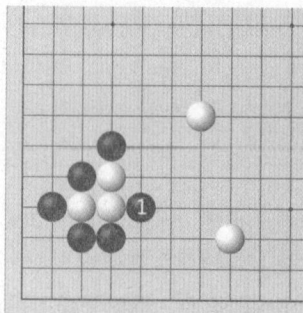

图 28（　　）

4.围棋游戏——爱心征子（一）

学会征子后，就可以巧妙地吃掉对方的棋子。如果对方执意逃跑，最后会送给你一朵小红花。

规则如下：

（1）白先，请注意征子急转弯的方向；

（2）如果下的正确，就送你一朵小红花。

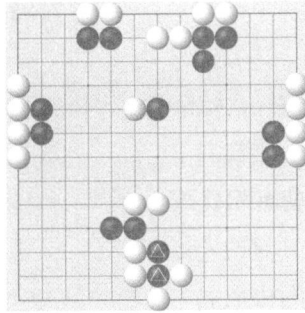

图 29

5*.名局精粹：上网搜索"周懒予——李元兆（第六谱）"，感受棋局的无穷变化。

【历史典故】

当局者迷

唐朝时，大臣魏光乘上书唐玄宗，要求把前朝名相魏徵（zhēng）注解的《类礼》（即《礼记》）列为经书。唐玄宗接受了这个建议，并让学问渊博的元澹（dàn）与许多学者一起帮忙校阅。但是右丞相张说（yuè）却认为，现行的西汉戴圣编纂（zuǎn）、东汉郑玄作注的《礼记》沿用已久，改用魏徵注解的版本不合适。唐玄宗认为也有道理，就改变了主意。

但是，元澹还是坚持认为应该改换版本。为此，他还专门写了一篇《释疑》向玄宗阐明自己的观点。文章虚构了主客两人，用对话形式写就。客人问："《礼记》这部儒家经典，究竟是戴圣编纂、郑玄加注的版本好，还是魏徵修订的版本好？"主人答："戴圣编纂的版本从西汉至今历经百年，已经过无数人的修订、注解，产生了许多矛盾之处。正因如此魏徵才要重新整理，但这件事却遭到了墨守成规之人的反对！"客人听后点头感叹道："这就跟下棋一样，往往是下棋的人深陷其中考虑不清，旁观者却看得一清二楚。"

阅读启示："当局者迷，旁观者清"比喻当事人被碰到的事情搞糊涂了，旁观的人却看得很清楚。下棋时往往如此，下棋的人往往因为对利害得失考虑得太多，认识不全面，反而不及旁观者看得清楚。

【基础知识】

枷 吃

围棋中许多吃子技巧都是非常有趣的，初学者在实践中屡次遇到同一种形状，却会屡屡下错，枷吃就是其中之一。走出一步棋后，将对方的棋子封在里面，堵住棋子所有可能的出路，然后吃掉对方棋子的下法叫枷吃，又叫方吃。在征吃手段不能奏效时，枷吃往往会有好的效果。

图1中，白A会被黑棋吃掉。

图2中，黑B是枷吃的下法，白A无法逃出来。

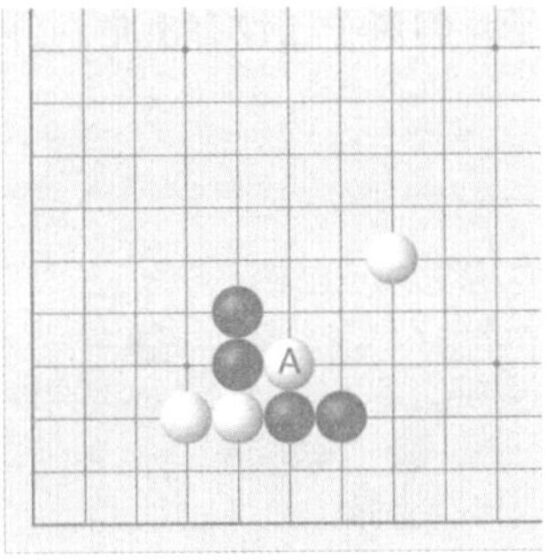

图1

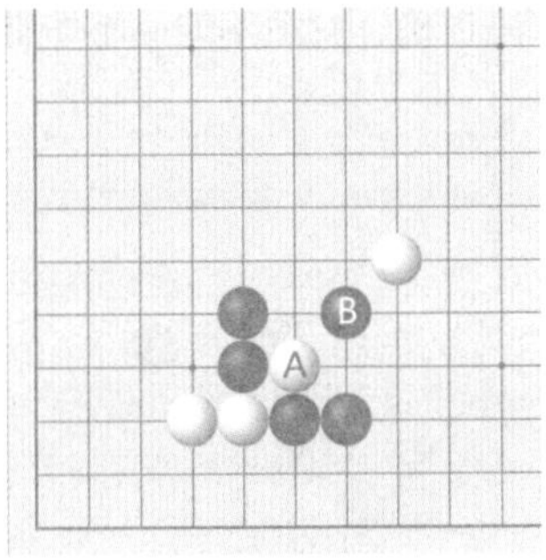

图2

图3中，白先，如何吃掉黑△一子?

图4中，白1吃，黑2逃，白3再吃，黑4再逃，白5又吃，当黑6逃时，同时黑子也在打吃着白棋，白棋只能自己往外逃跑，至黑8，白子吃子失败。

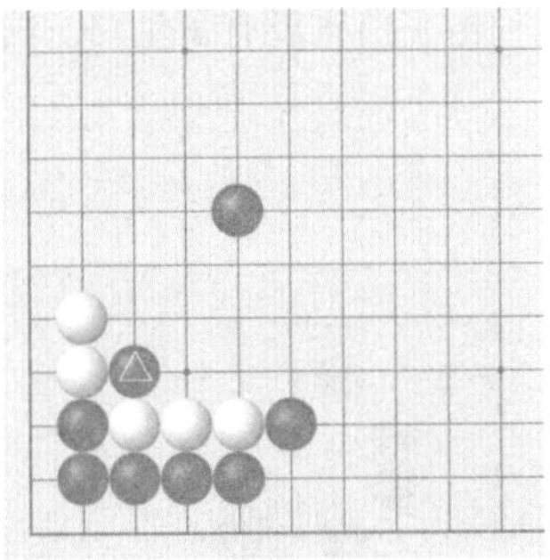

图3

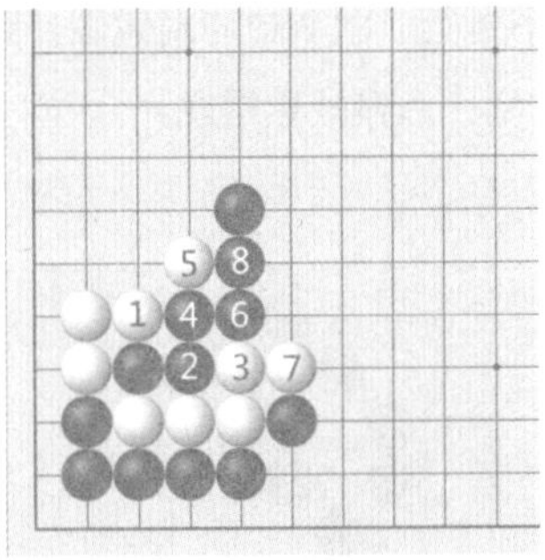

图4

图5中，白1下法正确。若黑方在A位冲，白方就在B位挡；若黑在C位冲，白方就在D位挡。这个黑子已经没有气了。

图6中，因为黑棋已有引征，用征吃手段不行，在这种棋形下应该如何下呢?

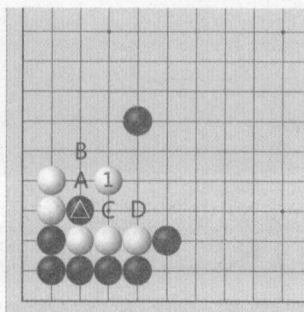

图5

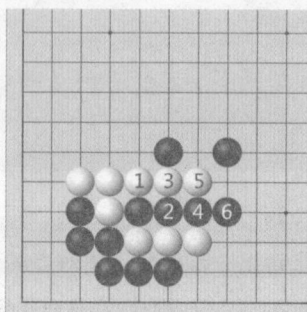

图6

图7中，反方向吃至黑4，黑棋顺利逃脱，下法错误。

图8中，白1下法正确，它虽不能一下子提掉黑子，但黑子已没有出路，白棋成功。

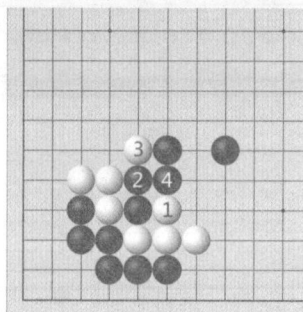

图7

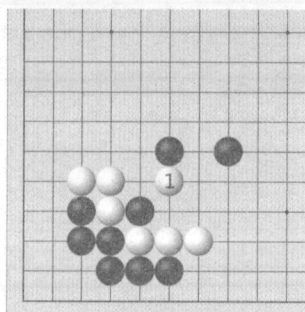

图8

图9中，黑棋的第一感觉是用征子，但是不可行。到白10，原来棋盘上的白△一子起到了引征作用，黑棋吃不到白棋，黑棋失败。

图10中，枷吃不可行，白2想冲出包围，被黑3一击，白棋没有了生路。白4只有在此处可逃，黑5又是一吃，至7位，白棋被黑棋吃光。

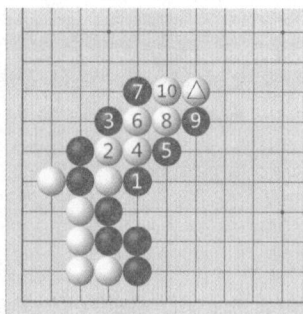

图9

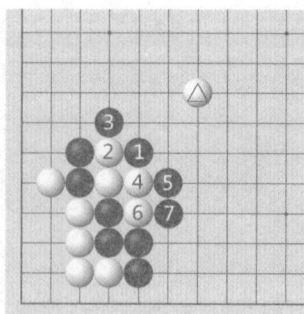

图10

【基本技能】

（黑先）图 11～图 14 中，黑棋走在哪里可以枷吃白棋？请在要下子的位置写"1"。

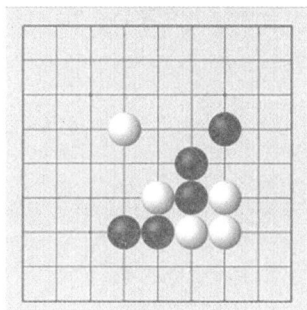

图 11

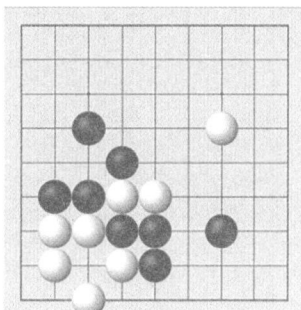

图 12

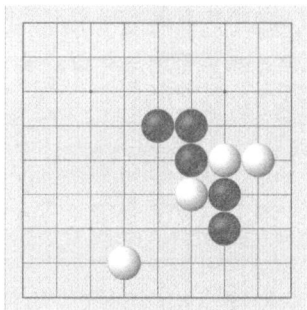

图 13

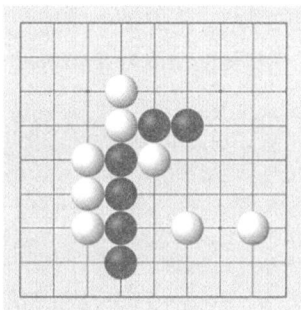

图 14

【方寸风雅】

观 棋

唐·子兰

拂局尽消时，能因长路迟。

点头初得计，格手待无疑。

寂默亲遗景，凝神入过思。

共藏多少意，不语两相知。

赏阅：

　　下棋的时间过得很快，最能消磨时光，行远路的人可能因为驻足观棋而耽误了行程。对弈中的一方点头想到了妙计，忍不住活动双手，神情胜券（quàn）在握，只待局势开明。寂然无声中，棋局已进入尾声，一方却还在冥（míng）思苦想。小小棋盘上藏了多少东西，不能用言语来表达。

本诗描写了下棋的过程，变化多端，蕴含万千。尾联是全诗的诗眼，道出围棋艺术精髓（suǐ），玄妙之处只可意会而不可言传。

子兰（生卒年不详），唐末京都长安僧人，曾于唐昭宗时担任宫廷文章供奉。子兰能诗善文，诗尤有名，诗风高阔雄健，沉郁悲壮。《全唐诗》存其诗1卷。

【手谈经纬】

彼强自保。

——《围棋十诀》

赏阅：

在敌强我弱的情况下，做活应该是首要目标，不能再盘算着去杀对方的棋、破坏对方的地盘。彼强自保需要对局者对形势有准确的判断，根据不同的局面，采取合理有效的自保措施。

【乾坤通识】

棋道礼仪——欠身

欠身的礼节自古至今一直在使用，这是一种通过降低自己的身体来表示对他人恭敬的礼节。

1. 欠身的动作

（1）上身自然挺直，双手下垂，面带微笑注视对方；

（2）以腰为轴，身体微微前倾；

（3）慢慢直起腰，还原成端坐的姿势。

2. 欠身的注意事项

（1）欠身时身体动的幅度不必太大；

（2）对局前后均可以使用欠身礼仪；

（3）对弈前，向对方行欠身礼并说"请多指教"；对弈后，向对方行欠身礼并说"谢谢"。

【知学思考】

1.什么叫枷吃？它有什么特殊的作用？

2.谈谈你对"彼强自保"的理解。

【知行合一】

1.与家人、朋友分享故事《当局者迷》和子兰的《观棋》，懂得"当局者迷，旁观者清"的道理，大事决策前要多听听各方面的意见。

2*.理解、欣赏苏轼《题西林壁》中的名句"不识庐山真面目，只缘身在此山中"，思考其所表达的思想与"当局者迷"有何异同。

3.（黑先）枷吃练习。

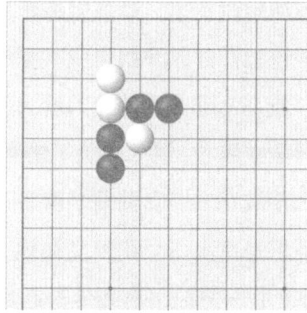 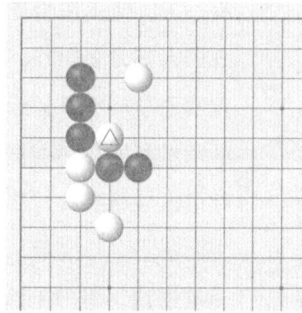

图15　　　　　　　　　　图16

4.名局精粹：上网搜索"黄龙士（黑先）——周东侯（白）（第一谱）"，感受对弈的黑白分明、胜负有据。

第十三课 制造征吃与制造枷吃

熟能生巧

宋代有个射箭技术极为高超的人叫陈尧咨，他也经常凭这一点自夸。有一天，他正在给徒弟们表演射箭技术，箭箭射中靶（bǎ）心，徒弟和围观的人都为之叫好，陈尧咨得意洋洋，开始自我吹嘘起来。围观者中有一位卖油翁却不以为然，没有鼓掌，陈尧咨的徒弟就去问卖油翁："我师父的箭术如何？"卖油翁说："全中靶心，箭术当然不错啊！"徒弟又咄（duō）咄逼人地问道："那你怎么不鼓掌？"卖油翁平静答道："只不过是熟能生巧罢了。"说着，不慌不忙地拿出一个葫芦立在地上，并在葫芦口放上一枚铜钱，用勺子舀（yǎo）了一勺油，高高地举起倒了下去，油从铜钱的口中注入，却一点也没有粘到铜钱。围观者看得目瞪口呆，卖油翁却谦逊地说："没什么了不起的，只不过熟能生巧罢了。"陈尧咨听后十分惭愧，从此一心努力地练习射箭，再也不夸耀自己的箭术。

阅读启示： "熟能生巧"指做事熟练后，就会掌握窍门，做得更好。该故事还告诫我们，做人要谦虚，不要自我夸耀。弈棋也是同理，勤学苦练，自然就熟能生巧。

【基础知识】

制造征吃

先制造一个引征的手段，然后再运用征吃手段吃掉对方的棋子的方法，叫制造征吃。制造征吃的手段需要两手以上的棋。所以，在做引征时最好是一子两用，这样就算对方识破了你引征的目的，也不容易化解你的手段。

图1中，黑棋如何吃掉白棋？

图2中，黑1先做准备，黑3再征吃，这是制造征吃的下法。

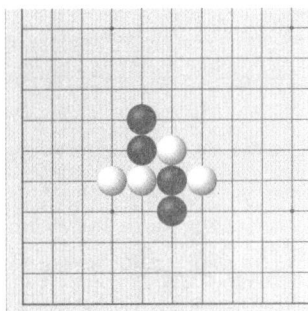
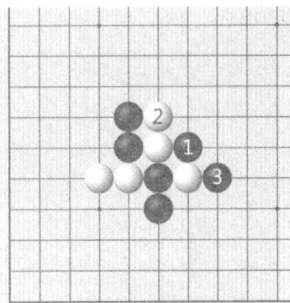

图 1   图 2

图 3 中，黑棋的一颗子已无法逃跑，黑棋如何走才能通过弃子吃掉白棋呢？

图 4 中，黑 A 断打是必下的第一步，白 B 提是最好的下法。

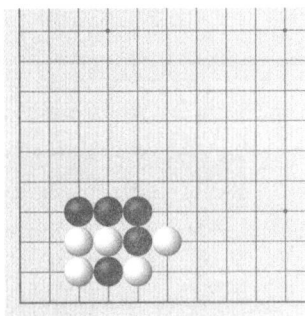
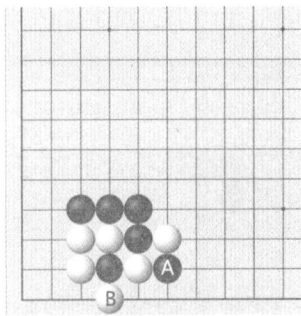

图 3   图 4

图 5 中，黑 A 再转身吃掉另一边的白棋，这样就运用制造征吃吃掉了白棋。

图 6 中，若黑棋只是逃子，会走黑 A，但白 B 粘后，黑棋就失去了制造征吃的机会。

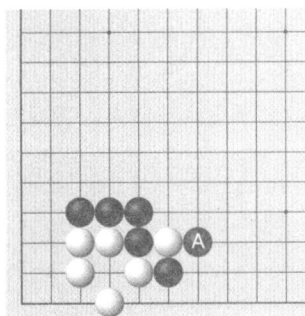
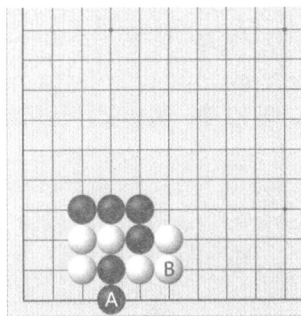

图 5   图 6

制造枷吃

利用枷吃手段吃掉对方棋子的方法叫制造枷吃。

图 7 中，白棋虽外围有子，但白 A 子仍会被吃掉。

图 8 中，黑 1 先做准备，然后黑 3 枷吃，这是制造枷吃的下法。

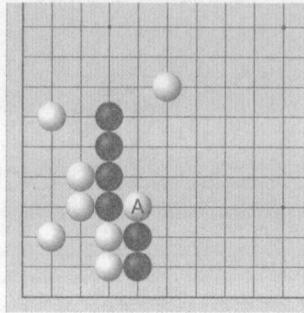

图 7

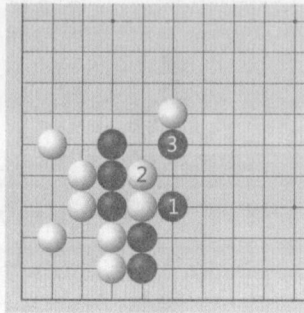

图 8

图 9 中，黑先，黑棋如何走才能吃掉断开黑棋的两颗白子？

图 10 中，黑 1 叫吃，白 2 长，黑 3 枷吃，就能吃到白棋，这就是制造枷吃。

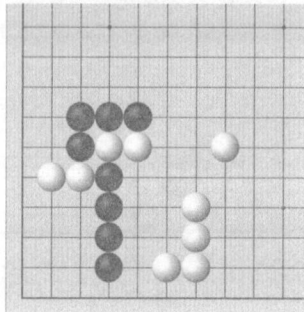

图 9

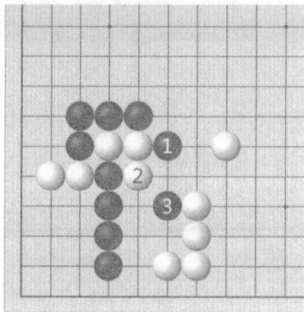

图 10

【基本技能】

1.（黑先）图 11、图 12 中，黑棋怎样运用制造征吃的手段吃掉白棋？请写出"黑 1、白 2、黑 3"三个步骤。

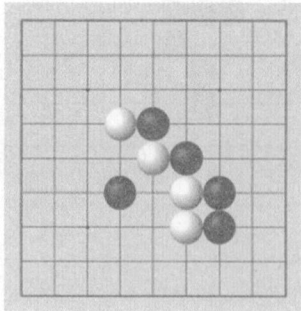

图 11

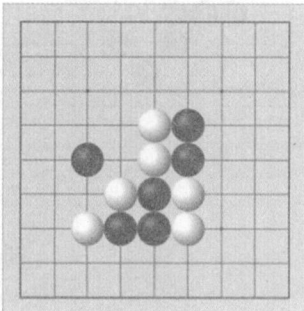

图 12

2.（黑先）图 13、14 中，黑棋怎样运用制造枷吃的手段吃掉白棋？请写出"黑 1、白 2、黑 3"三个步骤。

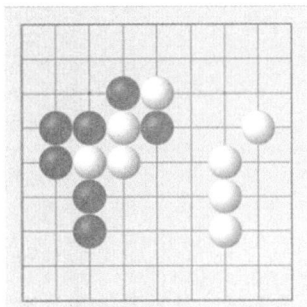
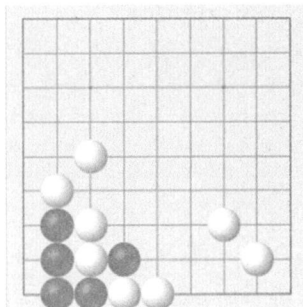

图 13　　　　　　　　　　图 14

【方寸风雅】

送国棋王逢

唐·杜牧

玉子纹楸一路饶，最宜檐^{yán}雨竹萧萧。

赢^{léi}形暗去春泉长，拔势横来野火烧。

守道还如周柱史，鏖^{áo}兵不羡霍嫖姚^{huòpiáo}。

浮生七十更万日，与子期于局上销。

赏阅：

淅淅沥沥的秋雨从屋檐滴下，窗外竹声萧萧，此时最适合下棋了。我摆上精美的棋盘向您讨教棋艺。您的棋艺实在高妙，赢弱的阵势被救活，如春季的泉水生机勃勃；进攻起来势如拔旗斩将，疾如野火燎原。您行事为人，如坚守道学的周朝史官老子李耳；作战用兵的勇敢和谋略，不亚于汉朝大将军霍去病。我若能活到七十岁，尚有万余日，期待能与您在弈棋中度过美好的时光。

这是一首颇有趣味、充满深情的送别诗，以爽健的笔力委婉深沉地抒写出作者的依依惜别之情。

杜牧（803—约852），字牧之，京兆万年（今陕西西安）人，因晚年居长安南樊川别墅（shù），世称杜樊川，唐代诗人，曾任黄州、池州、睦州刺史等职。他的诗以七言绝句著称，内容以咏史抒怀为主，与李商隐并称"小李杜"。有《樊川集》。

【手谈经纬】

势孤取和。

——《围棋十诀》

赏阅：

当局势不利或者我方少数棋子在敌方的势力范围时，行棋要平和，不宜与对方挑起战端而互相厮（sī）杀。这是一种治理孤棋的方法。和，要根据不同的场合而变化，有的可以直接谋活，有的需要迂回作战；有时又需经过腾挪（nuó）、撤退避其锋芒，再相机而动等。

【乾坤通识】

对局礼仪

围棋的对局礼仪有很多，初学者首先应该掌握以下对局礼仪：

1. 对局前向对方鞠躬，并说"请多指教"；

2. 黑棋第一手下在右上角表示握手；

3. 下棋时安静地思考，不发出声音；

4. 下棋时坐姿端正，不干扰对方思考；

5. 在下棋对局中若要离座，应先得到对方的谅解；

6. 在对局时不小心将棋子掉在地上，要先轻声说"对不起"，然后及时捡起来；

7. 对局结束后，应及时整理棋子、棋盘等；

8. 当对手要求复盘时，一般不应该拒绝；

9. 对局结束后感谢对方后方可离座。

【知学思考】

1. 分别说说制造征吃和制造枷吃的作用。

2. 谈谈你对"势孤取和"的理解。

【知行合一】

1. 与家人、朋友分享故事《熟能生巧》和杜牧的《送国棋王逢》，只有勤学苦练，才能达到熟能生巧、技术精湛的境界。

2.（黑先）图15、图16中，黑棋怎样运用制造征吃的手段吃掉白棋？请写出"黑1、白2、黑3"

三个步骤。

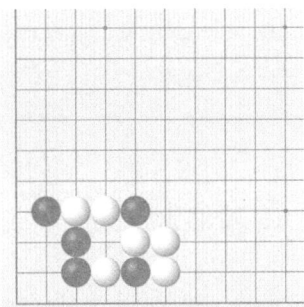 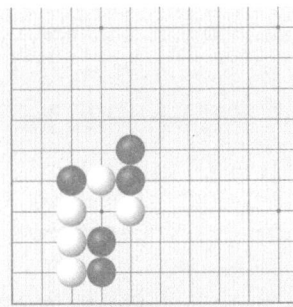

图 15   图 16

3.（黑先）图 17、图 18 中，黑棋怎样运用制造枷吃的手段吃掉白棋？请写出"黑 1、白 2、黑 3"三个步骤。

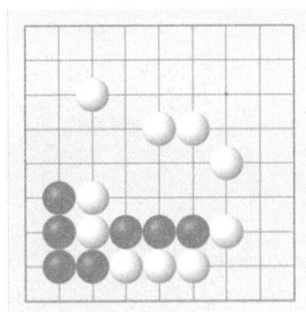 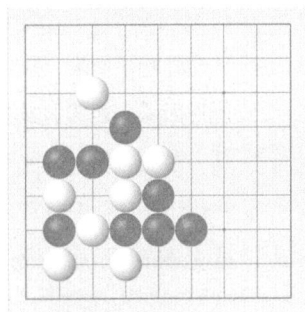

图 17   图 18

4.围棋游戏——爱心征子（二）

学会征子后，就可以巧妙地吃掉对方的棋子。如果对方执意逃跑，最后会送给你一朵小红花。规则如下：

（1）白先，请注意征子急转弯的方向；

（2）如果下得正确，就送你一朵小红花。

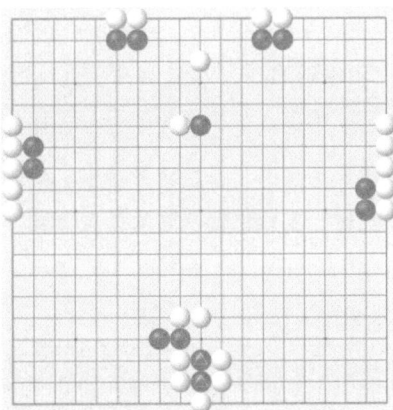

图 19

5*.名局精粹：上网搜索"黄龙士（黑先）——周东侯（白）（第二谱）"，感受弈棋的玄妙。

第十四课　禁入点与打劫

塞翁失马

　　战国时期，有位老人住在与胡人相邻的边塞地区，大家都称他为"塞翁"。一天，塞翁家的马丢了，邻居们得知这一消息后纷纷来向塞翁表示惋惜，可塞翁却很平静地说："马丢了很可惜，可又怎么知道这不是件好事呢？"

　　几个月之后，塞翁家的那匹马突然又从塞外跑了回来，并且还带回了一匹骏（jùn）马。邻居们听说后又纷纷来向塞翁祝贺，可塞翁却担忧地说："又怎么知道这不会给我家带来祸患呢？"自从塞翁家有了这匹骏马，他的儿子天天骑马游玩。有一天意外发生了，塞翁的儿子在骑马时摔了下来，一条腿当场摔断，从此成了残疾。邻居们听说后连忙来安慰塞翁，可他仍旧很平静地说："又怎么知道这不是件好事呢？"一年之后，胡人入侵中原，边塞地区尤其危急，当地的青年们都被征去当了兵，战争惨烈，大多数青年都在战场上牺牲了。而塞翁的儿子则因为瘸（qué）腿而被免除了兵役（yì），得以保全性命。

　　阅读启示："塞翁失马，焉知非福"比喻一时虽然受到损失，也许反而因此能得到好处。也指坏事在一定条件下可变为好事。这个故事启示我们，对弈过程中若遭遇到对方大面积的吃子，不要气馁，要相信这一时的损失也有可能利于后面的着子。

【基础知识】

禁入点

　　禁入点，又叫禁着点，即不能落子的点。若一方在棋盘上某个交叉点落子后，这块棋子将呈现无气状态，且不能提走对方的子，棋盘上这个要落子的交叉点就被称为该方的禁入点。图 1 中的 A 位都是黑方的禁入点。

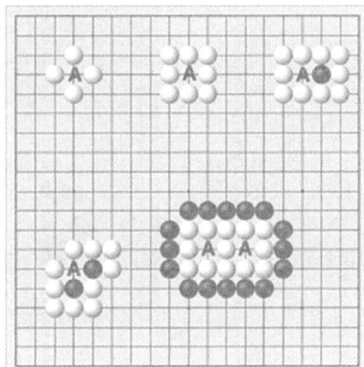

图 1

图 2 中，A 位不是黑棋的禁入点。

图 3 中，黑 A 下子后，黑方没有气，因此不是禁入点，黑棋主动，所以吃掉白棋。

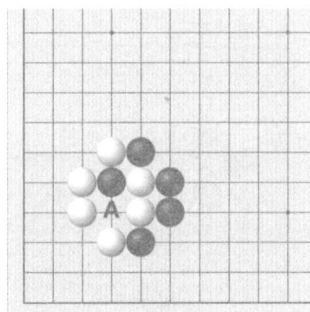
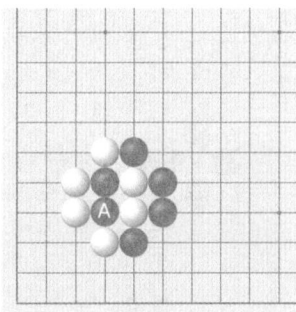

图 2 　　　　　　　　　　图 3

图 4 中，这是提子后的形状，黑子吃子后，自己便安全了。

图 5 中，A 位不是黑棋的禁入点，有提子的情况下，就不再是禁入点了。

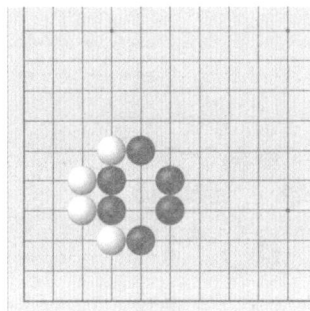
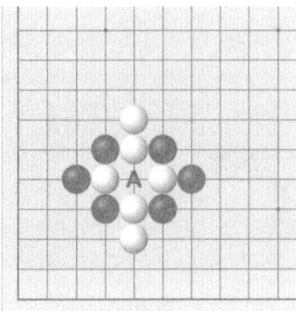

图 4 　　　　　　　　　　图 5

打　劫

棋盘上除有禁入点外，还有限制点，通常表现为打劫。例如，在图 6 这个棋形中，白棋可以提掉黑A，提掉后变成图7的棋形，那么黑子如果再提掉白B子，棋局就陷入循环。根据围棋规则，当白棋提掉黑棋第一个子，黑棋必须隔一步才能提回来，白棋也一样。这种情况叫打劫。

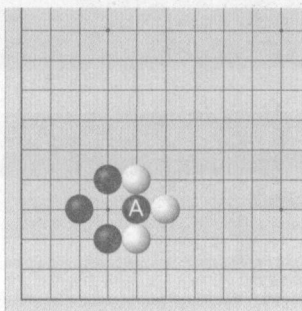
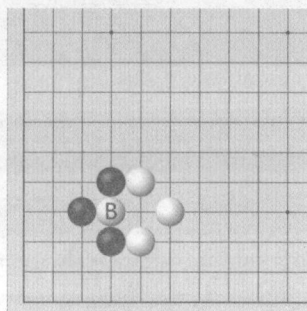

图6　　　　　　　　图7

图8中的棋形和之前的图6、图7很相似，当白棋提掉黑棋时变成图9所示棋形，黑棋可以马上提白A，这种棋形叫打二还一。

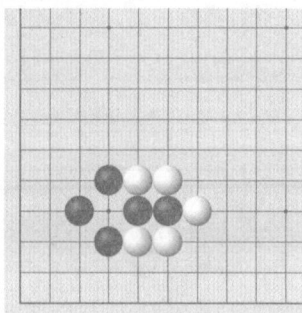
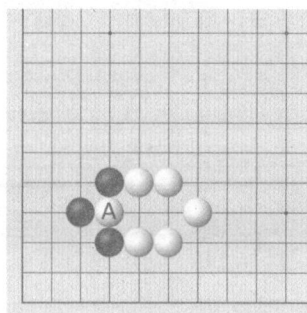

图8　　　　　　　　图9

图10中，黑先，这个棋形能不能对白棋构成威胁？

图11中，黑1造劫，如打劫成功，给白棋以致命打击。

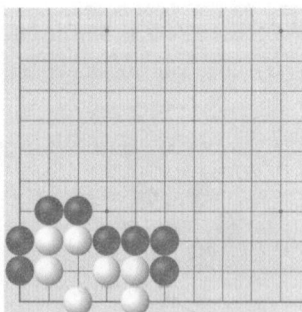
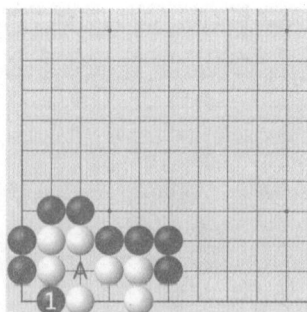

图10　　　　　　　　图11

【基本技能】

1.图12～图15中，在白棋禁入点写A，黑棋禁入点写B。

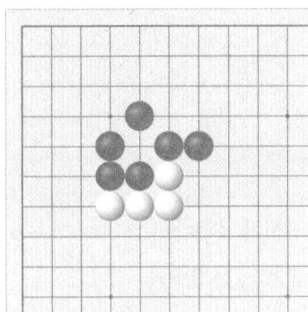
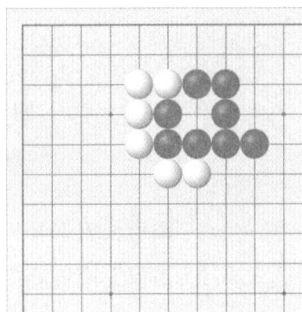

图 12　　　　　　　　　　图 13

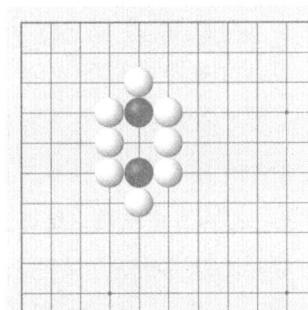
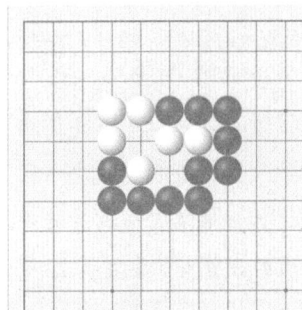

图 14　　　　　　　　　　图 15

2. 图 16～图 19 是打劫的形状吗？若是，就画"√"；不是，就画"×"。

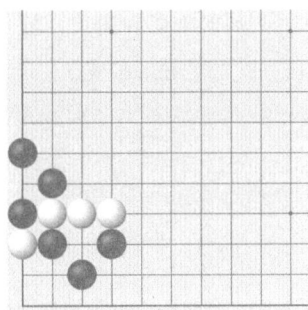
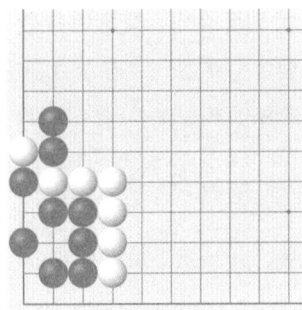

图 16（　）　　　　　　　图 17（　）

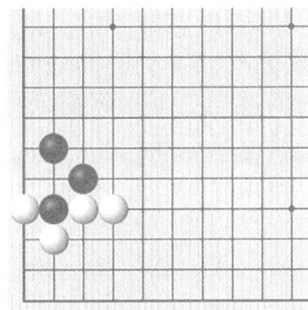
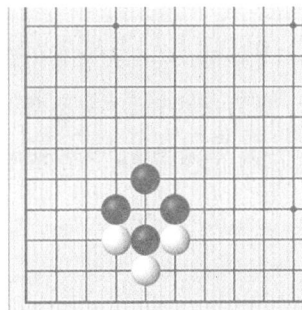

图 18（　）　　　　　　　图 19（　）

【方寸风雅】

秋兴八首

唐・杜甫

闻道长安似弈棋，百年世事不胜悲。
王侯第宅皆新主，文武衣冠异昔时。
直北关山金鼓振，征西车马羽书驰。
鱼龙寂寞秋江冷，故国平居有所思。

赏阅：

听说长安政局就如同一盘未下完的棋，动乱流离悲哀无尽。王侯将相的府宅大多已更换了主人，在位的文武大臣也与过去不同了。北方回纥（hé）入侵，关山金鼓雷鸣，西方吐蕃（bō）进犯，传递紧急文书的战马正急速奔驰。面对国家残破、秋江清冷的现实，不禁怀念起当年盛唐时在长安的生活。

全诗因秋起兴，描写了作者对身世之悲、国家兴亡的感慨，抒发故国之思。

杜甫（712—770），字子美，自号少陵野老，祖籍襄阳（今属湖北省），生于河南巩县（今河南巩义），唐代现实主义诗人，曾被荐为检校工部员外郎，后世又称他为杜少陵、杜工部。杜甫的诗多为忧国忧民之作，集古典诗歌之大成，并加以创新和发展，给后代诗人以广泛的影响，被后人称为"诗圣"，与李白合称"李杜"。有《杜工部集》。

【手谈经纬】

行一棋不足以见智，弹一弦不足以见悲。

——西汉・刘安《淮南子》

赏阅：

走一步棋，不足以显示一个人智慧的高低；弹拨一上琴弦，不足以表达悲哀的深浅。

《淮南子》，是西汉淮南王刘安召集门客编撰（zhuàn）的一部哲学著作。该书有内篇二十一，外篇三十三，内篇论道，外篇杂说。今存内篇二十一篇。

【乾坤通识】

观棋礼仪

下围棋本身固然乐趣无穷，但如果有机会观看高手过招，也是绝佳的学习机会，有助于提高棋艺。

观棋时，我们要遵守必要的礼仪：

　　1. 观棋不语。观棋时不能说话，更不能有评说或指手画脚。

　　2. 保持距离。不能凑得很近，通常要保持一米以上的距离。

　　3. 不要做出反应。不能看到对局者走出好棋或者劣棋，就做出激烈的表情或动作。

　　4. 静观复盘。观看高手复盘时，不能随便发问或擅自移动棋子。

　　5. 仪容仪表。出入比赛场所，应该衣着整洁端庄。

【知学思考】

　　1. 你是怎么判断棋局中的禁入点的？

　　2. 联系实际，谈谈你对"行一棋不足以见智，弹一弦不足以见悲"这句话的理解。

【知行合一】

　　1. 与家人、朋友分享故事《塞翁失马》和杜甫的《秋兴八首》，懂得事物在一定条件下都会有变化，棋局也一样，随时都可能有转化。

　　2.（黑先）图20～图23中，黑棋下在哪里可以打劫？请写出"黑1、白2"两个步骤。

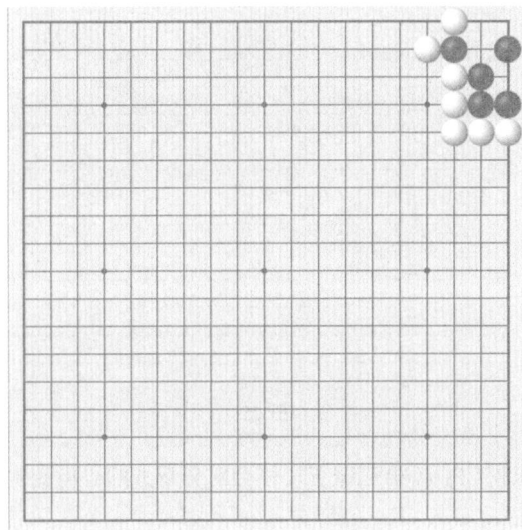

图20

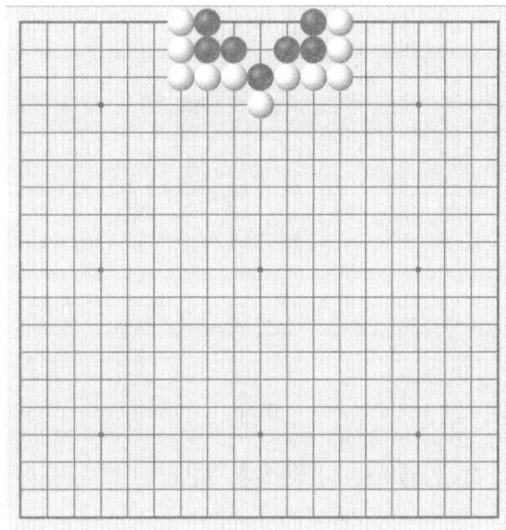

图21

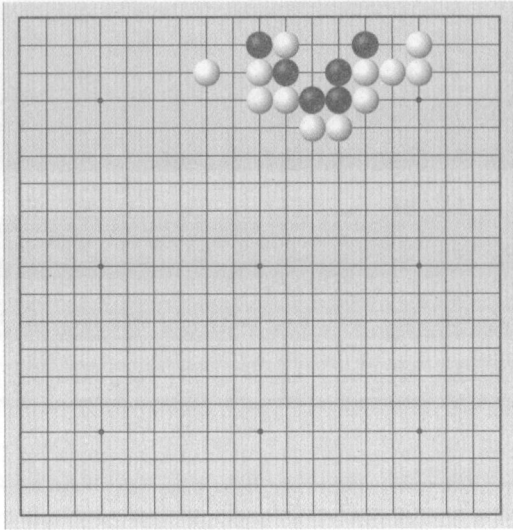

图 22

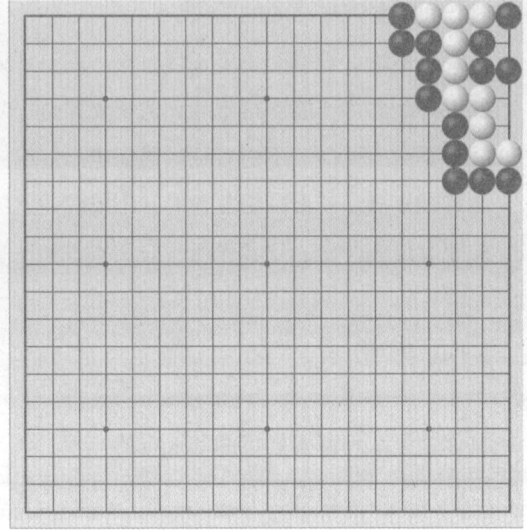

图 23

3.（黑先）图 24、图 25 中，请运用"打二还一"的知识，写出"黑 1、白 2、黑 3"三个步骤。

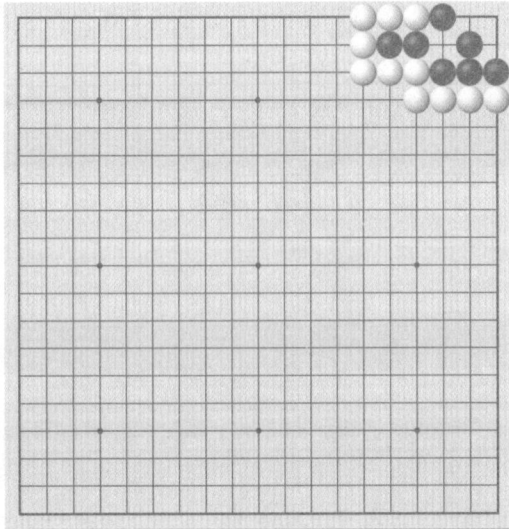

图 24

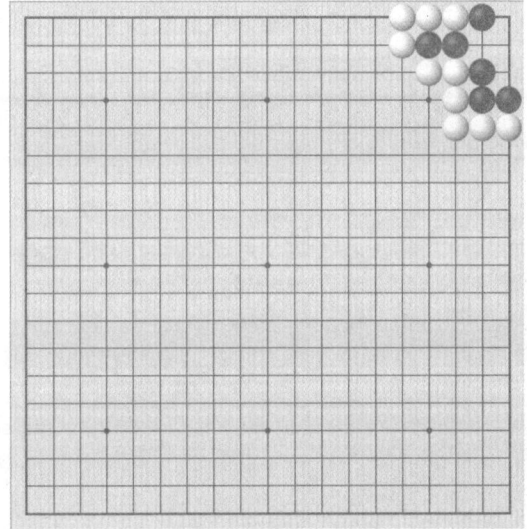

图 25

4*.名局精粹：上网搜索"黄龙士（黑先）——周东侯（白）（第三谱）"，体会对弈双方的心境变化。

第十五课 断打与先手

先贬后褒

孔子是中国古代伟大的思想家、教育家。但是他对围棋不太看好，认为下围棋太误时了，会让人无所事事。孟子是孔子之孙孔伋（jí）的再传弟子，一开始他对孔子的话也深信不疑，认为围棋无用，但后来发生了一件事，令孟子彻底对围棋改观。

孟子和孔子一样，也收了很多的弟子，其中有两个学生，一个每天埋头苦读，心无旁骛（wù），另一个则在用功读书的同时还经常下围棋。同样经过了几年的学习之后，孟子要考验自己的学生，可他却发现，自己一直看好的那个埋头苦读的学生毫无成就，反倒是常常在闲暇之余下围棋的那个学生成绩很好。孟子心中存有疑惑，便去询问那个喜欢下棋的学生，学生说："老师，我想是下围棋才让我取得了今天的成就。下围棋能让我善于思考，做事坚持不懈，遇事灵活应变，这都是只知埋头苦读、死记硬背不能达到的。"孟子听了学生的话，才猛然间知道自己之前都误会了围棋，从此打消了自己对围棋的偏见。

阅读启示：围棋是一门历史悠久的深奥艺术，学习围棋不仅可以开发智力，还可以培养孩子积极向上、永不言弃的精神。

【基础知识】

断打与先手

用己方的子断开对方子的同时形成叫吃的情况就是断打。例如，图 1 中，黑棋下在 A 位就是断打。为夺取胜利，必须在战斗中争取主动，为争得主动，每下一子，使对方必应，这叫先手。例如，图 2 中，黑棋断打时，白棋在 A 位粘上（也称接上），黑棋下在 B 位是黑棋的先手。所以棋经上说："宁失一子，不失一先。"

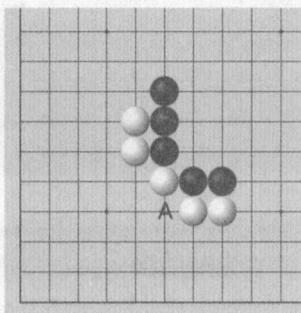
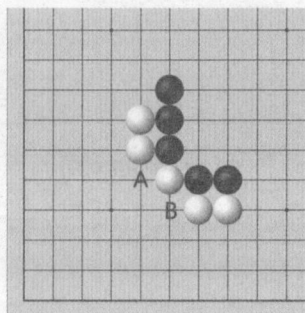

图 1　　　　　　　　　　　图 2

图 3 中，白棋现有一个断点。

图 4 中，黑棋下在 A 位可以切断白棋，但未形成叫吃，这不是断打。

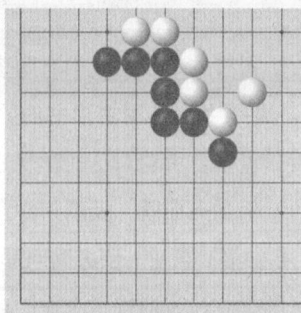
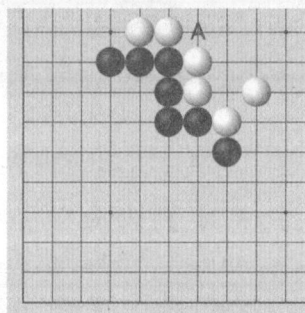

图 3　　　　　　　　　　　图 4

图 5 中，黑先，若黑棋下在 A 位，白棋下在 B 位，那黑棋就无法吃掉白棋。

图 6 中，黑先，黑 1 断打，白 2 逃，黑 3 吃掉白三子。

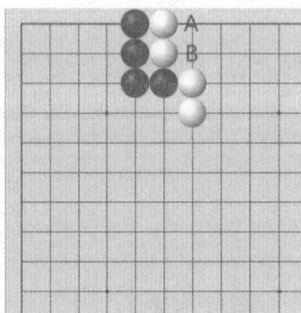
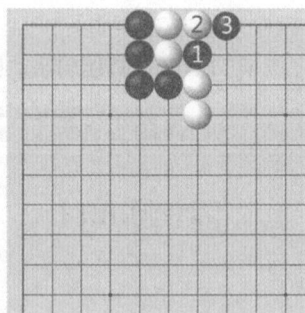

图 5　　　　　　　　　　　图 6

图 7 中，黑棋下在 A 位切断白棋，同时形成叫吃，白棋下在 B 位接上。

图 8 中，黑棋的这种情况叫黑棋的先手，黑可吃白棋另一边的棋子。

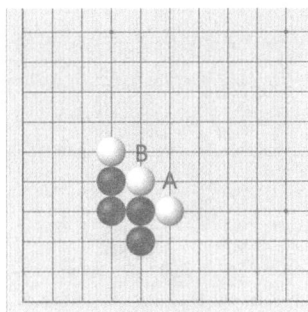
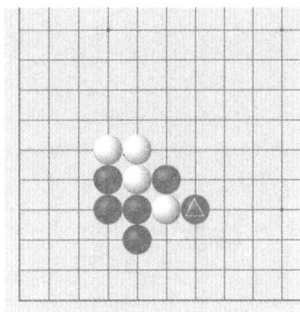

图 7　　　　　　　　　　图 8

图 9 中，黑棋下在 A 位切断白棋，但未形成叫吃，黑棋是后手。

图 10 中，黑棋下在 B 位切断白棋，也未形成叫吃，黑棋也是后手。

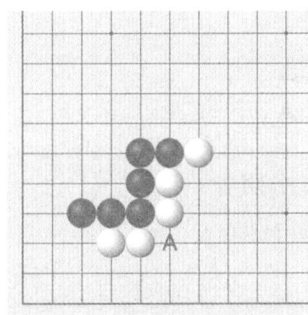
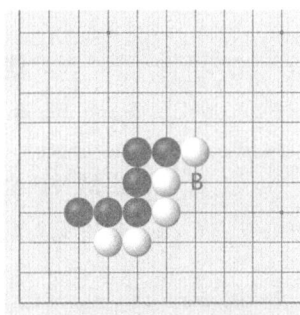

图 9　　　　　　　　　　图 10

【基本技能】

1. 请判断图 11、图 12 中的黑 1 是不是断打。若是，就在括号里画"√"；不是，就画"×"。

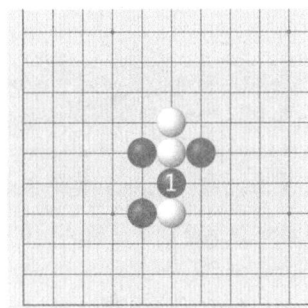
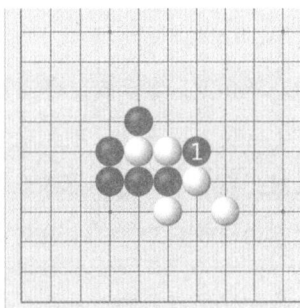

图 11（　　）　　　　　　图 12（　　）

2. 图 13、图 14 中，黑 1 断打后，请在白棋要下子的位置写"2"。

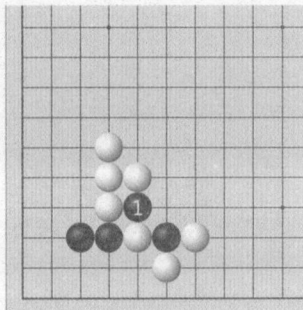 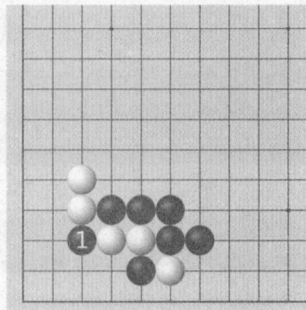

图 13　　　　　　　图 14

【方寸风雅】

池上二绝

唐·白居易

山僧对棋坐，局上竹阴清。

映竹无人见，时闻下子声。

赏阅：

两位僧人在池塘边闲坐对弈，四周茂林修竹，阴凉清净。掩映的竹间看不到对弈的僧人，只能偶尔听到落子之声。

全诗淡化了棋盘上的双方争斗，着重突出围棋带给人的心灵享受，轻松闲适，幽静自然。

白居易（772—846），字乐天，号香山居士，祖籍太原（今属山西省），唐代现实主义诗人，曾任杭州刺史、太子少傅等职。白居易与元稹（zhěn）共同倡导新乐府运动，世称"元白"，与刘禹锡并称"刘白"。他的诗歌题材广泛，语言平易通俗。有《白氏长庆集》。

【手谈经纬】

治国譬（pì）之于弈，知其用而置得其处者胜，不知其用而置非其处者败。

——北宋·欧阳修《新五代史·周臣传》

赏阅：

　　治理国家就像下棋，知道棋子的作用放在合适的位置就会胜利，不知道棋子的作用，不能放在合适的位置就会失败。

　　欧阳修（1007—1072），字永叔，号醉翁，晚号六一居士，吉州永丰（今江西吉安）人，北宋政治家、文学家，曾任翰林学士、参知政事等职。他领导了北宋诗文革新运动，后人将其与韩愈、柳宗元、苏轼合称"千古文章四大家"，与韩愈、柳宗元、苏洵、苏轼、苏辙、王安石、曾巩合称"唐宋散文八大家"。有《欧阳文忠公全集》。

【乾坤通识】

围棋常用术语（三）

1. 飞

　　飞，也叫小飞，是指在原有棋子呈日字形的对角交叉点处行棋。图15中，无论白方在A、B、C、D、E、F、G、H这些字母所在位置的任何一处行棋，都可以称其为飞。在原有棋子呈目字形的对角交叉点处行棋是大飞。图16中，白△就叫白原有的一子的大飞。

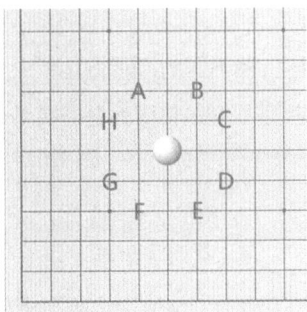

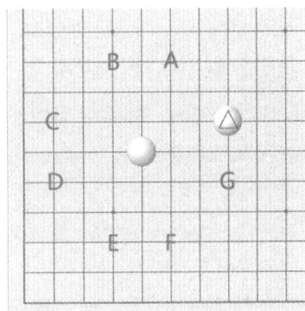

图15　　　　　　　　　　　　　　　图16

2. 镇

　　镇是一方棋子行在对方方向中腹关起的位置。图17中，白△相对白星位的一子来说是飞，那么白△相对于黑原有的一子来说就是镇。

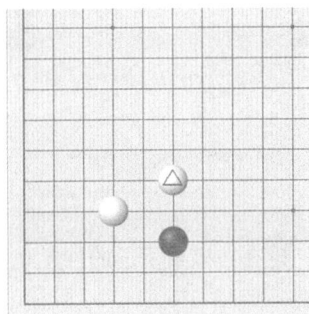

图17

3. 挂

挂，也称挂角，是在布局时，一方已有一子占角的情况下，另一方在其附近相差一、二路的位置上行棋，是为破坏对方完全占据角部而与对方分占角部的主要行棋方法。在三线上行棋的挂叫低挂，在四线上行棋的挂一般叫高挂。高挂、低挂，再按横向区分可分为一间高挂、二间高挂、一间低挂、二间低挂、小飞挂、大飞挂等。图18中，对黑原有角上一子，白△一子叫一间低挂，也可以叫小飞挂。

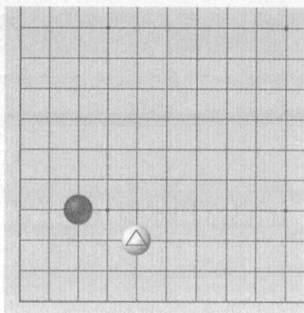

图 18

【知学思考】

1. 什么叫断打与先手？联系实际，谈谈飞、镇、挂三种不同的行棋方法。

2. 谈谈你对"治国譬之于弈，知其用而置得其处者胜，不知其用而置非其处者败"的理解。

【知行合一】

1. 与家人、朋友分享故事《先贬后褒》和白居易的《池上二绝》，体会下棋时轻松闲适的心境。

2. 图19、图20中的黑1是不是断打？若是，就在括号里画"√"；不是的，画"×"。

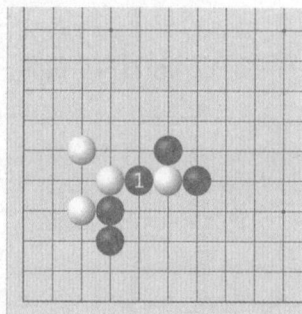

图 19（　　）

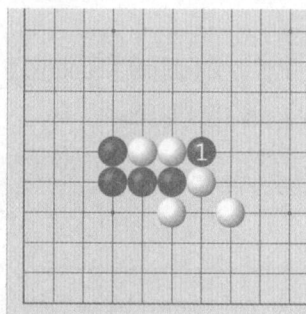

图 20（　　）

3. 图21、图22中，黑1断打后，请在白棋要下子的位置写"2"。

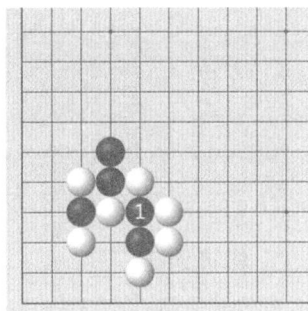 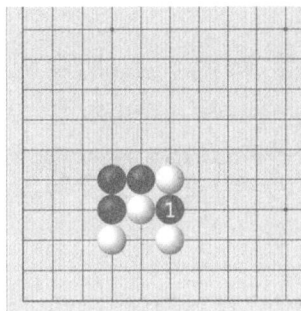

图 21   图 22

4*.名局精粹：上网搜索"黄龙士（黑先）——周东侯（白）（第四谱）"，懂得胜负乃兵家常事，要正确对待输赢荣辱。

第十六课 扑与倒扑

棋逢对手

公元 383 年，前秦王苻（fú）坚雄心壮志，不顾劝谏攻打东晋。东晋人才辈出，国力强于前秦，但由于苻坚是突然进攻，晋孝武帝没有准备，临危授命于谢安。谢安派遣侄儿谢玄等人领兵，东晋的北府兵虽然英勇善战，但是前秦派来的兵力足有东晋十倍之多，谢玄心中还是有些不安，于是在出征之前来向谢安求教。

谢安表情平淡，神态夷（yí）然，平静地答道："我已有办法。"然后便沉默不语。谢玄不敢再问，就让好友张玄再去请教。谢安于是命人驾车，带着亲朋好友们在自己的山中别墅相聚，也邀请了张玄。谢安明知张玄是来问自己战役的事情，却以山中别墅为赌注和他下棋，全程没说一句有关战役的事。谢安的棋艺平时一直不如张玄，但是这一回却由于张玄担心着战役，心有所惧，下成了平局。张玄不由感叹："谢公棋艺高超，我棋逢对手了！"随后谢安又带领着大家在山上游玩，直到晚上，他才召集将领，有条不紊地安排有关事项，最终以少胜多打败了入侵的敌人。

后来别人问谢安为何要在大战前与张玄下围棋，谢安笑道："大战当前，大家都心中担忧，围棋却能让人平静下来，将心态放和稳，这就是我取胜的妙招啊！"

阅读启示："棋逢对手"比喻作战或竞技双方力量水平相当，难分高低。在对弈过程中，往往会遇到势均力敌的对手，我们要做到冷静思考，从容应对。

【基础知识】

扑与倒扑

扑，又称扑吃，故意扑入对方虎口里送吃，含有置之死地而后生的意思，是围棋对局中经常会用到的吃子手段。扑，一定要扑在断点处，形成断打才有效。在对方的虎口里投一子，如果对方提掉这颗子，我方仍可再去吃掉对方的若干个棋子，这样的下法称作倒扑，又叫倒包。例如，图1中，白A两颗子会被黑棋吃掉。图2中，黑棋下在A位就是倒扑，白棋两颗子被对方吃掉。

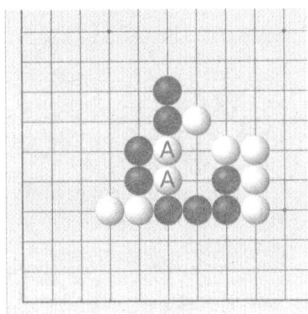 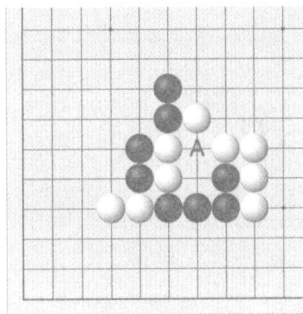

图1　　　　　　　　　　　　图2

　　图3中，黑白成为对杀状态，表面看黑▲三颗子只有三口气，黑棋如何杀白棋？图中有A、B、C三处虎口，我们应该扑在哪里？

　　图4中，黑1在A位扑，断打白三子，白只能B位提，黑3再打，白4粘，黑5打成功。

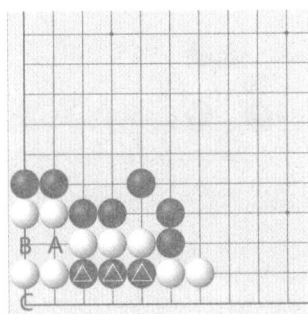 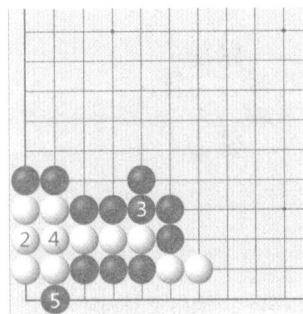

图3　　　　　　　　　　　　图4

　　图5中，黑从B位扑，白2提，连在一起有四口气，黑棋失败。

　　图6中，黑从C位扑，白2粘，黑棋依然失败。可见，扑一定要扑在断点处，形成断打才有效。

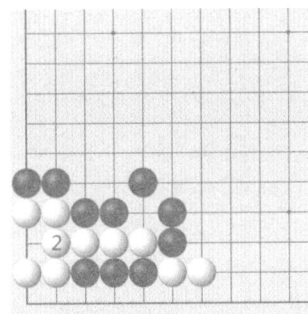 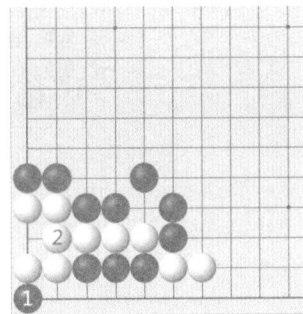

图5　　　　　　　　　　　　图6

图7中，黑棋要想办法吃掉白△二子。

图8中，黑1放在白棋虎口里。

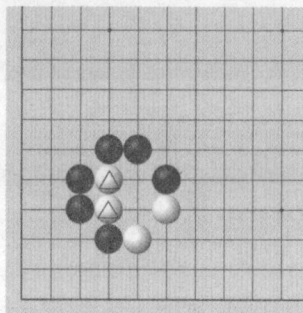

图7

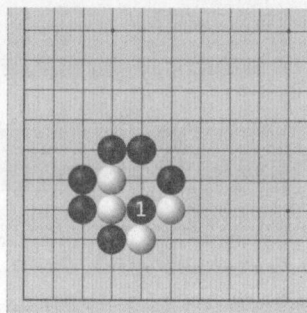

图8

图9中，白2提子。

图10中，黑3可以吃掉白棋三子。

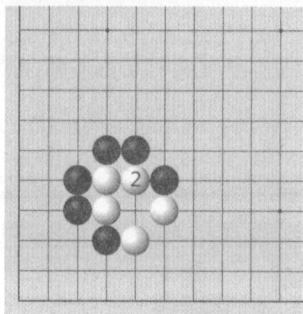

图9

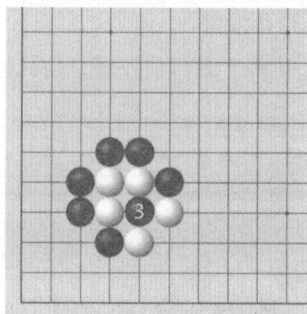

图10

图11中，若黑1打吃，则白2连接，黑棋无法吃到白棋。

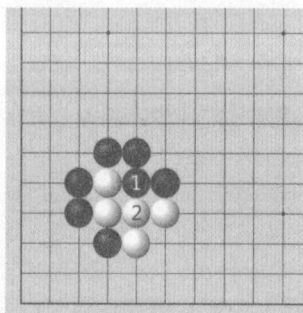

图11

制造倒扑

利用倒扑的手段吃掉对方棋子的方法叫制造倒扑。例如，图12中，黑1至黑3是制造倒扑的下法。

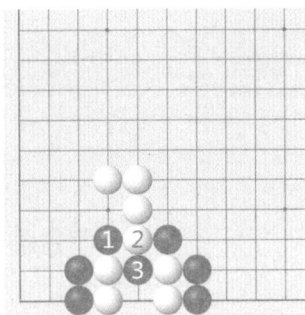

图 12

图 13 中，白△六子通过虎口与周围的白子连接，黑棋如何吃掉白△子呢？

图 14 中，黑 A 先倒扑，白 B 提，白棋提子后，还有两口气。

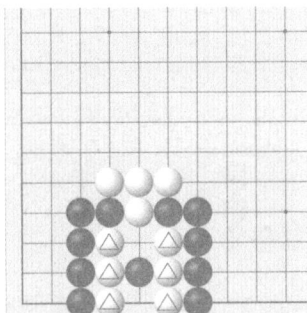 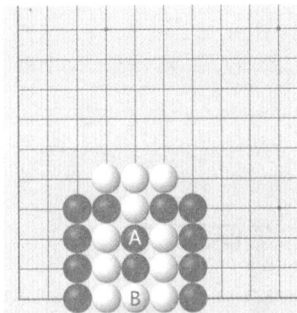

图 13　　　　　　　　　　图 14

图 15 中，黑●再次倒扑，白七颗子没有了气，连续运用两次倒扑也是制造倒扑的下法。

图 16 中，黑 A 从下边叫吃，虽是双叫吃，但白棋一下就会全部提掉，且自己也连了起来，黑棋失败。

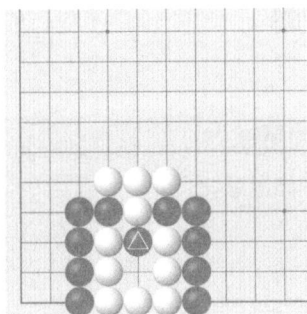 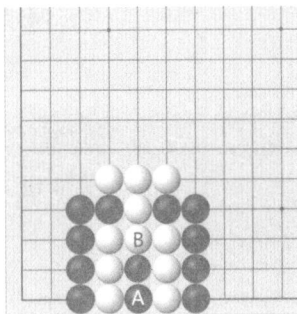

图 15　　　　　　　　　　图 16

【基本技能】

1.（黑先）图 17、图 18 中，黑棋如何运用倒扑的手段吃子？请在要下子的位置写"1"。

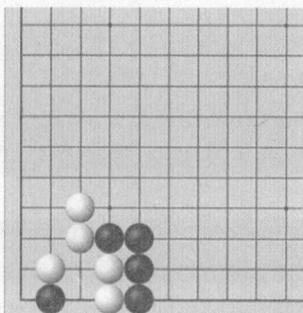
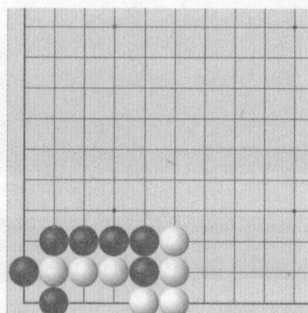

图 17　　　　　　　　　图 18

2.（黑先）图 19、图 20 中，黑棋如何运用制造倒扑的手段吃掉白棋？请写出"黑 1、白 2、黑 3"三个步骤。

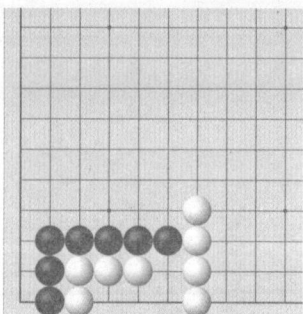
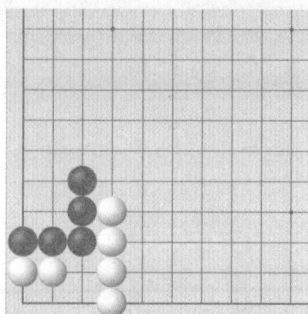

图 19　　　　　　　　　图 20

【方寸风雅】

咏方圆动静
唐·李泌（bì）

方如行义，圆如用智。

动如逞才（chěng），静如遂意。

赏阅：

棋道如人道，行义时方正，用智时圆通。动如施展才能，静如称心如意。

全诗虽未出现棋字，却句句不离棋，表达了作者对围棋的感悟。"智圆行方"被古人当作境界极高的人生道德和智慧。

李泌（722—789），字长源，京兆（今陕西西安）人，唐代中期道家学者、政治家、

谋臣，曾拜中书侍郎、平章事。李泌博涉经史，善属文，尤工诗，《全唐诗》录其诗4首。

【手谈经纬】

略观围棋，法于用兵，三尺之局，为战斗场。

——东汉·马融《围棋赋》

赏阅：

约略考察围棋的渊源，取法于用兵之道，三尺棋盘，就像是士兵交战的战场。

马融（79—166），字季长，右扶风茂陵（今陕西兴平东北）人，东汉时期经学家，历任校书郎、南郡太守等职。马融一生注书甚多，注有《孝经》《论语》等，皆已散佚（yì）。

【乾坤通识】

围棋棋道训练——优雅落子

下围棋的手法是非常优雅的，不能触碰到棋盘上的其他棋子，而且落子时要果断，具体如下：

1. 用拇指和食指从棋盒中捏住一颗棋子；

2. 食指连同棋子退后，同时中指向前伸出准备接住棋子；

3. 用中指和食指的指甲盖夹住棋子；

4. 食指向前伸开，手掌张开。

【知学思考】

1. 什么叫扑与倒扑？对弈中如何制造倒扑？

2. 谈谈你对"方圆动静"的理解。

【知行合一】

1. 与家人、朋友分享故事《棋逢对手》和李泌的《咏方圆动静》，懂得在遇到势均力敌的对手时，要冷静思考，从容应对，领悟"智圆行方"的智慧。

2*. 理解"智圆行方"所蕴含的人生哲理，谈谈你对"棋道如人道"的理解。

3. （黑先）图21～图24中，黑棋如何运用倒扑的手段吃子？请在要下子的位置写"1"。

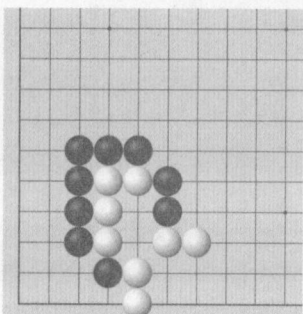

图 21

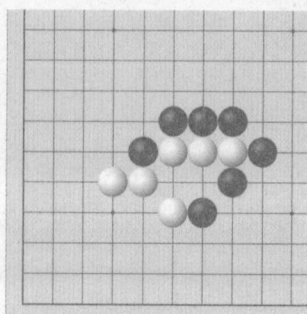

图 22

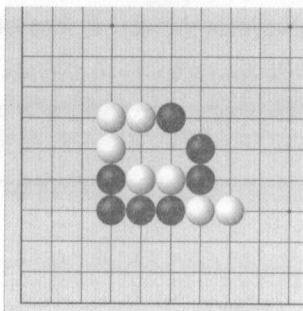

图 23

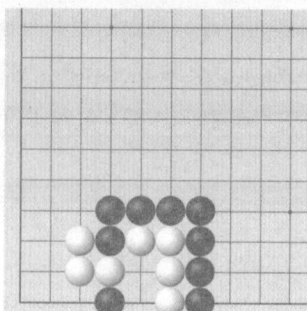

图 24

4.（黑先）图 25～图 28 中，黑棋如何运用制造倒扑的手段吃掉白棋？请写出"黑 1、白 2、黑 3"三个步骤。

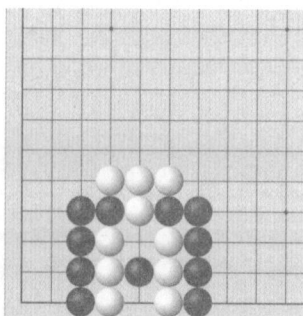

图 25

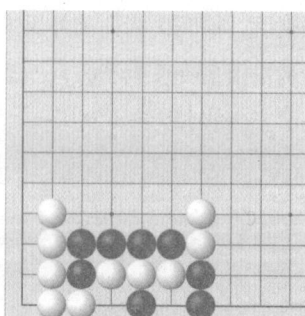

图 26

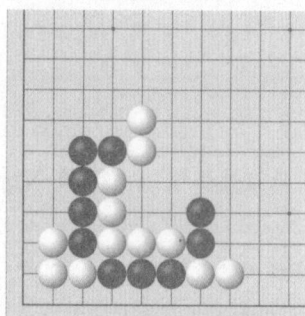

图 27

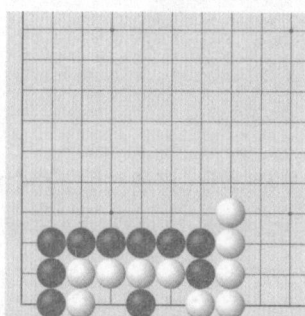

图 28

5*.名局精粹：上网搜索"黄龙士（黑先）——周东侯（白）（第五谱）"，体会阴阳动静的道理。

第十七课 接不归与制造接不归

【历史典故】

围魏救赵

战国时期，魏惠王因为原本屈服于自己的卫国转而亲附了赵国，心生恼火，派大将庞涓攻打赵国。魏国的军队不到一年就攻到了赵国国都邯郸，两国在邯郸城战守多年，双方都已疲于战争，情况危急，赵国只能派人向相邻的齐国求救。

齐王派遣大将田忌前去解救邯郸城，军队即将出发，军师孙膑（bìn）却说："我们要想解救赵国，需要从源头上寻找解决办法。如今魏国精兵强将全部出动攻打赵国，都城大梁必定兵力空虚。若我们此时直接进军攻打大梁，魏军定会立即撤军回国。如此便可替赵国解围了。"田忌恍然大悟，赞赏了孙膑的计谋。孙膑又接着说："魏军从赵国撤回时，一定疲倦松懈，我军只要在魏军必经之处设下埋伏，一定能一举将其打败。"田忌更加佩服，立即下令声势浩大地奔赴大梁，一面则暗中在魏军回国路中设好埋伏。魏军知道大梁被围的消息后果然撤军回国，途中遭到齐军埋伏，阵脚大乱，几乎被打得全军覆（fù）没（mò）。齐军顺利地解救了赵国。

阅读启示： "围魏救赵"原指战国时齐军用围攻魏国的方法，迫使魏国撤回攻赵部队而使赵国得救，后指袭击敌人后方的据点以迫使进攻之敌撤退的战术。对弈也是如此，黑白棋子之间相互制约，要抓住棋盘上问题的关键和要害，避实就虚，用更有效的方式解决危机。

【基础知识】

接不归

对方棋子之间的断点虽然可通过虎口之类的方式保护起来，但若断点太多，经过追击可以形成对方来不及连回的状态，造成一部分棋子被打吃，这种吃子手段叫接不归。利用扑的手段使得对方的棋接不归，在对局中较为常见。

图1中，白A两颗子可被黑棋提掉。

图2中，黑1接不归，白2粘，黑3提掉白A两颗子。若白在3位粘，则黑可以在2位提白四子。

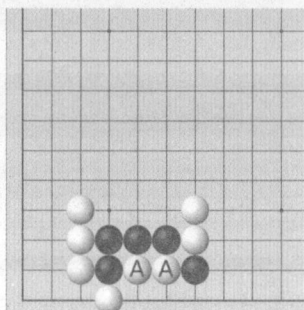

图1

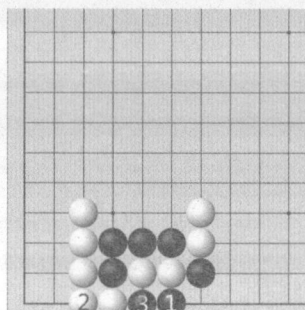

图2

图3中，这是接不归的棋形，黑棋在1位打吃白棋两子，若白2接，接不回去。

图4中，黑棋在A位下子后白方四子便不能活了。

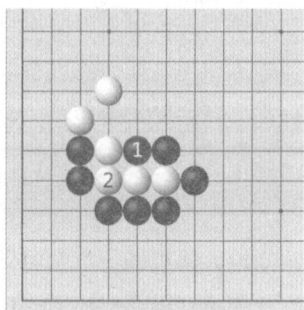

图3

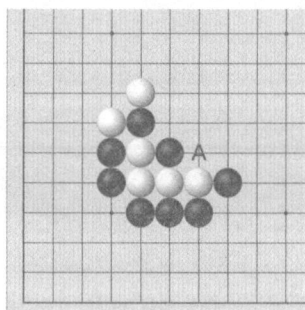

图4

图5中，黑1刺，白2顺势接上，接不归的形状马上就没有了。

图6中，这时轮到白方下子，白棋在A位断黑棋，起不到攻击黑棋的作用。

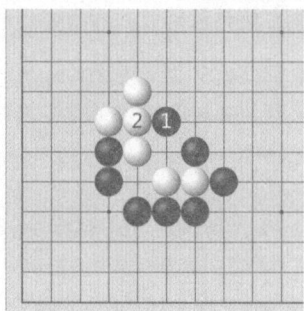

图5

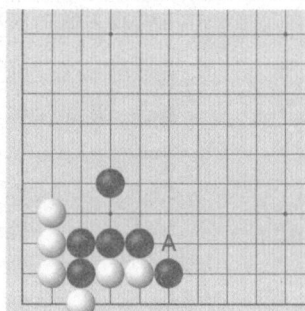

图6

图7中，黑棋要想反击白棋，不必在A位长出一子，只需在1位打吃白棋即可，若白棋在2位粘上也是接不归。

图8中，这是典型的接不归形状，黑棋下在A位可以吃白棋四颗子。

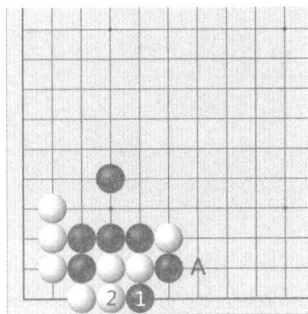

图 7

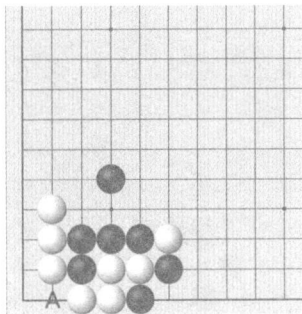

图 8

制造接不归

利用接不归的手段吃掉对方棋子的吃子方法叫制造接不归。例如，图 9 中，黑 1 至黑 3 就是制造接不归的下法。

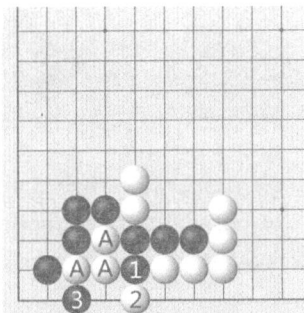

图 9

图 10 中，白 A 三颗子与旁边的白子似乎很容易保持连接，黑棋如何能吃掉白 A 子呢？

图 11 中，黑 1 先冲做好准备，白 2 过渡时，黑 3 再叫吃接不归吃掉白棋。

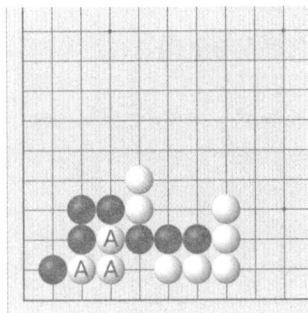

图 10

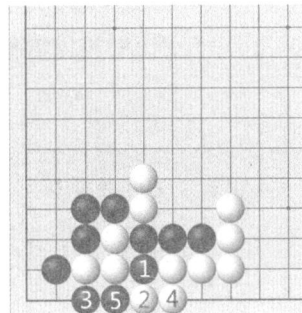

图 11

【基本技能】

1.（黑先）图 12、图 13 中，黑棋如何运用接不归的手段吃掉白 A 子？请在要下子的位置写"1"。

111

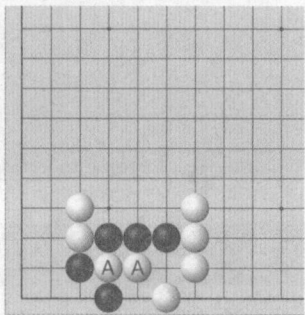
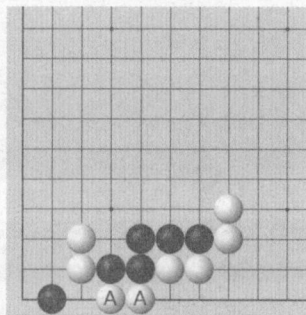

图12　　　　　　　　图13

2.（黑先）图14、图15中，能吃掉白子吗？

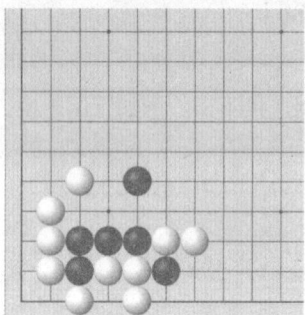
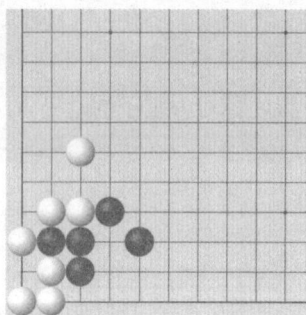

图14　　　　　　　　图15

【方寸风雅】

重送绝句

唐·杜牧

绝艺如君天下少，闲人似我世间无。

别后竹窗风雪夜，一灯明暗覆吴图。

赏阅：

　　像您这样棋艺精湛的人天底下很少，像我这样闲散的人世上没有。离别之后，正值一个竹窗外风雪交加的夜晚，在一盏忽明忽暗的灯下，不禁想起与你研习围棋棋谱的日子（吴图，本指三国时吴国的围棋棋谱，因为是最早的棋谱，后来就用以指代棋谱）。

　　这首诗既表达了作者对国手王逢棋艺的钦佩，也表达了对与他一同研习棋谱的过往

的回忆。

【手谈经纬】

弈之优劣有定也，一着之失，人皆见之，虽护前者不能讳也。

——清·钱大昕（xīn）《弈喻》

赏阅：

棋艺的高低是有标准的，下错一步棋，人们都看得见，即使遮掩之前的错误也隐匿不了。

钱大昕（1728—1804），字晓征，号竹汀（tīng），江苏嘉定（今属上海）人，清代史学家、汉学家，曾任内阁中书，有《十驾斋养新录》《潜研堂文集》等。

【乾坤通识】

《棋经十三篇》

《棋经十三篇》，是在流行围棋的宋代问世的一部棋艺经典著作，在总结了前人经验的基础上，全面系统地继承和发展了围棋的基本理论和实践经验，在我国围棋发展史上占有特殊地位。

我国古典围棋理论历来就有，班固《弈旨》、马融《围棋赋》、敦（dūn）煌（huáng）写本《棋经》，以及王积薪《十诀》等，但直到《棋经十三篇》才真正建立起了一个系统化的围棋理论体系，标志着我国古典围棋理论发展到了一个新的高度。除此之外，《棋经十三篇》还更为全面深刻地讨论了一些有关围棋战略、战术的篇章等重要问题，并且第一次阐述了棋手的品格作风等问题，至今还为棋手们所称道。总之，《棋经十三篇》是围棋史上最重要的理论著作之一，自问世以来影响了无数棋手。

【知学思考】

1.对弈时利用怎样的手段迫使对方的棋接不归？

2.《棋经十三篇》提出的"安而不泰，存而不骄"体现了棋手怎样的品格？

【知行合一】

1.与家人、朋友分享故事《围魏救赵》和杜牧的《重送逢绝句》，懂得棋道如同军事，要善于抓住关键问题，避实就虚，击中要害。

2.（黑先）图16、图17中，如何吃掉白子？

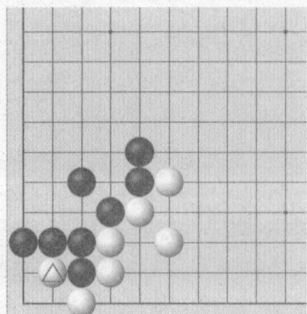
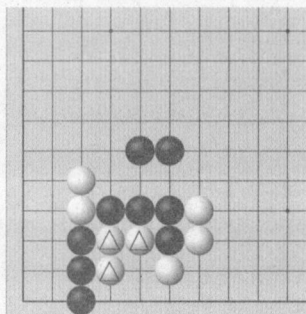

图 16　　　　　　　　　　　图 17

3.（黑先）图 18～图 21 中，黑棋如何运用接不归或制造接不归的手段吃掉白棋？请写出"黑 1、白 2、黑 3"三个步骤。

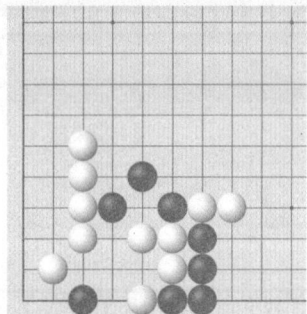
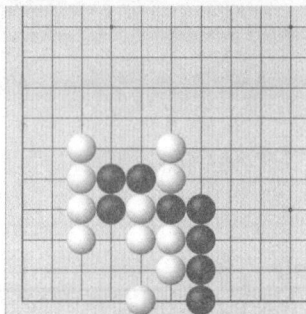

图 18　　　　　　　　　　　图 19

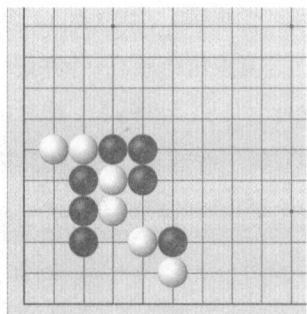
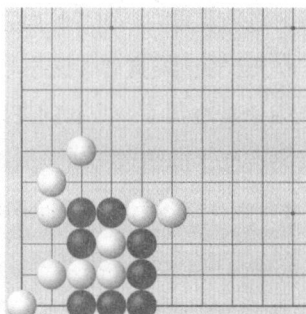

图 20　　　　　　　　　　　图 21

4*.名局精粹：上网搜索"徐星友（黑先）——黄龙士（白）（第一谱）"，明白棋如人生的道理。

第十八课 挖 吃

画龙点睛

南北朝时期，有位知名画家名叫张僧繇（yáo），他的绘画技艺非常高超，所画的动物栩（xǔ）栩如生。当时梁武帝信奉佛教，修建了很多寺庙，都让他去作画。

相传有一年，梁武帝要张僧繇在金陵安乐寺的墙壁上画四条金龙，张僧繇仅用三天时间就画好了，而且还画得栩栩如生，活灵活现。金龙画好后很多人前去安乐寺观看，都称赞张僧繇画得逼真，可是人们仔细一看却发现四条龙都没有眼睛。大家询问张僧繇为什么没有把龙的眼睛点上。张僧繇解释说："点上眼睛并不难，但是点上之后这些龙就会从墙上飞走的。"大家听后都不信。张僧繇被逼无奈，只好答应给龙"点睛"，但为了能让庙里留下两条龙，他只肯为两条龙"点睛"。

张僧繇刚给两条龙画完眼睛，奇怪的事情就发生了。安乐寺周边突然刮起了大风，顷刻间电闪雷鸣，两条被"点睛"的巨龙张牙舞爪地震破墙壁飞走了。过了好一会儿，才慢慢云散天晴，恢复平静。人们都吓得目瞪口呆，再看看墙上，只剩下了没有被点上眼睛的两条龙，而另外两条被"点睛"的龙早已不知去向了。从此以后，人们对张僧繇就更加佩服了。

阅读启示： "画龙点睛"的意思是画龙之后再点上眼睛，比喻在关键地方简明扼（è）要地点明要旨，使内容生动传神，也比喻在整体中突出重点。对弈中往往会出现眼见已陷入困局，但只要利用各种技巧，下好关键的几步子，就可赢得一块棋或整个棋盘的胜利的情形。

【基础知识】

挖 吃

挖是一种吃子技巧，基本上是为了给攻击和歼灭对方的棋创造条件，因为，挖基本上是为了给攻击对方两子连线的中间投入一子的手段，可以使对方的棋产生许多断点。

图1中，白1走在黑●二子中间，即白1挖，黑2挡，白3粘。这时黑棋已经出现了A位、白5两个断点，黑4补A位的断点，白5就切断另一边，黑棋便不能活了。

图2中，另一种情况，白1长，黑2粘住后，就连成一片了。

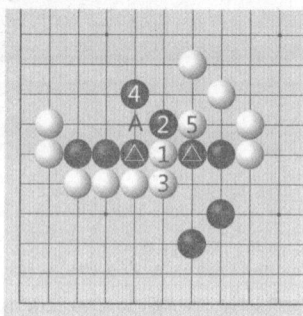 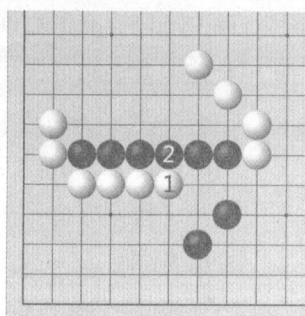

图1　　　　　　　　　　　　　　　图2

图3中，黑形就是图1中黑2在白3位打吃，白在黑2位长后，黑4跳（图中黑●点）后所出现的局面。这时白1挖吃，黑2打吃准备与黑●点一子逃跑，白3切断黑2与黑●一子的连络，黑4提掉似乎逃脱，白5一打却形成了接不归。

图4中，黑1挖，白2打吃以求连络，黑3从底下边线上吃白△两子。

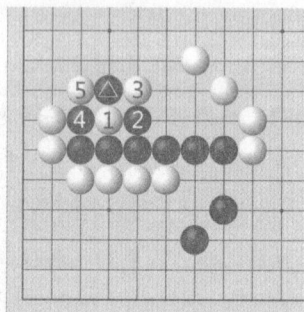 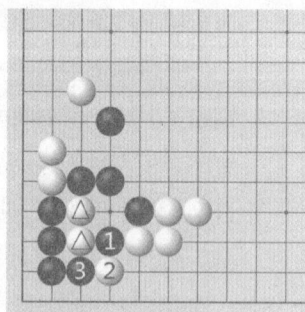

图3　　　　　　　　　　　　　　　图4

图5中，黑1下法错误，帮助白棋补了漏洞。白2连接后，白棋就很坚固了，而角里的黑棋再也无法挽回。

图6中，白1挖，黑2打吃，白3接后，黑棋出现两个断点，黑4补上面的断点，白5切断黑●一子，若黑4接住下面的断点，白5便能在黑4位切断。

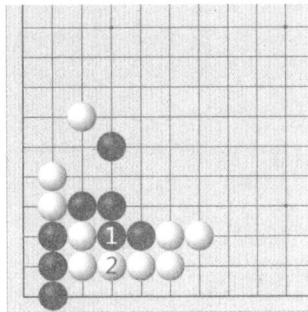

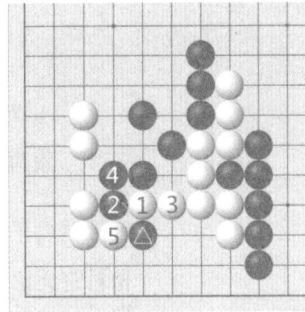

图5　　　　　　　　　　　图6

图7中,白1挖,黑2接住,白3断打,黑4只好提掉白1挖吃的一子,白5反在外面围住了中腹黑子,一气吃死黑棋。

图8中,黑棋为了减少死子,黑2便不敢接黑A二子了,只能在外边包打弃子,可比图7减少些死子,但白棋吃掉了黑A二子,右上的死棋也借机成活。

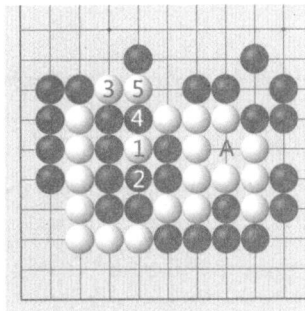

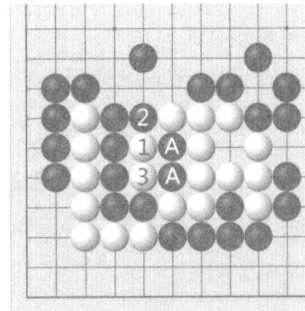

图7　　　　　　　　　　　图8

【基本技能】

(白先)图9、图10中,白棋怎样杀黑棋?

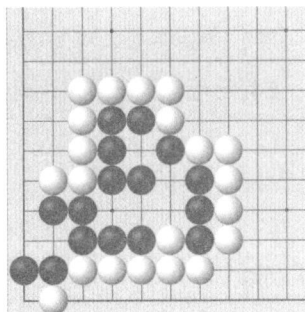

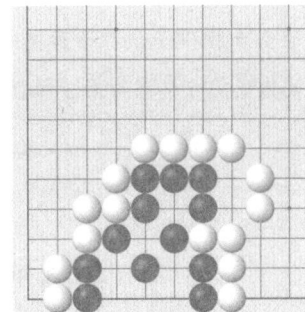

图9　　　　　　　　　　　图10

【方寸风雅】

观 棋

南唐·李从谦

竹林二君子，尽日竟沉吟。

相对终无语，争先各有心。

恃强斯有失，守分固无侵。
^{shì}

若算机筹处，沧沧海未深。

赏阅：

竹林中二人对弈，一整天都在沉思。相对无言，都想争得棋局的主动。如果对弈时倚仗棋势强大，掉以轻心，终将会失败；安守本分，自然没有被侵削的担忧。若论围棋的运筹算计，比苍茫大海还要深。

本诗点出了下棋时表面相对无语，内心却变化多端的特点，突出了围棋历练智慧和修身养性的功用。

李从谦（生卒年不详），字可大，祖籍陇西郡成纪县（今甘肃天水）人，封鄂（è）国公，南唐元宗李璟（jǐng）第九子。他的诗风采峭整，《全唐诗》录有其诗。

【手谈经纬】

枯棋三百六十，白黑相半，以法阴阳。局之线道谓之枰。线道之间谓之罫（guǎi）。局方而静，棋圆而动。

——《棋经十三篇·论局篇》

赏阅：

围棋有约三百六十枚棋子，白子和黑子各占一半，效法阴阳。棋局的线路纵横交错称为棋盘，线路之间构成的方格称为拐。棋盘方形，安静不动，棋子圆形，运动无常。

【乾坤通识】

围棋常用术语（四）

1. 断

断，也可称切断，是直接切开对方棋与棋之间的连络，使对方的棋分散开的行棋方法。图11中，黑●一子将白A和白棋角上的二子分断成两块棋，使对方的棋失去连络。

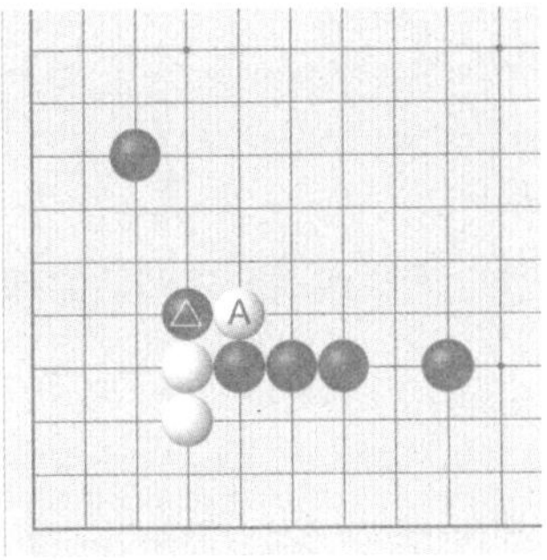

图 11

2. 跨

跨是对局的一方在周围棋子的援助下，将己方的棋插到对方的小飞棋形中，有时用于切断对方连络。图 12 中，白△一子就是对黑方的跨。

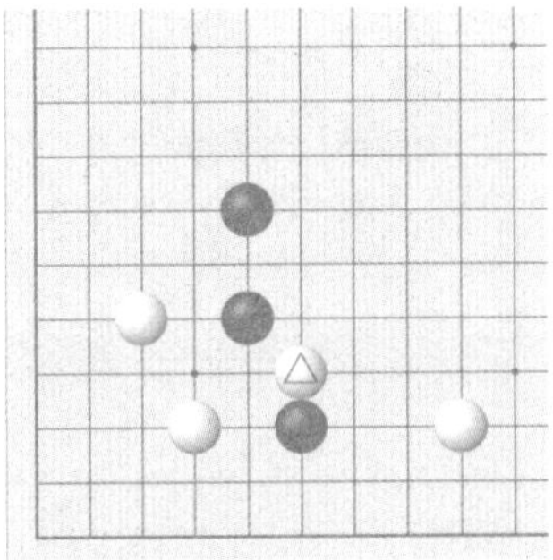

图 12

3. 空

空是指围成的地域。图 13 中，被白棋围住的角部空地有 14 个空交叉点，这些交叉点基本上已为白方所有，此类地域叫空。

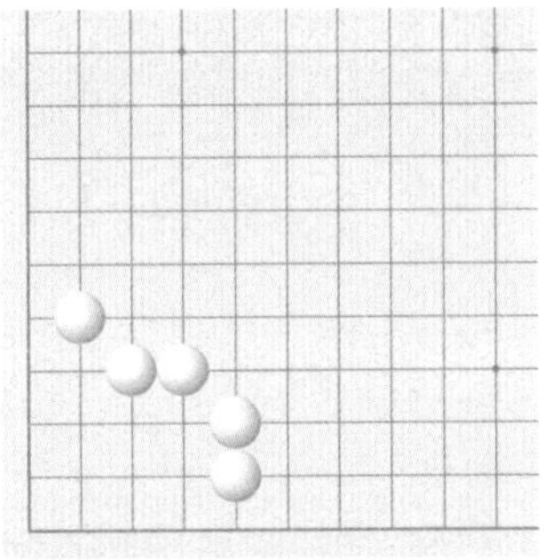

图 13

【知学思考】

1. 如何利用各种技巧制造挖吃棋形？

2. 联系实际，谈谈你对"局方而静，棋圆而动"这句话的理解。

【知行合一】

1. 与家人、朋友分享故事《画龙点睛》和李从谦的《观棋》，懂得下棋与做事一样，要把握好关键的几步。

2.（黑先）图14中，左、右两块黑棋如何联络？

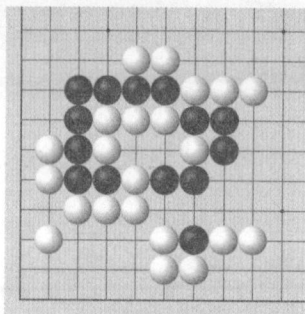

图 14

3.（白先）图15中，白棋现在该运用什么手段才能救出白△三子？

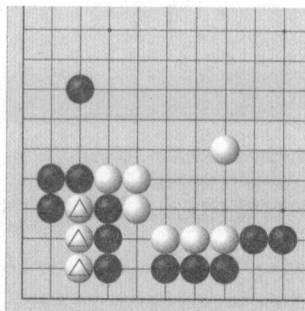

图 15

4*. 名局精粹：上网搜索"徐星友（黑先）——黄龙士（白）（第二谱）"，感受弈棋的惊心动魄。

【历史典故】

狡兔三窟

齐国宗室大臣孟尝君有门客三千，其中有位门客名叫冯谖（xuān）。一次，孟尝君需要人替自己去封地薛地收债，冯谖主动请缨（yīng），孟尝君就答应了。临行时，冯谖问道："我收完了债，需要给您买些什么回来吗？"孟尝君什么也不缺，随口说道："先生看我家还缺什么就买什么吧。"冯谖允诺而去。

到达薛地后，冯谖叫来所有欠了孟尝君钱的百姓核对债券，核对完毕，冯谖却把所有债券都当众烧了，并说这是孟尝君的指令，百姓们大为感激。冯谖回去之后告诉孟尝君并解释说："我觉得您府上什么都有，就把'义'给您买回来了。"孟尝君心里很不高兴，但也无可奈何。

一年之后，齐王罢免了孟尝君的职务，三千门客也全都跑了，孟尝君只能去封地薛地。没想到刚到离薛地还有一百里的地方，就看到当地的男女老少都来夹道欢迎。孟尝君恍然明白了冯谖当初所说的为自己买"义"的意义。冯谖说："都说狡兔三窟，才能免除一死，如今还只是一窟，请让我再为您凿两个窟吧。"

冯谖于是来到魏国，在魏王面前夸赞了孟尝君的才干，魏王于是就派使者携带了许多财宝和马车去薛地聘请孟尝君。可冯谖早就叮嘱了孟尝君拒绝魏王，魏国使者前来请了三次孟尝君都未答应。齐王听到这个消息后，生恐孟尝君去魏国，马上用更隆重的礼节去请孟尝君再回来做相国。这就是冯谖为孟尝君凿成的第二窟。之后冯谖又让孟尝君去向齐王请赐先王的祭器，在薛地建造起宗庙供奉。宗庙建成，冯谖终于对孟尝君说："三窟已成，您可以高枕无忧了。"

阅读启示："狡兔三窟"本意为狡猾的兔子准备好几个藏身的窝，原比喻隐蔽的地方多或隐蔽的方法多，现多比喻掩盖的方法多，隐身的计划周密。在下棋过程中，被对方追杀时，就要逃子，逃子要选准方向，讲究方法，才能逃出对方的追杀。

【基础知识】

逃子技巧

下棋时，与吃子具有相同价值的是逃子。逃跑的方法通常有往外冲、利用叫吃逃跑以及吃掉对方棋子逃跑三种。吃子和逃子的关键，都在气的变化，或是紧气，或是长气。逃子的要领是：己方的子长出气来。逃子就像打仗一样，要分析敌情，选准方向，讲究方法。

图1中，白A子虽被黑棋包围，但仍可逃出来。

图2中，白△冲是常见的逃子方法之一。

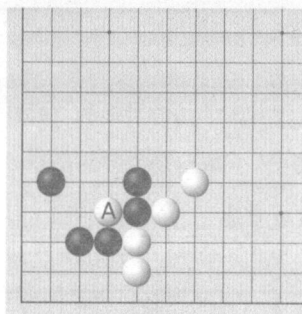 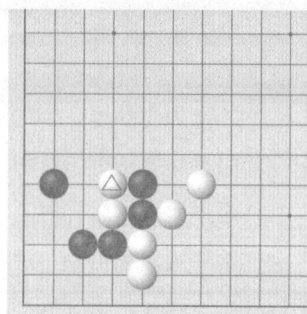

图1　　　　　　　　　图2

图3中，白棋挡住了黑●二子的出路，黑棋应如何逃跑呢？

图4中，黑1长气逃跑，否则会被白棋提子。

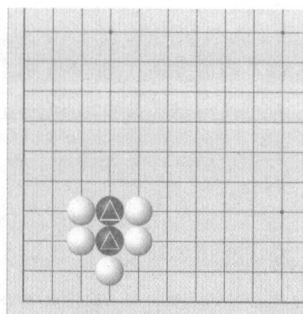 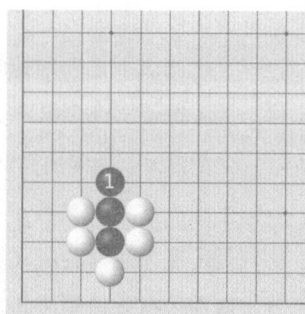

图3　　　　　　　　　图4

图5中，黑先，黑●三子能否利用白棋的断点顺利逃出呢？

图6中，由于黑●三子只有两口气，也只能对白棋有两口气的白△子下手进攻。

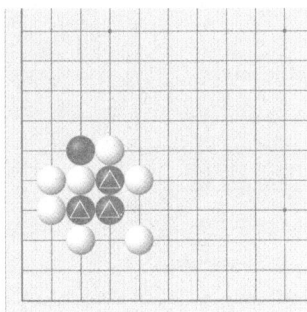
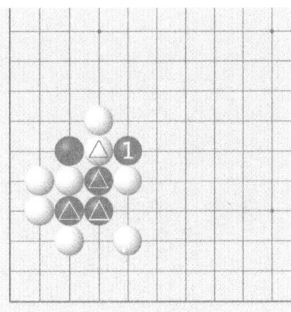

图 5   图 6

图 7 中，白 1 长，黑 2 打吃，黑棋三子顺利逃出。

图 8 中，黑 1 冲，白 2 挡，黑棋被吃。

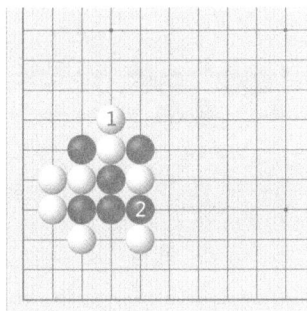
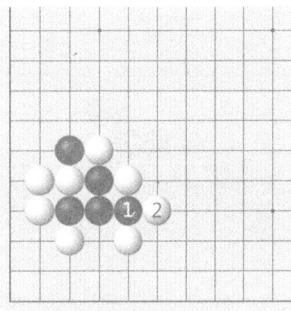

图 7   图 8

图 9 中，黑棋切断了白△两子与外边的连接，白棋应该如何逃跑呢?

图 10 中，白 1 枷吃，吃住黑棋一子，轻松救出了白棋被包围的棋子。

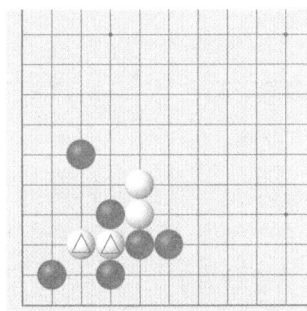
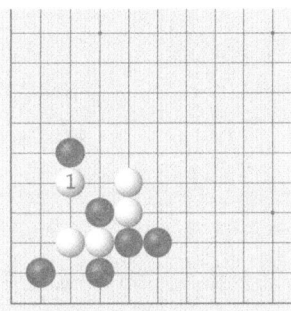

图 9   图 10

【基本技能】

图 11～图 14 中，黑棋如何救出被包围的棋子? 请在要下子的位置写"1"。

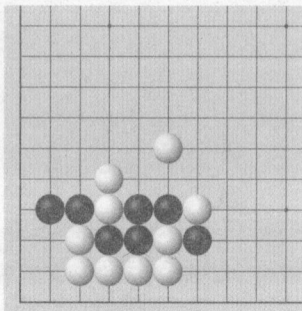

图 11

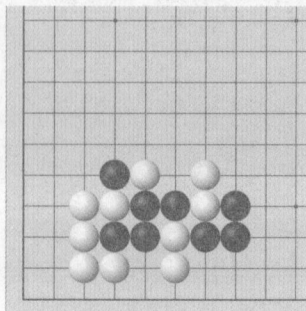

图 12

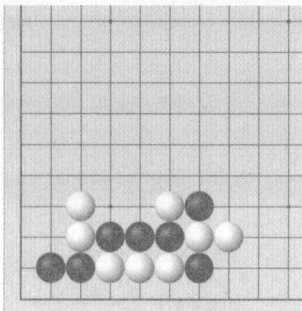

图 13

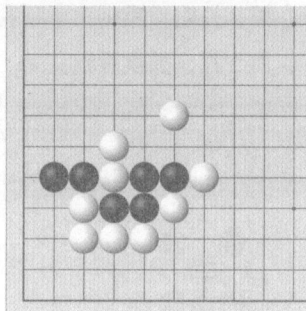

图 14

【方寸风雅】

观　棋（节选）

北宋·苏轼

不闻人声，时闻落子。

纹枰坐对，谁究此味。

赏阅：

没有听见人的声音，只听见下棋的声音。围着棋盘对坐下棋，谁能明白这种滋味呢？

作者游庐山时写下本诗，庐山风景优美，令人心情闲适，心驰神往。

苏轼（1037—1101），字子瞻，号东坡居士，世称苏东坡、苏仙，眉州眉山（今属四川省）人，北宋文学家、书法家、画家，"唐宋八大家"之一，曾任翰林侍读学士、礼部尚书等职。苏轼诗、词、散文、书、画等方面造诣都极高。他的诗题材广阔，清新豪健，独具风格，与黄庭坚并称"苏黄"；

词开豪放一派，与辛弃疾并称"苏辛"。有《东坡七集》。

【手谈经纬】

自古及今，弈者无同局。《传》曰："日日新。"故宜用意深而存虑精，以求其胜负之由，则至其所未至矣。

——《棋经十三篇·论局篇》

赏阅：

从古到今，对弈中从未出现过相同的棋局。《易传》说："每天都有新的变化。"所以下棋时应用意深刻，思考周全，以寻求胜负的原因，这样就能达到前人未曾达到的水平。

【乾坤通识】

下棋"五不"习惯

1. 不挪子。棋子已落在棋盘上，手已离开棋子，就不能再挪到另外的点上。
2. 不推子。棋子落在棋盘上，不能再顺势推到要走的位置上。
3. 不偷子。把对方的棋子偷偷从棋盘上拿掉，以改变棋局的现状，这是一种典型的作弊行为。
4. 不钓鱼。拿着棋子思考，几次想落下又收回捏棋子的手，如此反复，举棋不定，是不好的行为。
5. 不炒棋。眼睛盯着棋盘思考时，手随意地放在棋盒中抓棋子，弄出大的声响，客观上干扰了对手。

【知学思考】

1. 吃子和逃子的关键是什么？逃子有什么要领？
2. 联系实际，谈谈你对"故宜用意深而存虑精，以求其胜负之由，则至其所未至矣"这句话的理解。

【知行合一】

1. 与家人、朋友分享故事《狡兔三窟》和苏轼的《观棋》（节选），懂得为人处事要留有余地，为遇困时留好退路。
2. 图15～图18中，黑棋被包围的棋子如何逃出？请在要下子的位置写"1"。

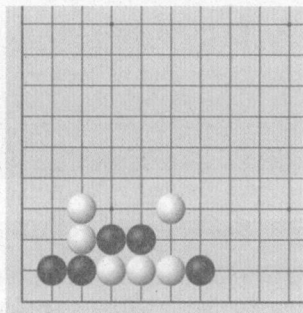

图 15

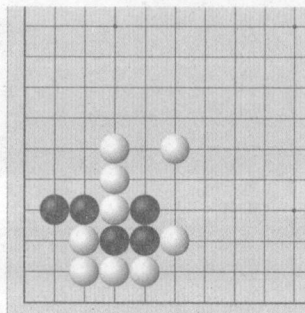

图 16

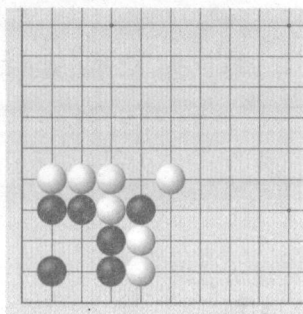

图 17

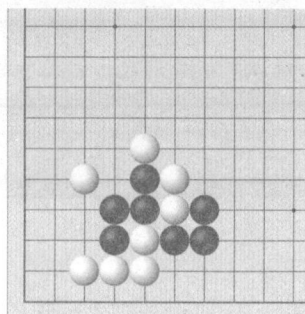

图 18

3.围棋游戏——明珠出海

困在黑海中的夜明珠如何逃出去？规则如下：

（1）白棋先走，黑棋防守；

（2）规则与围棋规则完全相同；

（3）中央白棋如果突破黑棋包围，就算成功。

（提示：白棋要避免自己气紧成为危险棋子，所以必须抓住黑棋的缺陷。）

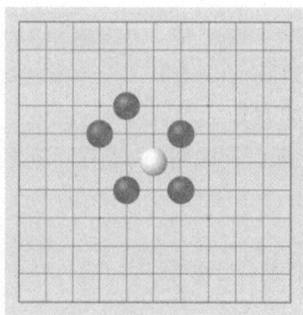

图 19

4*.名局精粹：上网搜索"徐星友（黑先）——黄龙士（白）（第三谱）"，明白输赢乃兵家常事。

本单元教学建议

◎教学目标

1.了解并掌握数气、紧气、叫吃、提子、逃子、连接、分断、双吃、门吃、征吃、枷吃、断打、先手、扑、挖吃等行棋技巧。

2.了解并掌握弈棋时的正确坐姿、鼓掌、欠身、对局、优雅落子、观棋等基本围棋礼仪。

3.掌握长、立、关、跳等围棋专业术语。

4.了解并掌握《围棋十诀》等基本棋理。

5.体会下围棋时置身事外的乐趣，领会局势的无穷变化，懂得下棋人要有宽广的胸襟。懂得人生如棋，棋如人生，正确看待围棋与人生中的胜败，培养胜不骄、败不馁的良好心理素质。

◎教学重点

1.掌握紧气、叫吃、提子、逃子、双吃、门吃、征吃、枷吃、挖吃等技巧，并能够正确运用。

2.正确区分虎口、禁入点等危险区，学会回避险境，转危为安。

3.正确利用扑，结合扑的知识制造接不归。

◎教学难点

1.选择正确的叫吃方向，掌握逃子与吃子的先后顺序，分析逃子的方向。

2.能制造双吃，掌握征子的打吃方向，了解枷吃的多种类型。

◎广览博学

1.搜索、阅读《玄玄棋经》。

2.搜索、阅读《棋经十三篇》（论局篇）。

3.搜索、阅读何云波的《围棋与中国文化》。

4.搜索、阅读《人工智能面临的挑战》，了解围棋人工智能。

5.搜索、阅读《人工智能与博弈论——从阿尔法围棋谈起》。

6.搜索、阅读《从 AlphaGo 人机围棋大战解读人工智能技术》。

第三单元

活棋与死棋

本单元概述

　　本单元安排的课程内容和教学目标是：引导学员了解真眼与假眼、活棋与死棋、围棋的基本死活、死活常型、对杀等行棋技巧；通过学习《王粲（càn）复局》《举棋不定》等历史典故，知道学习围棋要认真思考，提高辨别真假的能力，并明白做事不能犹豫不决、三心二意；通过赏阅《赠棋者》《再赋弈棋五首》等古诗，懂得世间万物就像弈棋，每走一步都要慎重；通过理解《棋经十三篇》中的名句，知道下围棋要学会随机应变，懂得"围棋之道，贵在严谨""见可而进，知难而退"等棋理，明白无论生活或者下棋，都要保持平常心，正确看待输赢荣辱。

第二十课 真眼与假眼

【历史典故】

真假美猴王

《真假美猴王》源出中国古典名著《西游记》，主要讲述的是唐僧师徒四人取经路上的一段有趣的历险故事。

一天，唐僧、孙悟空师徒四人遇到了一只六耳猕（mí）猴，六耳猕猴神通广大，与孙悟空不相上下。六耳猕猴一心想取代唐僧师徒独自取经，所以就千方百计阻挠四人前行。六耳猕猴先用一计让唐僧误会孙悟空，害得孙悟空被唐僧赶走。

好在孙悟空被师父冤枉后仍旧忠心耿耿、忠贞不二。为了保护唐僧西天取经，他先去南海普陀（tuó）山求助观音菩萨，可六耳猕猴本领强大，变成孙悟空的样子，就连观音菩萨也分不出真假。两个猴王一直闹上了凌霄宝殿，玉皇大帝被闹得无可奈何。最后两个猴王又闹上了灵山，请如来佛祖辨别真假。如来佛祖佛法无边，假扮成孙悟空的六耳猕猴最终落了个原形毕露的下场。师徒四人战胜了六耳猕猴，又踏上了西行之路。

阅读启示： 该故事告诉我们，看待事物要透过现象看本质，做一项事业，团队沟通和信任十分重要。同理，在弈棋过程中，不要被眼前的假象所迷惑，要区分真眼与假眼，透过现象看本质。

【基础知识】

真眼与假眼

棋盘上，一方棋子围住的空交叉点叫眼，眼可分为真眼和假眼。全部棋子都有线相连并围成 1 个交叉点，这个交叉点叫真眼，真眼也可以理解为有作用的眼。若围成眼的棋子可以分为两部分，这个眼是假眼，假眼是没有作用的眼。

图 1 中，黑棋在中央、边上、角上的交叉点中分别有一个真眼。

图 2 中，黑棋三个位置都是真眼，黑●几颗子把自己连成一体很关键。中央只要连黑●三颗子就是真眼。

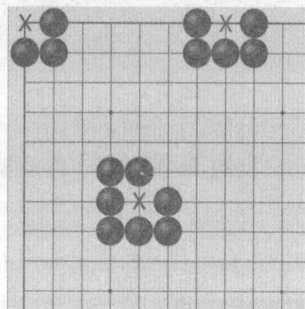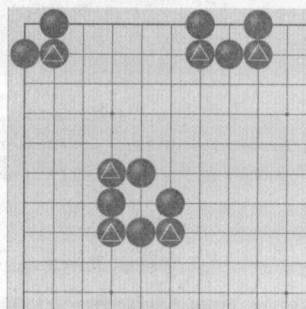

图 1　　　　　　　　图 2

图 3 中，黑棋现在虽也有眼，但因没有占住肩膀，所以 A 位的眼是假眼。

图 4 中，一旦白棋走 1 位叫吃，黑棋已不能在 A 位连接了，所以 A 位的眼是假眼。

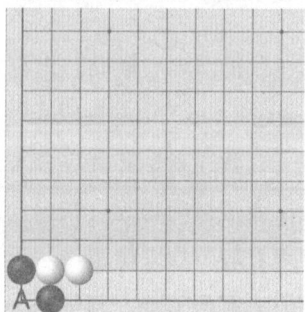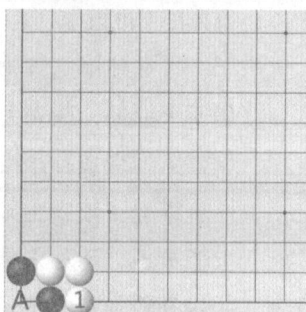

图 3　　　　　　　　图 4

图 5 中，黑棋虽也有眼，但因缺少了一个肩膀，所以 A 位的眼是假眼。

图 6 中，白 1 叫吃，黑棋要在 A 位连接，所以 A 位的眼是假眼。

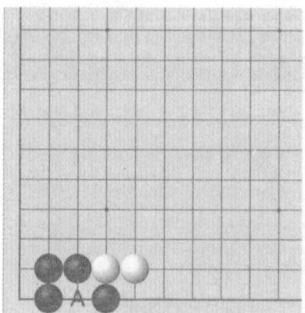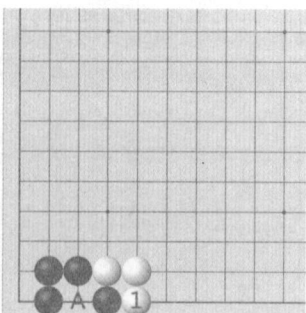

图 5　　　　　　　　图 6

图 7 中，黑棋用五颗棋子围成的 1 个交叉点是真眼。

图 8 中，角上这个棋形，白 A 两子同样是围住了 1 个交叉点，而且，白△子在眼角上又抢占了这个位置，所以这个眼是真眼。

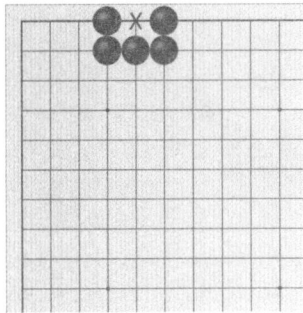
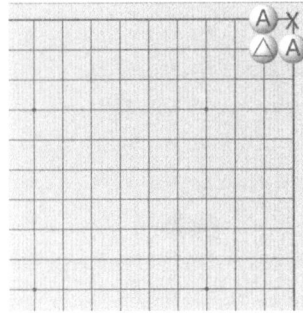

图 7　　　　　　　　　　　图 8

图 9 中，白棋四颗棋子围住 1 个交叉点，但是其中白△一子没有与白 A 两子连接，白△一子的两只眼角部位被黑棋抢占，所以这个眼是假眼。

图 10 中，边上这个棋形，白棋眼角上这个点没有连接上，且黑方抢占了这个点，所以这个眼也是假眼。

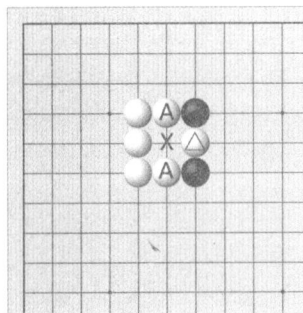
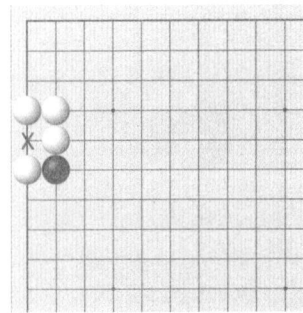

图 9　　　　　　　　　　　图 10

【基本技能】

1. 图 11～图 14 中，黑棋构成的眼是真眼还是假眼？若是真眼就在括号里画"√"，假眼就画"×"。

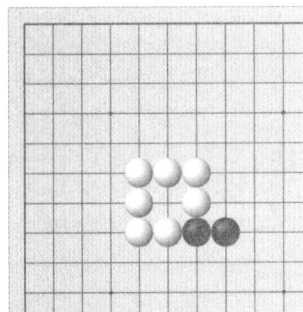
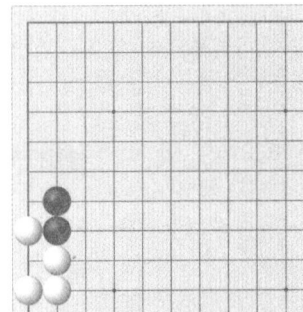

图 11（　　）　　　　　　图 12（　　）

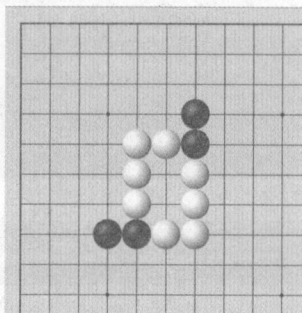
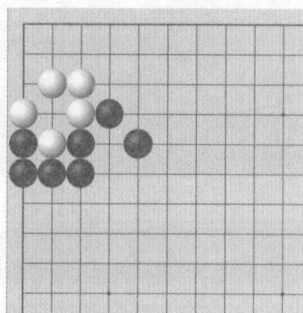

图 13（　） 图 14（　）

2. 图 15～图 18 中，黑棋走在哪里可以形成一个真眼？请在要下子的位置写"1"。

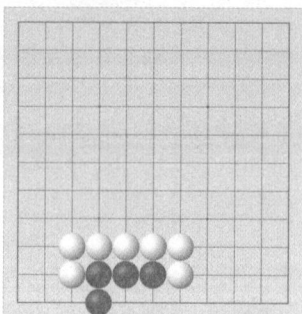
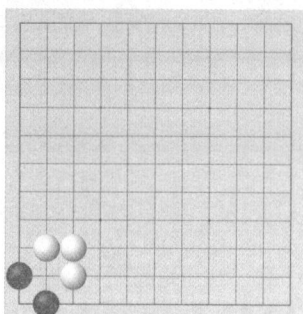

图 15 图 16

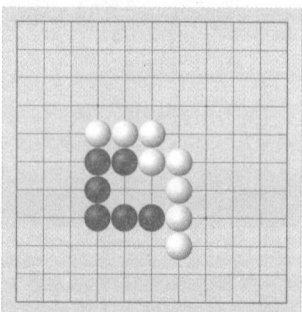
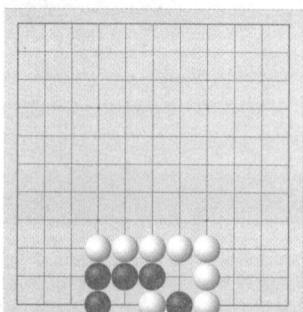

图 17 图 18

【方寸风雅】

赠棋者（节选）

北宋·范仲淹

一子贵千金，一路重千里。

精思入于神，变化胡能拟。

赏阅：

围棋中一步棋值千金，一路棋重千里。棋局中蕴含的奇思妙想已经达到了出神入化的境界，局势变化莫测，是其他事物都不能相比的。

本诗说明围棋的每一次落子都很重要，思路和变化很多，下棋者需全神贯注方能下好棋。

范仲淹（989—1052），字希文，苏州吴县（今属江苏省）人，北宋政治家、军事家、文学家，官至枢密副使、参知政事。范仲淹主张文章"应于风化"，善辞赋，有《范文正公文集》。

【手谈经纬】

棋者，以正合其势，以权制其敌。故计定于内，而势成于外。

——《棋经十三篇·得算篇》

赏阅：

下围棋时，要用正着适应局面的需要，同时也要随机应变以制约敌人。所以，内心经过计算，而计算的结果正确与否则通过局势显示出来。

【乾坤通识】

围棋常用术语（五）

1. 刺

刺就是直接针对对方的断点或薄弱的环节下一着棋，促使对方必应，在攻击中起着追杀、破眼等多种作用。图19中，白1刺，黑2只好接住。

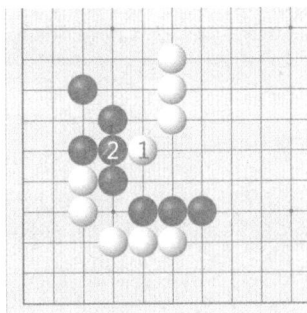

图 19

2. 托

托，指在边角上在对方棋子的下边落子，图20中，黑1就是托。托有托角、托边、托渡，具有占地、攻击、连络等多种意义。

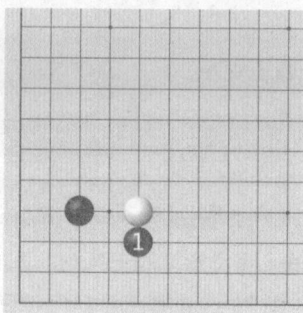

图 20

【知学思考】

1. 如何分辨非常规形状的真眼与假眼？

2. 联系实际，谈谈你对"计定于内，而势成于外"的理解。

【知行合一】

1. 与家人、朋友分享故事《真假美猴王》和范仲淹的《赠棋者》（节选），懂得事物是复杂的，要学会透过现象看本质。

2. 图21～图24中，白棋构成的眼是真眼还是假眼？若是真眼就在括号里画"√"，假眼就画"×"。

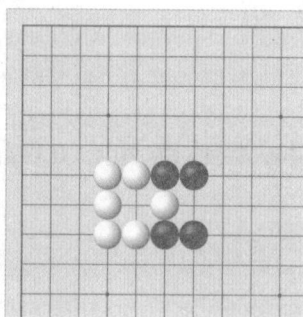

图 21（ ）

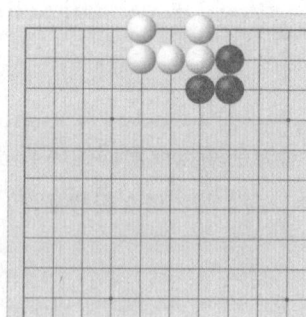

图 22（ ）

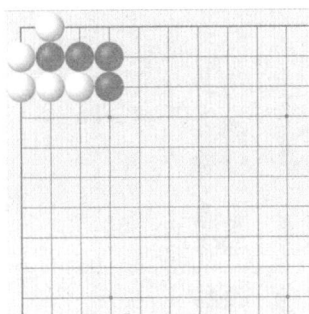

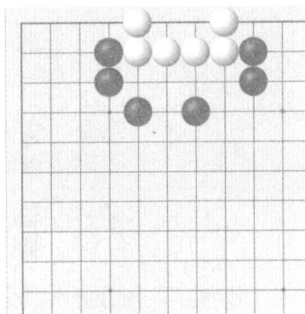

图 23 （　　）　　　　　　图 24 （　　）

3. 图 25～图 28 中的黑棋有几个真眼？请把答案写在棋盘下面的括号里。

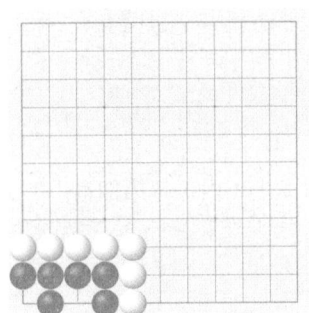

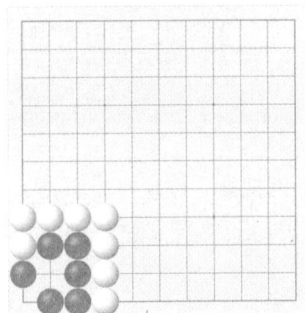

图 25 （　　）　　　　　　图 26 （　　）

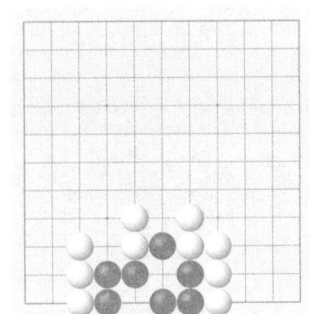

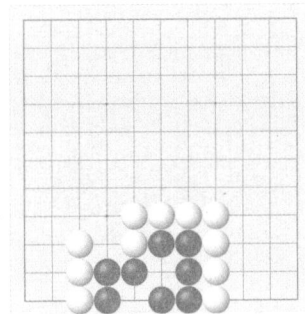

图 27 （　　）　　　　　　图 28 （　　）

4. 围棋游戏——营救白雪公主（一）

困在黑森林里的白雪公主如何逃走？规则如下：

（1）白棋（小矮人）先走，每次可以下两颗白子；

（2）黑棋（黑魔法）每次下一颗黑子阻挡白棋；

（3）白棋若将中央的一颗子（白雪公主）完全连接到黑森林外边，营救白雪公主的任务就算成功了。

（提示：白棋每次下两颗子，白棋要如何运用？）

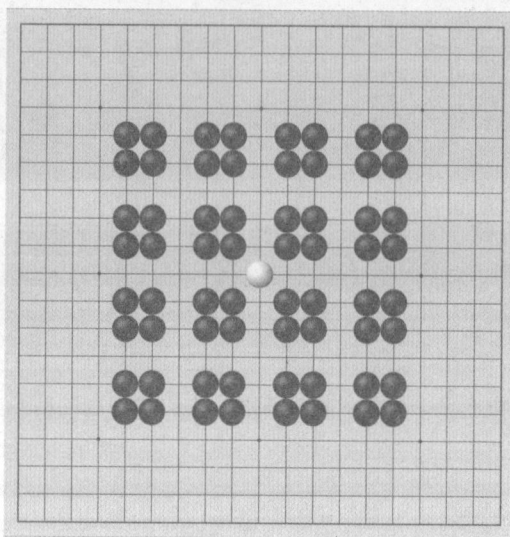

图 29

5*.名局精粹：上网搜索"徐星友（黑先）——黄龙士（白）（第四谱）"，观察棋局从落子到收兵的整个过程。

第二十一课 活棋与死棋

王粲复局

东汉时期，有一位叫王粲的大文学家，是"建安七子"之一。王粲极富文采，不仅以诗赋闻名于世，同时也是一位围棋高手。他有着惊人的记忆力，能将打乱之后的棋局重新摆出，且不错一子。

有一次，王粲在看别人下棋，其中一个人不小心打翻了棋盘，棋子散落了一地，两个下棋的人顿时束手无策，互相埋怨起来。在一旁观战的王粲劝解道："两位不要争吵，我可以帮你们恢复。"随后，王粲捡起地上的棋子，按刚才双方所下的棋势，重新摆了起来，果真不错一子。

过往的人看见有人居然能恢复棋局，纷纷过来围观，都觉得有些不可思议。有人就提出用布盖住棋盘，然后让王粲在另一副棋盘复原一遍。王粲胸有成竹，很快就摆出了刚才的棋局，大家揭开布一看，果然和原棋局一子不差。众人大开眼界，同声称赞神奇。有人问他："你是怎么记住这么复杂的一盘棋的？"王粲答道："围棋自有棋道，懂得了棋道，就变得简单了。"

阅读启示：该故事告诉我们，做任何事情，都要一心一意，且对知识的记忆不是死记硬背，而是要懂得规律和特征，融会贯通。

【基础知识】

活棋与死棋

在下棋过程中，棋盘上的棋子被包围之后，其死活就取决于这块棋能不能在对方的包围中做出可供活棋的两个眼。

　　具有两个或两个以上真眼的棋，对方无法吃掉，这样的形状叫作活棋，活棋是永远不可能被提掉的棋。例如，图1中的白棋就是活棋。只有一个眼或没有真眼的棋，若被对方包围，又无法救出来，就会成为死棋。

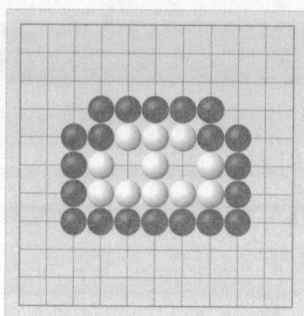

图1

　　图2中，黑棋是活棋。

　　图3中，黑棋只有一个真眼，所以是死棋。

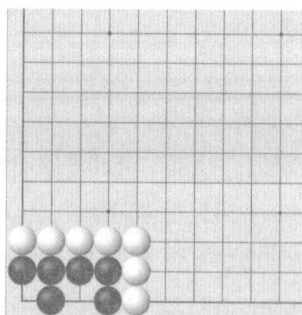 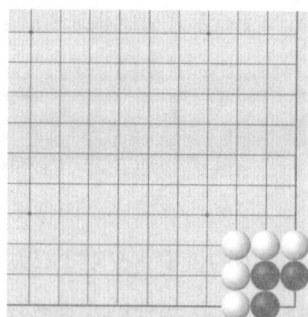

图2　　　　　　　　　　　　　图3

　　图4中，将来白棋通过白△二子紧完了黑棋的气之后，黑棋的眼已不再是禁入点，白走A位可以吃掉黑棋。

　　图5中，黑棋做出了两个真眼，就永远是活棋了。

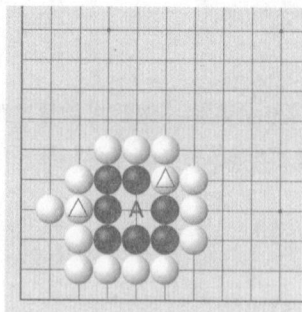 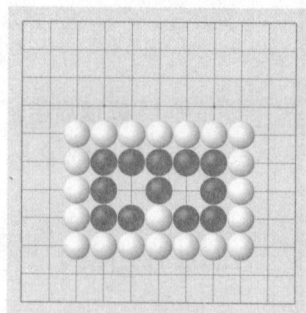

图4　　　　　　　　　　　　　图5

　　一般情况下，在角上做眼所需子较少，最容易活棋，其次是边上，再次是中腹。在实战中，一定要注意做眼，把棋做成活棋，阻止对方攻击。做两个眼就足够了。

图6中，角上黑六子围成A、B两眼，那么这黑六子就是一块活棋；上方中腹十颗子围成A、B两个眼，这块棋也是活棋。

图6、图7中，若要围成两个眼，在角上仅需六子，在边上最少需要八子，而在中腹则最少需要十子。

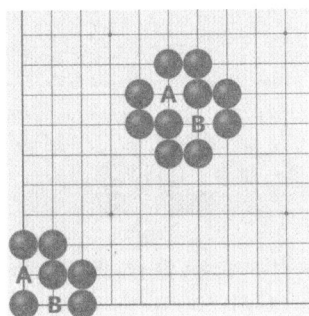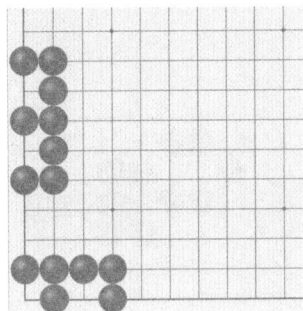

图6　　　　　　　　　　　图7

图8中，黑棋还有气，却被白方的棋子全部围住，在白方的包围圈内无法做成活棋，做不出两个眼，所以是死棋。

图9中，被包围的黑棋只有一个真眼A点，而另一只看似眼位却不是一个真眼B点，所以被围的黑棋是死棋。

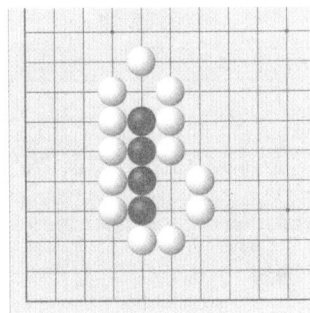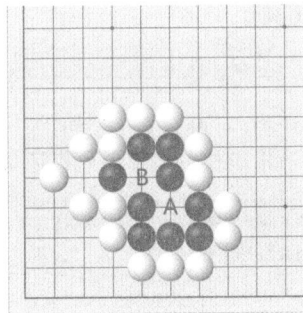

图8　　　　　　　　　　　图9

图10中，黑棋中央的眼虽只有两个肩膀，但剩下的A、B两个肩膀，黑棋总能占到一个，所以也是活棋。

图11中，黑棋是死棋。只有一个或没有真眼的棋，若被对方包围，又无法救出，就会成为死棋。

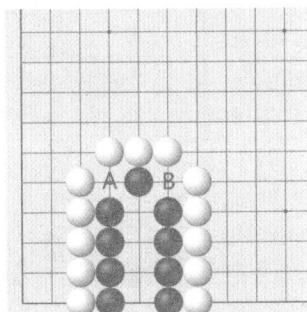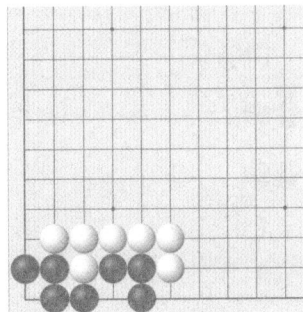

图10　　　　　　　　　　　图11

【基本技能】

1. 请判断图 12～图 15 中的黑棋有几个真眼，并把答案写在棋盘下面的括号里。

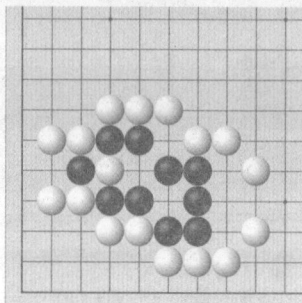 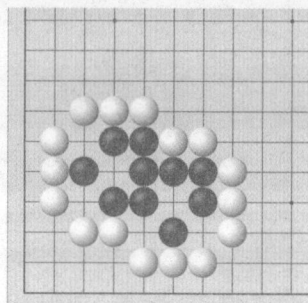

图 12（　　） 　　　　　图 13（　　）

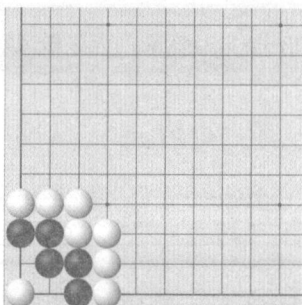 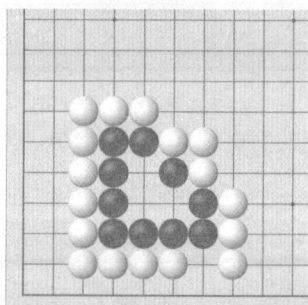

图 14（　　） 　　　　　图 15（　　）

2. 请判断图 16～图 19 中的棋形是死棋还是活棋。是活棋的在括号里画"√"，死棋的画"×"。

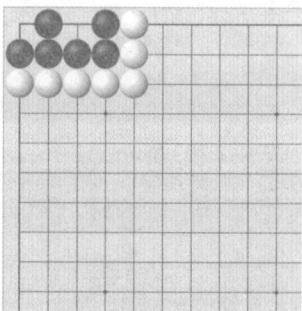 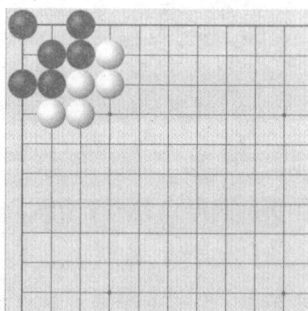

图 16（　　） 　　　　　图 17（　　）

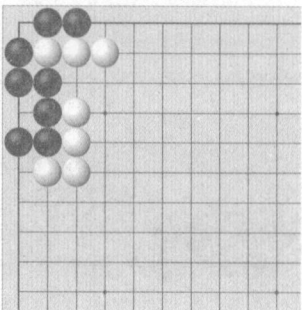 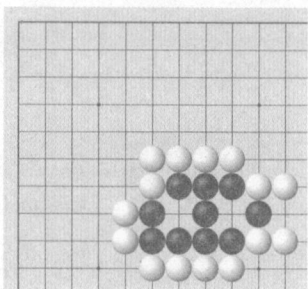

图 18（　　） 　　　　　图 19（　　）

【方寸风雅】

再赋弈棋五首

北宋·洪炎

不作丹朱戏，难禁清昼长。

敢言白玉局，聊取紫罗囊。

角道空传记，乘除自有方。

儿童争画纸，漫学老夫狂。

赏阅：

要不是下围棋，实在难以消遣漫长冷清的白天。以棋为戏，规则方法都不必太过拘泥，谋局布阵都在于自己的计算和预测。儿童看见围棋很有趣，争相拿纸自画棋盘，学大人下棋。

本诗写出了围棋的无穷趣味，既可消磨时间，又能让儿童也情不自禁地喜欢上。作者对围棋也有着自己的独特见解，认为走法千变万化，不能拘泥于书上的规则。

洪炎（1067—1133），字玉甫，南昌（今属江西省）人，宋代诗人，曾任秘书少监。他的诗歌忧愁凄苦而又潇洒落拓（tuò），具有很强的现实意义，是江西诗派早期重要诗人。有《西渡集》。

【手谈经纬】

权舆（yǔ）者，弈棋布置，务守纲（gāng）格。先于四隅分定势子，然后拆二斜飞，下势子一等。立二可以拆三，立三可以拆四，与势子相望可以拆五……《诗》曰："靡（mǐ）不有初，鲜克有终。"

——《棋经十三篇·权舆篇》

赏阅：

开局时，棋子下在哪些位置，一定要遵循基本要领与法度。先在四个星位布下势子，然后隔两路斜飞，比势子要差一等。立二可以拆三，立三可以拆四，与己方势子相呼应的地方可以拆五……《诗经》里说："事情都有一个开头，但很少能到终了。"

【乾坤通识】

围棋与十二生肖（上）

众所周知，十二生肖里有"子鼠、丑牛、寅（yín）虎、卯兔、辰龙、巳（sì）蛇、午马、未羊、申猴、酉（yǒu）鸡、戌（xū）狗、亥（hài）猪"等十二种动物，在围棋中也有与此十二种动物有关的术语。

1. 鼠——老鼠偷油

图20中，黑1点，白2挡，黑3断，白棋被杀；白2若在3位接，黑在2位溜走，手法很像偷东西的老鼠，也因此而得名。

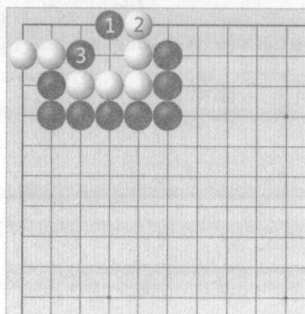

图 20

2. 牛——胀牯（gǔ）牛

图21中，黑1扑，白2提掉，但被黑3打后，1位是白的禁着点，无法落子，这被称为胀牯牛。

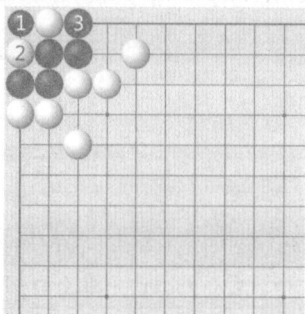

图 21

3. 虎——虎

在棋盘上，三个子呈犄（jī）角状，摆成虎口。图22中，黑走1位，A位所示位置被称为虎口，黑1也被简称为虎。

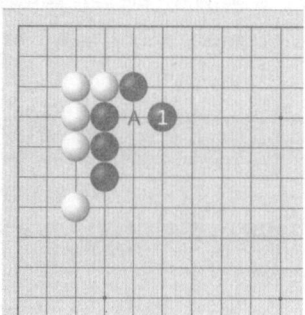

图 22

4. 兔——黄鹰搏兔

图 23 中，白△位扳时，黑 1 在一路点，白 2 再扳长气时，黑 3 在 1 路便是非常漂亮的手段。此后，黑弃掉 1、3 两子而将白滚打包吃。

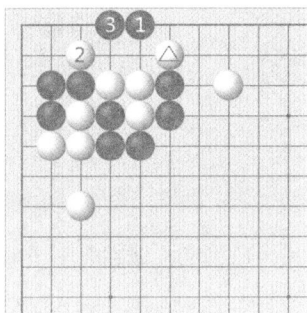

图 23

【知学思考】

1. 举例说明什么叫活棋、死棋。

2. 结合自身对弈或生活经历，谈谈你对"靡不有初，鲜克有终"这句话的理解。

【知行合一】

1. 与家人、朋友分享故事《王粲复局》和洪炎的《再赋弈棋五首》，懂得掌握事物的规律特征，不要死记硬背。

2. 图 24～图 27 中，判断棋形是死棋还是活棋。是活棋的在括号里画"√"，死棋的画"×"。

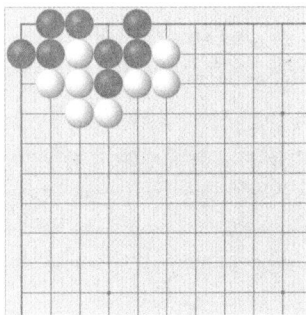

图 24（　　）

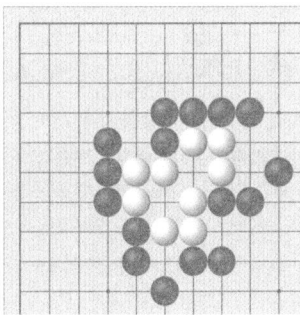

图 25（　　）

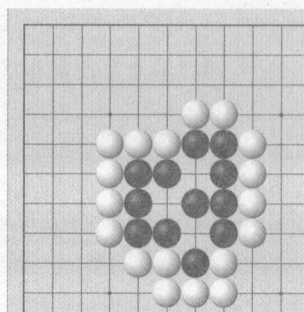
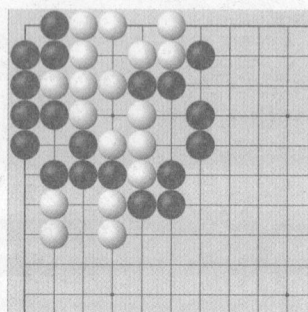

图 26（　） 图 27（　）

3.图 28～图 31 中，黑棋走在哪里可以做活？请在要下子的位置写"1"。

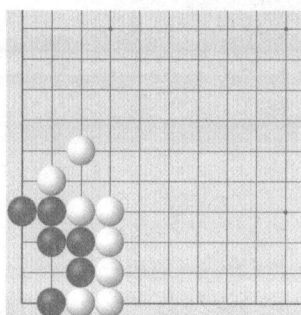
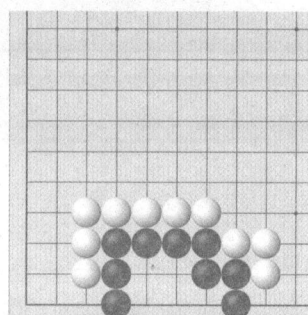

图 28 图 29

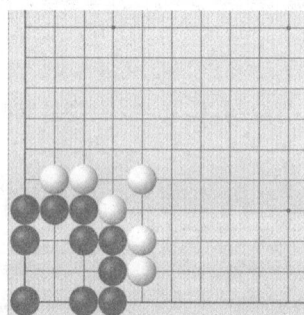
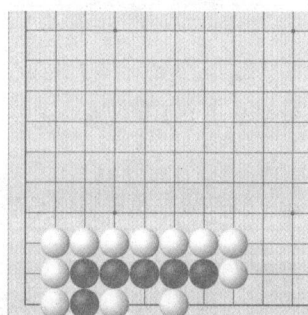

图 30 图 31

4*.名局精粹：上网搜索"徐星友（黑先）——黄龙士（白）（第五谱）"，明白不到局终，绝不轻言放弃。

第二十二课　围棋的基本死活

举棋不定

春秋时期，卫国国君卫献公不得人心，朝中大臣们都对他很不满。卫献公十八年（前559），大夫孙文子和宁惠子再也忍受不了卫献公的蛮横骄奢，通过军事政变把卫献公赶下了台。卫献公逃到齐国，齐国国君安置了卫献公，孙文子和宁惠子则拥立卫献公的弟弟（一说卫献公叔父）公子秋为国君，即卫殇（shāng）公。

后来，宁惠子临终前觉得驱逐国君是自己的错误，便叮嘱儿子宁喜把卫献公接回来。而身在齐国的卫献公听说宁惠子去世，也开始了复国活动。卫献公派人与宁喜联系，许诺自己复国后只掌管宗庙、祭祀（sì）等事，国政大事皆由宁喜掌管。宁喜听后很是心动，但不少大夫提出反对。他们认为当初宁喜的父亲宁惠子驱逐了卫献公，可现在宁喜又要迎回他，这就如同下棋，举棋不定肯定会失败，更何况是国君的废立。但宁喜独断独行，设计杀掉了卫殇公，迎回卫献公。

卫献公复位后，见宁喜专权傲慢，心生厌恶，又想起自己曾经被宁氏驱逐，在卫献公三十一年（前546）借别人之手除掉了宁氏势力，报了被驱逐之仇。

阅读启示： "举棋不定"，原意为拿着棋子，不知下哪一着才好。比喻犹豫不决，拿不定主意。当遇到难以抉择的事情时，我们应多听取别人的建议，仔细斟酌，最后做出决定。

【基础知识】

围棋的基本死活

在下棋的过程中，棋盘上的棋子被对方包围之后，它的死活就取决于这块棋能不能在对方的包围中做出可供活棋的两个眼。

大眼做活的口诀："两个格是一个眼，直三弯三补一手，方四是一个眼，丁四补一手，直四曲四两个眼，刀把五补一手，梅花五补一手，葡萄六补一手。"

大眼杀棋的口诀："两个格是一个眼，直三弯三可以点杀，方四是一个眼，丁四可以点杀，直四曲四是两个眼，刀把五可以点杀，梅花五可以点杀，葡萄六可以点杀。"

图1中，A位白棋用三颗子在角上做成一个眼；B位白棋用五颗子在边上做成一个眼；C位白棋用八颗子在中间做成一个眼。

图2中，黑棋内部是直三，所以黑棋走A位可做活。

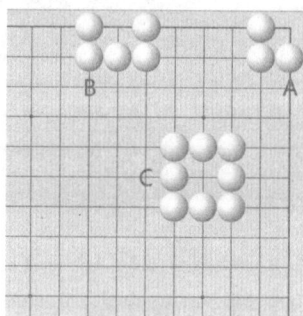 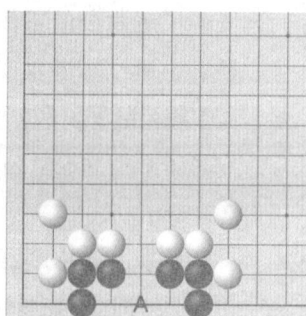

图1 　　　　　　　　图2

直一就是棋子在棋盘上围住了1个交叉点，黑棋围住的2个交叉点就是直二。

图3中，A位黑棋用七颗子围成了1个交叉点，是一个真眼。但黑棋无论如何也不能活，因为做活的最基本条件是要围2个交叉点，即两个眼。

图4中，A位不是禁着点，之后白棋可在黑棋围成A两点中依次下子提掉黑棋，因此直二是死棋。

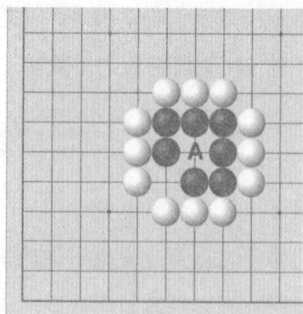 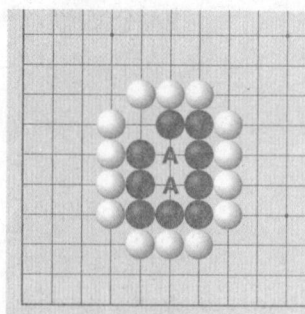

图3 　　　　　　　　图4

图5中，直三就是一方棋子在对方的包围中围成了3个交叉点，且3个交叉点一字排列。直三是活棋还是死棋，要看此时轮到谁先走。

图6中，弯三是围成3个交叉点，且1个交叉点在另2个交叉点的侧面。图中黑子所围成的交叉点就是弯三。

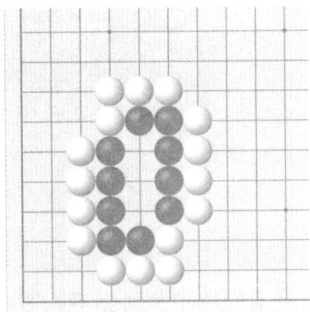

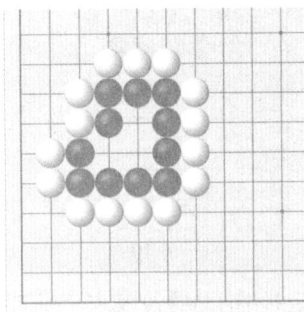

图 5　　　　　　　　　　　　　图 6

图7中，方四也称扳四，有4个交叉点，呈方形。

图8中，丁四也有4个交叉点，呈丁字状。

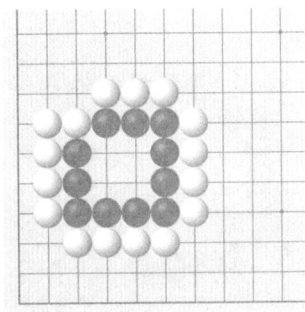

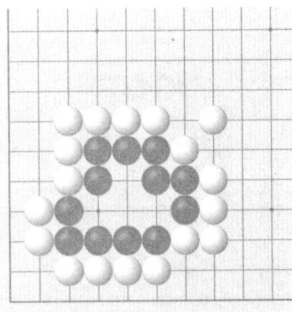

图 7　　　　　　　　　　　　　图 8

丁四的形状含有眼形，死活取决于谁是先手。例如，图9中，若轮到黑棋先手可走在A位，便成了三个眼，可活棋。若轮到白棋先手，也走A位，黑棋无法做活。

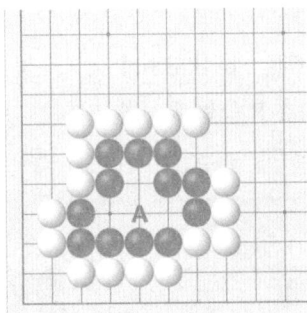

图 9

图10中，直四是在一条直线上围住4个交叉点。白棋走在任意交叉点上，黑棋都有两个做眼点（A点和B点）。直四的棋形无论在角上、边上还是中腹均为活棋。

图11中，曲四是包围4个非并排的交叉点，呈L状。

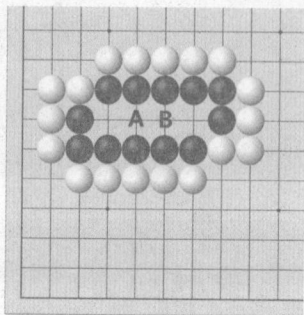 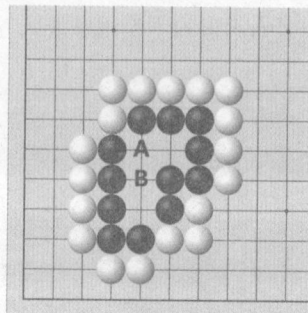

图 10　　　　　　　　　　　　图 11

图 12 中，刀把五是围住 5 个交叉点，呈刀把状，死活取决于谁是先手。图中 A 位是双方点眼的要点。

图 13 中，花五是一块棋子被包围时，围住的 5 个交叉点呈花朵状，死活取决于谁是先手。白先手走 A 位就做成了四个眼 B 点，如黑先手走 A 位，白便无法做活。

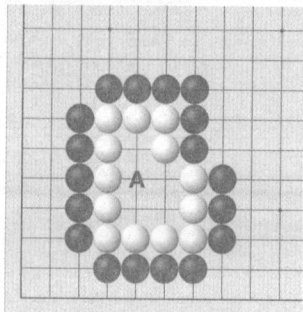 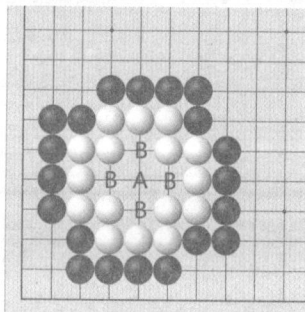

图 12　　　　　　　　　　　　图 13

图 14 中，花六是一块棋被包围时，围住的 6 个交叉点呈花朵状，死活取决于谁是先手。下图中腹的黑棋呈花六状，若黑先手走 A 位，黑棋做活。因此，花六也只存在一个做眼和点眼的要点，即图中的 A 位。

图 15 中，灵芝六是一块棋被包围时，围住的 6 个交叉点呈灵芝状。白呈灵芝六状，A、B、C、D 四点可以任意做活。黑点 A 位，白在 B 位做活；黑点 B 位，白在 A 位做活。若黑不走，白在 C、D 两点中任意一点也是活棋。

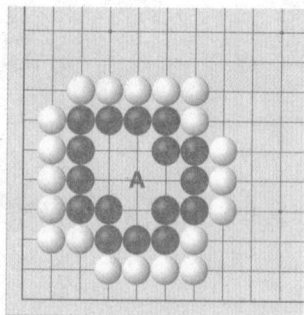 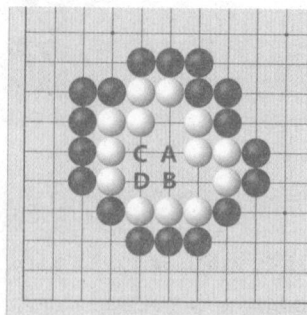

图 14　　　　　　　　　　　　图 15

图 16 中，扳六是一块棋被包围时，其围住的 6 个交叉点呈扳条状，它属于点不死的棋形，图中的白棋扳六就是活棋。若黑在 A 位点，白在 B 位走之后，黑在 C 位长，白在 D 位做眼；黑在 D 位长，白就在 C 位做眼。

图 17 中，聚七也叫金圭（guī）七，是一块棋被包围时，其形内的 7 个交叉点聚得很紧，图中的白棋就是聚七。白方先下在 A 位则可净活，黑方先下在 A 位则演变成双活。

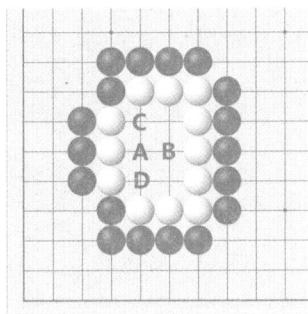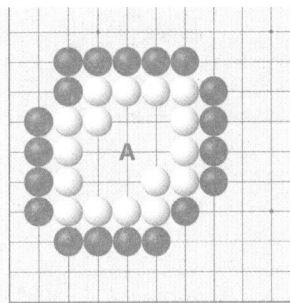

图 16   图 17

【基本技能】

1.（黑先）图 18～图 21 中，黑棋走在哪里可以杀死白棋？请在要下子的位置写"1"。

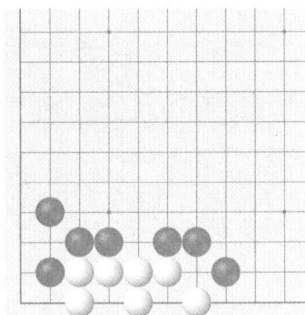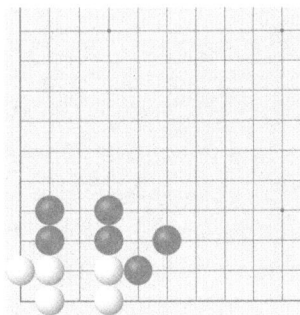

图 18   图 19

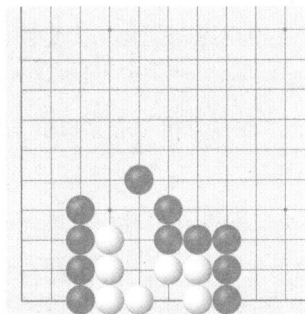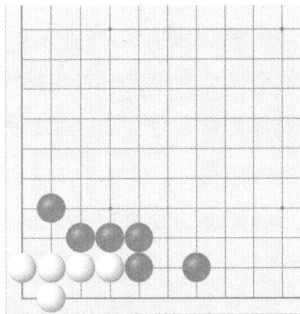

图 20   图 21

2.（黑先）图 22～图 25 中，黑棋走在哪里可以做活？请写出"黑 1、白 2、黑 3"三个步骤。

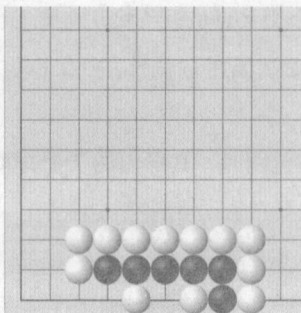
图 22

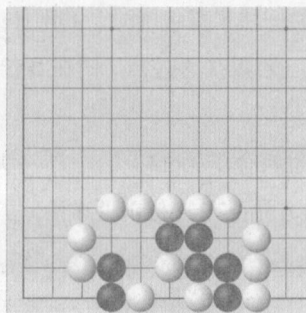
图 23

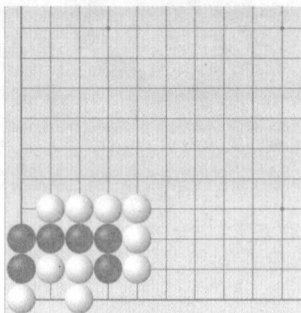
图 24

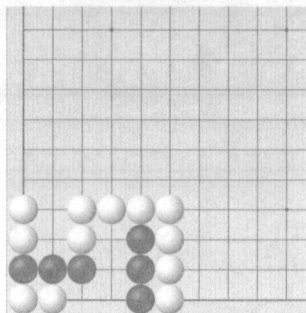
图 25

【方寸风雅】

访隐者

北宋·王安石

童子穿云晚未归，谁收松下着残棋。

先生醉卧落花里，春去人间总不知。

赏阅：

童子到云雾缭（liáo）绕的山上去了，很晚都没有归来，谁去收拾松树下这局残棋？先生喝醉了躺在花丛中，连人间的春天已经过去了都不知道。

本诗表现了隐者避世脱俗、率性自然的情怀，从中流露出作者对归隐生活的向往。

王安石（1021—1086），字介甫，号半山，抚州临川（今属江西省）人，北宋思想家、政治家、文学家、改革家，官至宰相。他前后的诗风有很大不同。前期诗作关心政治，同情人民疾苦；后期诗作，在对仗、典故、格律上精益求精，又吸收了王维诗歌的取境之长，进一步增强了艺术美。有《临川先生集》等。

【手谈经纬】

博弈之道，贵乎谨严……善胜者不争，善阵者不战，善战者不败，善败者不乱。

——《棋经十三篇·合战篇》

赏阅：

围棋之道，最难得的是严谨……善于战胜对手的不拘泥于争斗，善于布阵的不拘泥于作战，善于作战的可以战而不败，善于收拾败局的面对困境不会慌乱。

【乾坤通识】

围棋与十二生肖（中）

5. 龙——大龙

一块大棋被对方攻杀时才被称为龙，龙的生死决定着一局棋的成败。图26中，从左边连到中央的圆圈白棋被围歼。这块棋被杀，即称为大龙被屠。

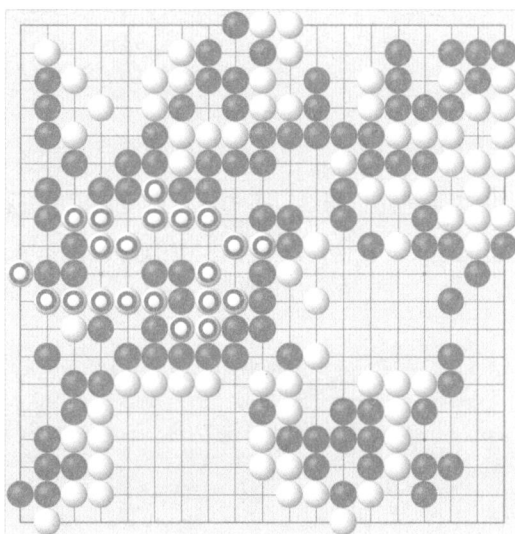

图 26

6. 蛇——两头蛇

一块有两只看似假眼却能做活的棋即为两头蛇。图27中，黑一块棋被白包围，上下各有一个眼，好像是假眼，但黑棋活了。因该棋首尾衔接，形状像蛇，故名两头蛇。

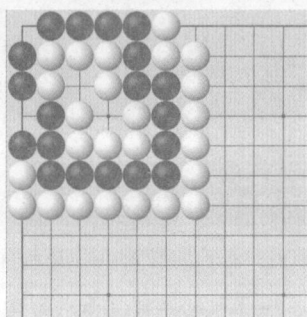

图 27

7. 马——马脸

图 28 中，白一块棋需出头，白走 1 位，形状似马脸，是在中腹整形出头的手段。

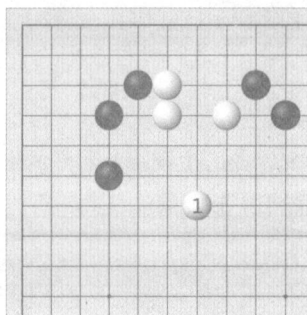

图 28

8. 羊——扭头羊

图 29 中，黑 1 打吃，白 2 以下逃跑，黑 3 以下追吃，白呈弯扭前进状，黑则紧紧打吃着白棋。白棋跑到 8 位时，黑走 A 位仍能吃下去，这种吃子手法为扭羊头。

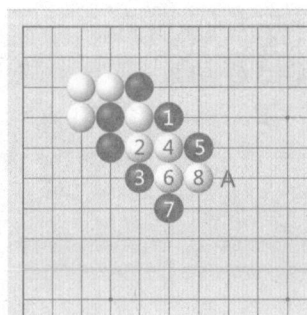

图 29

【知学思考】

1. 做活与杀棋分别有哪些常用技巧？

2. 谈谈你对"善胜者不争，善阵者不战，善战者不败，善败者不乱"的理解。

【知行合一】

1.与家人、朋友分享故事《举棋不定》和王安石的《访隐者》，懂得做事既不能刚愎自用，也不能举棋不定、犹豫不决。

2.（黑先）图30～图33中，黑棋走在哪里可以做活？请在要下子的位置写"1"。

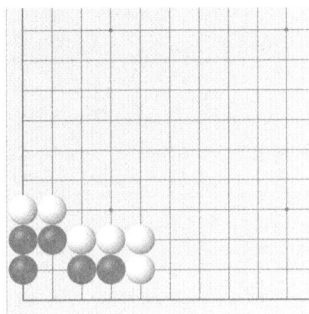

图 30

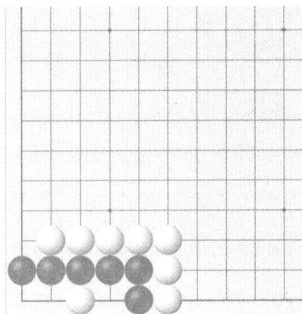

图 31

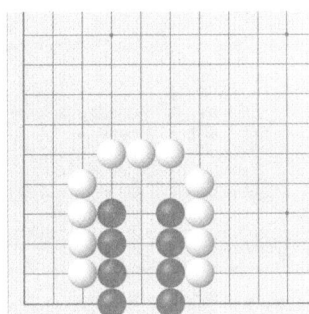

图 32

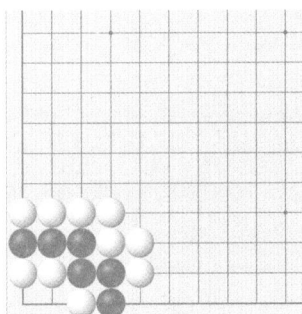

图 33

3.（黑先）图34～图37中，黑棋走在哪里可以杀死白棋？请在要下子的位置写"1"。

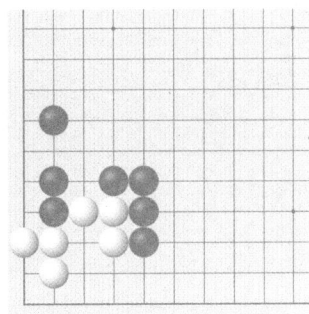

图 34

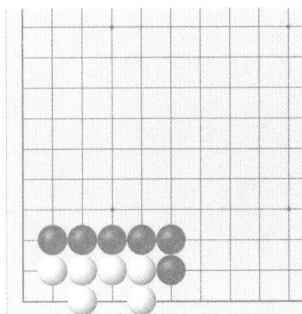

图 35

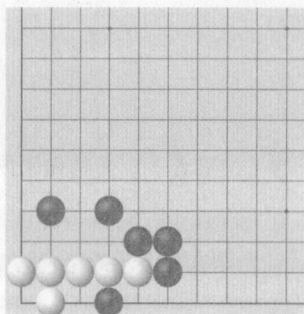

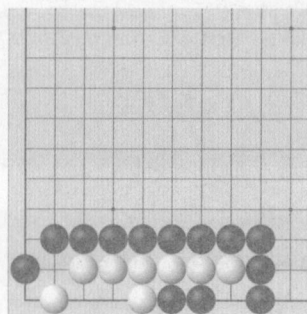

图 36　　　　　　　　　　　图 37

4. 围棋游戏——营救白雪公主（二）

图 38 中，困在黑森林里的白雪公主如何逃走？规则如下：

（1）白棋（小矮人）先走，每次可以下两颗白子；

（2）黑棋（黑魔法）每次下一颗黑子阻挡白棋；

（3）白棋如果将中央的一颗子（白雪公主）完全连接到黑森林外边，营救白雪公主的任务就算成功了。

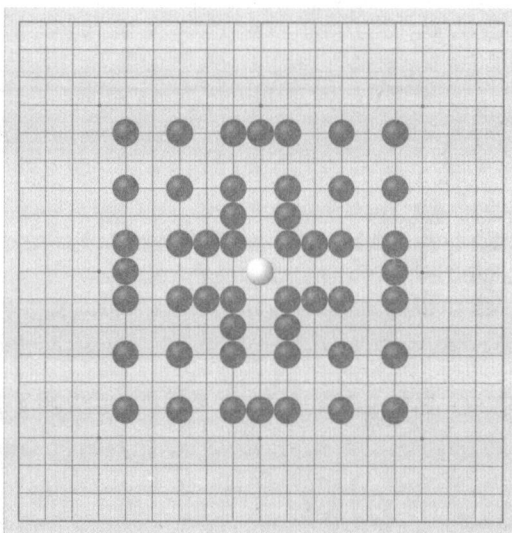

图 38

5*. 名局精粹：上网搜索"徐星友（黑先）——黄龙士（白）（第六谱）"，明白下棋不能好勇斗狠，不能过于执着于赢棋。

第二十三课　死活常型

【历史典故】

伴君伴虎

宋太宗爱好围棋，经常与棋待诏下棋。当时，棋艺最高的棋待诏叫贾玄，每次与宋太宗对弈，他总是不多不少仅输一子。宋太宗知道是贾玄让棋，开始时并不点破，但是时间长了就觉得无趣。

宋太宗执意让贾玄拿出真本事来与自己一决输赢，为了激发他还故意先让了三子。最后贾玄虽没有输棋，却下成了和棋。宋太宗很是失望，马上让贾玄和自己再下一盘。这一盘棋下到中盘时出现了三劫局，按规矩又该判作和棋。宋太宗很不尽兴，要求再来第三盘，并再次警告贾玄，最后一局他若胜了就能获赐绯（fēi）衣（获御赐绯衣在宋代是极大的荣耀），否则就把他抛进池中。结果这一盘棋依旧是和棋，宋太宗认为自己已经让了三子，所以判定贾玄输。但宋太宗刚命令侍卫将贾玄抓起来，贾玄就突然高呼起来，并将自己手中握着的一子拿了出来。宋太宗又好气又好笑，同时也知道了贾玄的棋艺水平相当之高，十分佩服，守诺赐给了他绯衣。正所谓"伴君如伴虎"，陪皇帝下棋可不是一件容易的事情，一着不慎就有可能引来杀身之祸。

阅读启示：真正喜欢围棋的人，以实力相拼为乐事。因此，对弈时应实事求是，以输棋讨好对方，对方未必高兴。

【基础知识】

死活常型

死活，包括杀棋和求活两大部分。活是一切构思、搏杀、围空、取胜的基础。解死活题时，有的需用缩小眼位法吃棋，有的则用点眼法和占据要点才能吃棋。

图1中，黑先如何做活？

图2中，黑1先打吃，确保角里的眼位，白2提，黑再于3位团做活。

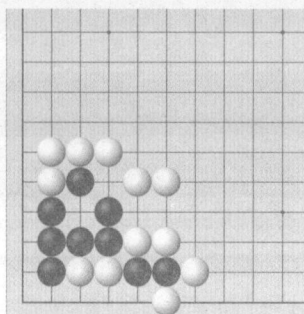
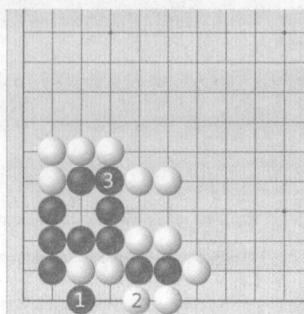

图1　　　　　　　　　图2

图3中，白棋存在缺陷。

图4中，黑1扳，先缩小眼位，白2挡，白形成五把刀，黑3点，正击白棋要害。

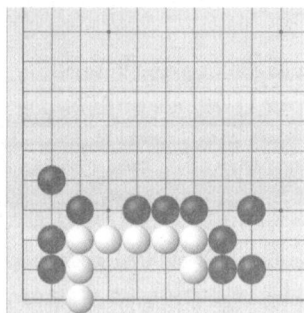
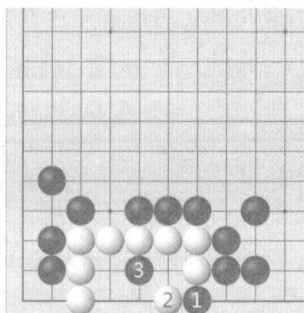

图3　　　　　　　　　图4

图5中，黑1点眼击中要害，白2立，黑3扑灭眼，白是死棋。若白2于3位接，黑3则于2位长，白仍是死棋。若黑1点先于3位扑，也可将白杀死。

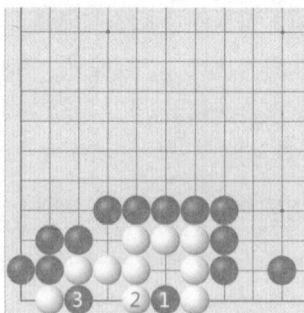

图5

图6中，黑先，如何做活？

图 7 中，黑 1 单纯做眼，下法错误，白 2 扳，缩小黑眼位，黑 3 立，白 4 灭眼，黑失败。

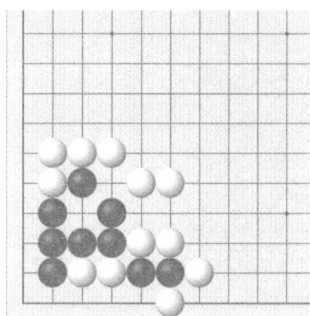

图 6

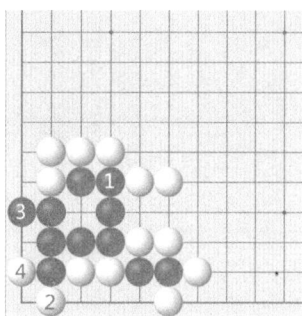

图 7

图 8 中，黑 1 打吃，确保角里的眼位，白 2 提，黑再于 3 位团做活。

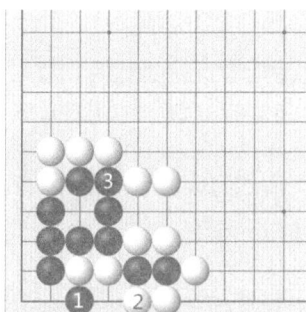

图 8

图 9 中，黑先，黑棋能吃掉白棋吗?

图 10 中，黑 1 爬，白 2 挡，黑 3 位的破眼与白 4 位的提黑三子见合。以下无论黑怎样走，白都是活棋。

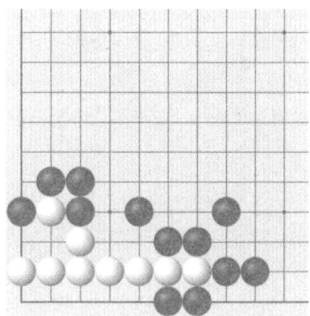

图 9

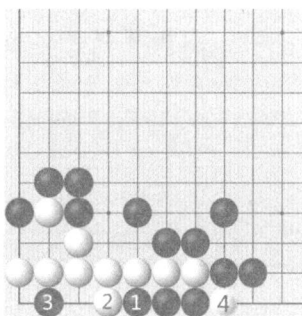

图 10

图 11 中，黑 1 点是好棋。杀棋中如直接缩小眼位不行，就要考虑用抢占要点的方法。白 2 如挡，黑 3 继续破眼，白 4 提二子，黑 5 再扑灭眼。

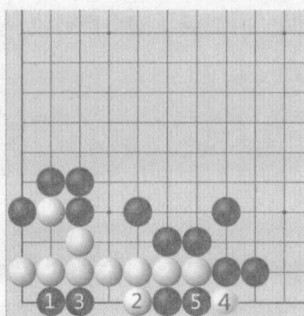

图 11

【基本技能】

（黑先）死活题。

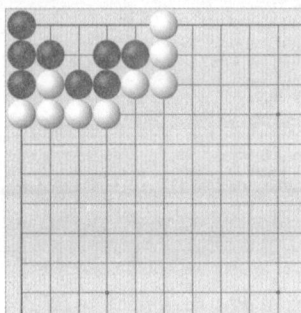

图 12

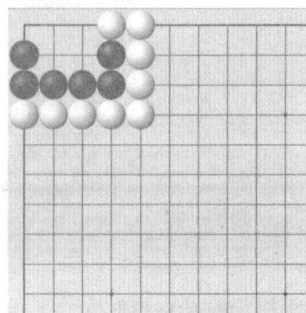

图 13

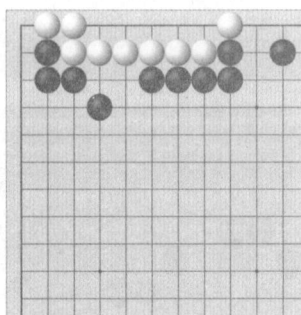

图 14

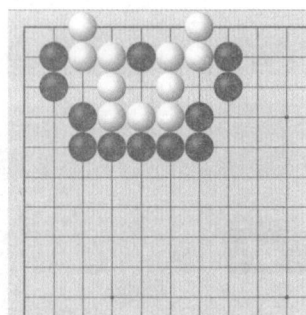

图 15

【方寸风雅】

与成季对弈

北宋·韩淲
biāo

一树寒梅秋未花，日边终是影横斜。

开轩戏把纹楸对，绿叶清声亦自嘉。

赏阅：

一树寒梅在秋天里还没开花，傍晚的阳光将横斜的枝干投射在地上。打开窗户闲逸地拿出围棋棋盘来与你对弈，看着绿叶，听着清亮之声，十分自得其乐。

本诗表达了作者对围棋的喜爱之情。在爽朗的秋季，优美的环境之下与友人对弈，仿佛能够忘却世间一切烦扰。

韩淲（1159—1224），字仲止，号涧（jiàn）泉，韩元吉之子，信州上饶（今属江西省）人。韩淲有诗名，与赵番（章泉）并称"二泉"，有《涧泉集》。

【手谈经纬】

弃小而不救者，有图大之心也。随手而下者，无谋之人也。不思而应者，取败之道也。

——《棋经十三篇·合战篇》

赏阅：

放弃局部的棋子不救的人，有谋图全局大利的雄心。随手落子的人，是没有谋略的棋手。不假思索而仓促应对的人，是自取失败的做法。

【乾坤通识】

围棋与十二生肖（下）

9. 猴——猴子脸

图16中，白1作成猴子脸，看似轻飘飘的，但是黑棋再调遣兵力，也不能隔断白1与上面三颗子的联络。

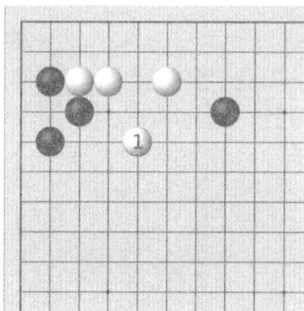

图16

10. 鸡——金鸡独立

图 17 中，白棋里面一颗看起来已经被吃掉的黑子突然立下。白两边都不能紧气，就像是一只雄鸡单腿站立，别人不能近身，只能眼看这块白棋被吃掉。黑 1 就是金鸡独立。

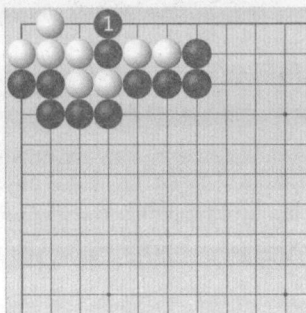

图 17

11. 狗——天狗顶鼻

图 18 中，黑两边似已被分断，但黑 1 从一路鼻顶，称天狗顶鼻。因为白两颗子气紧，只能回头去吃黑二子，从而，黑左右得以安全联络。

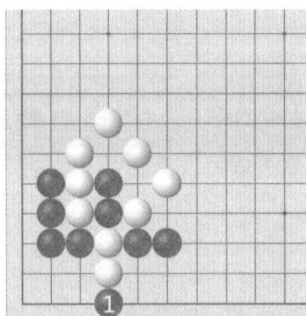

图 18

12. 猪——大猪嘴和小猪嘴

图 19 中的这块白棋，被黑 1 扳后，白将被净杀。因棋形很像一个猪嘴，故名大猪嘴。图 20 这块白棋，被黑从 A 位点后，只能打劫求活。相对于图 19，则被称为小猪嘴。

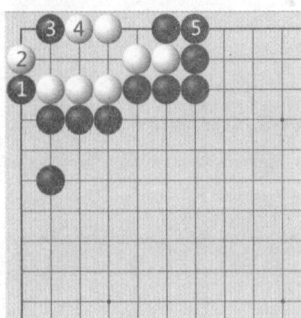

图 19

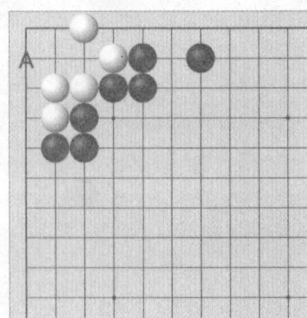

图 20

【知学思考】

1.解死活题的关键是什么?

2.结合自身弈棋经历,谈谈你对"不思而应者,取败之道也"的理解。

【知行合一】

1.与家人、朋友分享故事《伴君伴虎》和韩彪的《与成季对弈》,体会对弈时自得其乐的心境。

2.(黑先)图21~图24中,黑棋怎么下才能吃住白棋?请写出"黑1、白2、黑3"三个步骤。

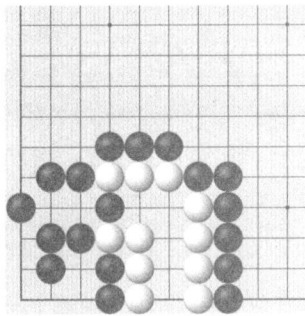

图21

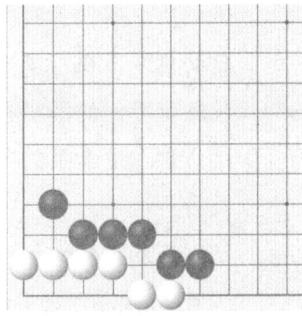

图22

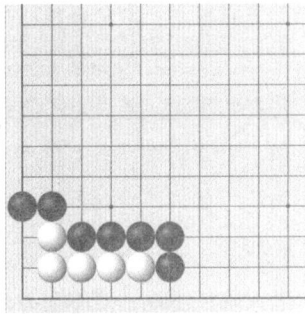

图23

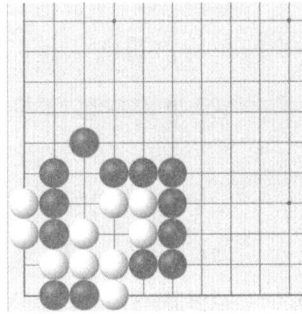

图24

3*.名局精粹:上网搜索"徐星友(黑先)——黄龙士(白)(第七谱)",感受小小棋盘上的风云变幻。

玄奘解棋

第二十四课 对杀

唐玄奘西天取经的故事，在民间流传很广。据说，玄奘自幼喜爱下棋，家中收藏着历代的围棋秘谱，是一位十足的围棋高手。

后来玄奘为了钻研佛经，决心西行去佛学的发源地取经。他于贞观十三年从都城长安出发，骑马独行。一天，他走在酷热干燥的沙漠中，接连几天都没有找到水喝，晕倒在地，幸好被一位骑马的老者救起。玄奘得救以后就急着辞谢西行，但老人劝他不要独自穿越大戈壁，可是玄奘态度坚决，一心西行。于是，老人便和玄奘以下棋为约，若玄奘能胜，老人便助他穿越戈壁。

于是，两人在茫茫戈壁滩上对弈起来。老人是当地有名的围棋高手，二十岁时便已被誉为"沙海第一"棋手。玄奘也精通棋艺，曾有人评价他的棋"布局工整，奇正迭（dié）出，取舍各尽其妙"。第一局玄奘得胜，但仅胜一子。第二局激战，老人临危不乱，使尽全力，终于拼成和局。老人赞道："高僧巧而善战，精弈有神解也，恰如尊容之异彩，极富神韵之至。"随后，老人将自己所骑的识途老马赠与玄奘。玄奘感激不尽，辞别老人，继续西进，沿途历尽艰难险阻，终于到达印度，实现了取经的宏愿，促进了中印文化交流，为唐代佛教文化的发展作出了重要贡献。

阅读启示： 唐玄奘独自一人穿越沙漠所彰显出的坚韧意志、坚定信念，以及不畏困难、敢于实践的精神值得我们学习。

【基础知识】

对　杀

双方棋子互相包围，且都无法做活或逃跑，只有吃掉对方的棋才可以救活自己的情形，叫对杀。对杀分为单方有眼对杀、双方有眼对杀与双方无眼对杀三种。

图1中，黑三子与白三子互相分断，都不能逃跑，那么就要比双方的气。气相等时谁先紧对方的气就能吃掉对方。

图2中，黑●四子和白△四子形成了对杀。白棋现在有一个眼，黑棋没有眼，这就是单方有眼对杀。

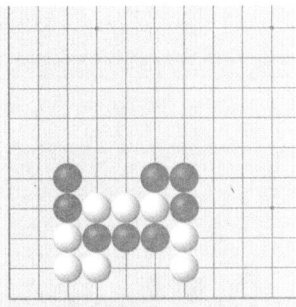

图1

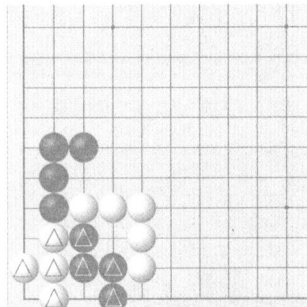

图2

图3中，黑●七子和白△五子形成了对杀。白棋现有一个大眼，黑棋也有一个眼，这是双方有眼对杀。

图4中，黑●四子和白△四子互相包围，双方都做不活也跑不掉，形成了对杀，这是双方无眼对杀。

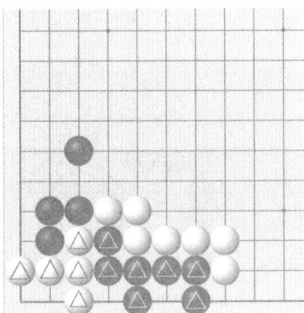

图3

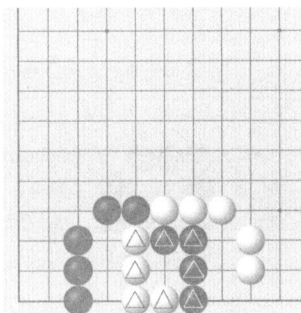

图4

对杀不仅直接决定局部作战的胜负，而且对棋局的最终胜负也有较大的影响。对杀的技巧口诀为："平气先动手，长气杀短气，短气想手筋（手筋，是指棋盘上特别漂亮的手段），有眼杀无眼，长气杀有眼。"

图5中，黑先，黑棋两颗子与白棋两颗子形成对杀，且都只有两口气。

图6中，黑1先收气，结果黑杀白。这就是"平气先动手"。

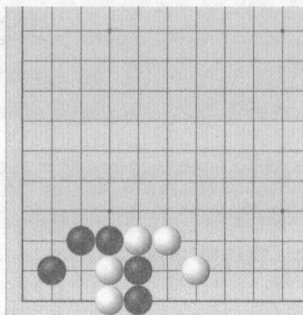

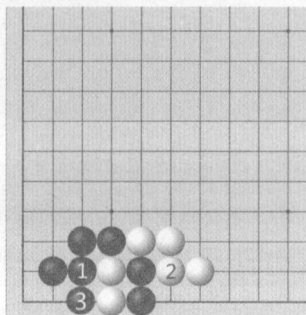

图5　　　　　　　　　　　图6

图7中，若白棋先走，白1先收气，结果白杀黑，符合以上口诀。

图8中，黑棋三口气，白棋两口气，黑棋不用下子，白棋已经死了。这就是"长气杀短气"。

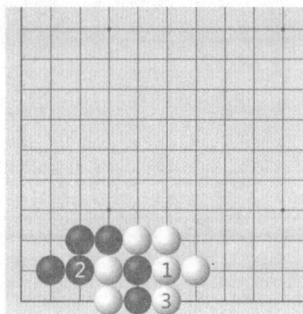

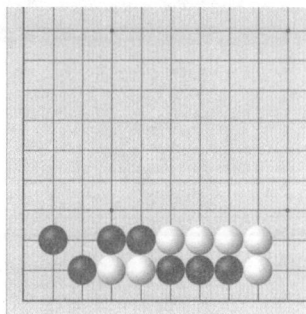

图7　　　　　　　　　　　图8

图9中，黑1尖，白2只能紧暗气，黑3叫吃白棋。这就是"短气想手筋"。

图10中，若黑1紧白棋的外气，白2打吃，黑棋先死，所以黑棋这里要手筋。

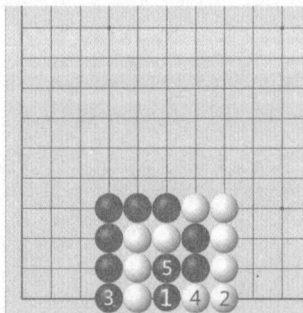

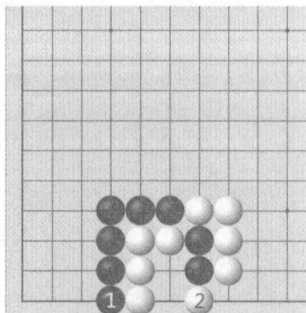

图9　　　　　　　　　　　图10

图11中，白棋在右上角有一个假眼，轮到黑棋落子，黑先扑一个，白棋无法做眼。若白想杀黑右上角，则必须把黑1位填上，但黑棋只须在外面，黑A位挡一下，则白棋不敢把棋走在B位。而右上的黑棋因为有一个眼位，想杀它必须先紧外面的气。这就是"有眼杀无眼"。

图12中，黑1挡下，白只剩一口气，不能打吃右边黑棋，必须先提掉上边黑2子，但黑被提后，

再送一子，白只能吃，然后黑提掉右上全部白子。右上白虽然有眼，但因外面黑棋的气多了一气，白棋来不及救。这就是"长气杀有眼"。

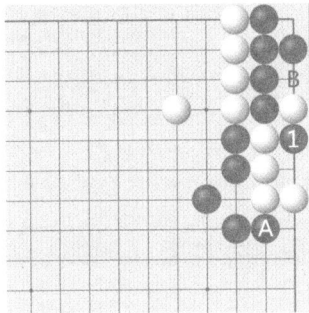
图 11

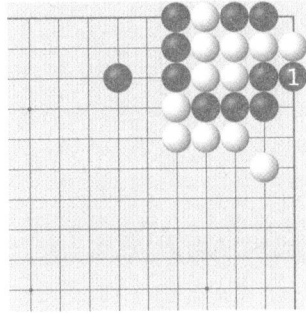
图 12

【基本技能】

图13、图14中，黑白对杀，黑棋应下在何处？请写出必要的过程。

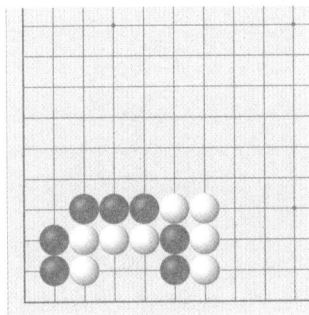
图 13

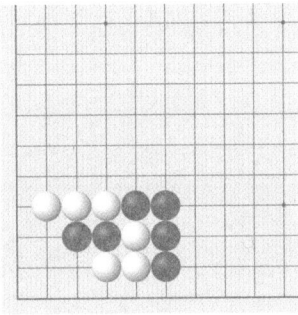
图 14

【方寸风雅】

闲夜围棋作

北宋·寇准

归山终未遂，折桂复何时。

且共江人约，松轩雪夜棋。

赏阅：

归隐山林的想法最终也未能如愿，登科取仕也遥遥无期。暂且放下心来，随缘而作，在下雪的晚上与友人相约在植有松树的住所对弈。

作者出世、入世都不能如愿，矛盾的心情最终寄托在围棋上才得以缓解。可见围棋是一种能安抚人心、怡情养性的游戏。

寇准（961—1023），字平仲，华州下邽（guī）（今陕西渭南东北）人，北宋政治家、诗人，曾任宰相。寇准性格豪爽，力主抗辽，他的诗多清新之句，有《寇忠愍（mǐn）公诗集》。

【手谈经纬】

投棋勿逼，逼则使彼实而我虚。虚则易攻，实则难破。临时变通，宜勿执一。《传》曰："见可而进，知难而退。"

——《棋经十三篇·虚实篇》

赏阅：

下棋不要过于靠近对方，过于靠近就会造成对手坚实而我方薄弱。薄弱就容易被攻破，坚实就难以被击溃。方法要随机应变，不要拘泥于一种。《易传》说："见到合适的机会就主动进攻，知道难以成功就主动撤退。"

【乾坤通识】

围棋常用术语（六）

1. 退

退是在双方棋子相互接触时，将被对方棋子挡住的己方棋子向己方原来的方向退回一步，是先守后攻、以退为进的战术手段。图15中，黑A子挡住了白△子，白1向后，也就是向原方向退一着。

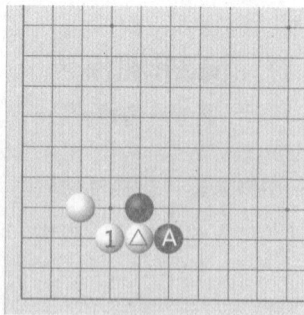

图15

2. 碰

碰是在紧挨着对方棋子的地方单独下一子，可以试探对方虚实、强弱，可以用于侵入，也可以用来完善己方的棋形。图16中，黑1单独下在白△旁边，这就是碰。

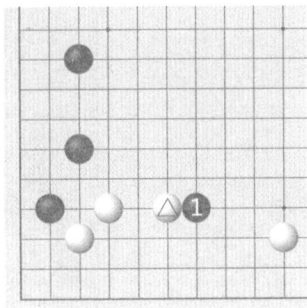

图 16

3. 压

压是在对方的棋子上面紧挨着下子，多数是将对方棋子压在低位的着法。图 17 中，黑 1 就是在白子上边着棋，而且是把白棋压在低位。

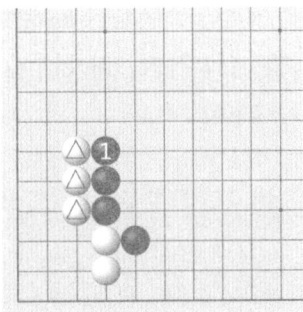

图 17

【知学思考】

1. 对杀可分为哪三种类型？为什么对杀中，气很重要？

2. 谈谈你对"见可而进，知难而退"的理解。

【知行合一】

1. 与家人、朋友分享故事《玄奘解棋》和寇准的《闲夜围棋作》，学习唐玄奘不畏艰险，西行取经的精神，感悟下棋人心悦神怡的状态。

2. 图 18、图 19 中，黑白对杀，黑棋应下在何处？请写出必要的过程。

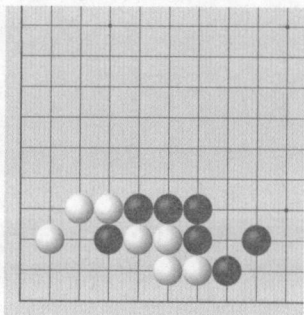
图18

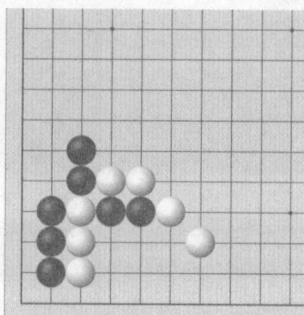
图19

3. 围棋游戏——两军对垒

图20中，黑白两军对垒，最后到底谁会取胜呢？规则如下：

（1）黑先，黑白子每次可任意向前或向后移动一子，移动的步数不限；

（2）黑白子相遇时，不能跳过对方的棋子，只能不动或后退；

（3）一方三颗子全部被逼退至底线无法动弹时，游戏结束。

（提示：胜负与对称有关，黑先可以不败。）

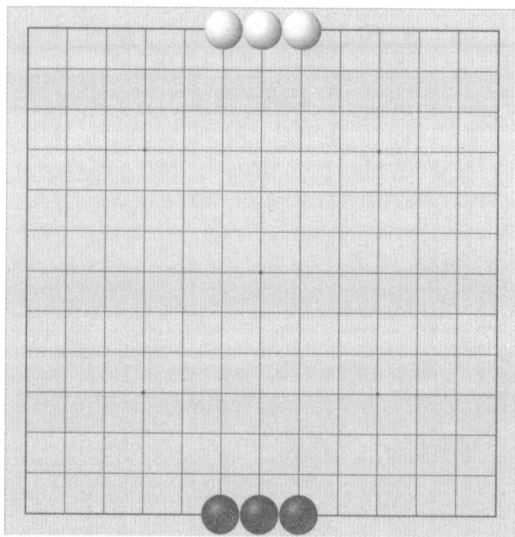
图20

4. 名局精粹：上网搜索"梁魏今（黑先）——范西屏（白）（第一谱）"，体会人生如棋，只有知彼知己，才能百战百胜的道理。

本单元教学建议

◎教学目标

1.掌握真眼、假眼、活棋、围棋的基本死活、死活常型、对杀的概念和行棋技巧。

2.掌握虎、刺、托、退、碰等围棋常用术语。

3.了解并掌握《棋经十三篇》等基本棋理。

4.懂得下棋要随机应变，"围棋之道，贵在谨严""见可而进，知难而退"等棋理，正确看待输赢荣辱。

◎教学重点

1.能正确判断真眼与假眼，掌握分辨围棋基本死活的方法。

2.了解死活常型的基本概念。

3.掌握下围棋时常用的对杀技巧。

◎教学难点

1.分辨非常规形状的真眼与假眼。

2.掌握围棋的基本死活、死活常型的基本特点。

3.掌握常用的对杀技巧。

◎广览博学

1.搜索、阅读《棋经十三篇》（得算篇、权舆篇、合战篇、虚实篇）。

2.搜索、阅读班固的《弈旨》。

3.搜索、阅读应玚（chàng）的《弈势》。

4.搜索、阅读沈约的《棋品序》。

5.搜索、观看视频《围棋人机大战 AlphaGo VS 李世石》（一）。

6.搜索、观看视频《围棋人机大战 AlphaGo VS 李世石》（二）。

7.搜索、观看视频《围棋人机大战 AlphaGo VS 李世石》（三）。

第四单元

布局

本单元概述

  本单元安排的课程内容和教学目标是：引导学员了解围地、占角、守角与挂角、角部与边上的常见死活、布局常识、布局中的拆与逼、布局中的高低协调、布局中的大场与急所、基本定式等行棋技术；通过学习《百龄对弈》《季高对弈》《一子解双征》等历史典故，懂得下棋要实事求是，并善于向棋艺高的对手学习；通过赏阅《景逊以诗招棋因答》《约客》等古诗，学会用一颗诗心观察人生，体会对弈者的闲情逸致；通过理解《棋经十三篇》中的名句，明白"自知者明""躁而求胜者多败""穷则变，变则通，通则久"等棋理。

第二十五课 围地

【历史典故】

百龄对弈

明朝时期，有一位擅长围棋的高官叶向高，论围棋朝中无人是他的敌手。一次叶向高经过无锡，听说有一位天资聪颖的棋手过百龄，名震江南。叶向高便郑重地写了请柬请过百龄与自己对弈。

过百龄应邀前来后，叶向高见过百龄原来是个年仅十一岁的童子，心中十分失望。可是等到两人一交手，叶向高才发现自己根本不是过百龄的对手。三局后，过百龄的父亲偷偷地拉过他说："叶公官居高位，你要手下留情。"过百龄却坚定地说："故意输棋取悦对方的事我不会做，何况叶公大度，也不会怪罪我一个小小童子的。"叶向高听见了过百龄的话，起身钦佩地对过百龄的父亲说："令郎聪明机智，又性情耿直，将来必成栋梁。"

之后叶向高就离开无锡回到了京城。一次他与同僚对弈，连连得胜，同僚赞他为"棋坛国手"。叶向高却连连摆手道："不瞒大家说，我曾经败在无锡一个十一岁的童子手上啊。"过百龄在得到叶向高的赞许后，继续勤奋学习，并潜心研习棋谱棋理，最终成为棋艺高超的一代国手。

阅读启示：过百龄不因对方官居高位而害怕，不故意输棋讨好对手；叶向高也不因自己身居高位而趾高气昂，咄咄逼人。这个故事告诉我们，下棋要实事求是，全力以赴；学棋要坚持不懈，不断提高棋德棋艺。

【基础知识】

围 地

围棋的胜负最主要的是要多围占棋盘上的交叉点，以最少的棋子围成最大的地域为目的，常用口诀为："金角银边草肚皮；三线四线为主，二线五线辅助；织网围地；高低配合多。"

图1中，同样用十二颗黑子去围地，在中央只围4个交叉点，在边上围了12个交叉点，在角上围了30个交叉点。由此可知，围角地最大，边次之，中腹最小。

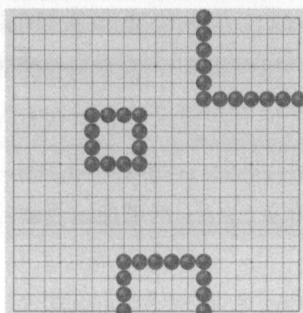

图 1

图2中，白棋用六十四颗棋子围得72个交叉点，而黑棋只用了五十六颗棋子，围得169个交叉点，棋子下在二路吃亏了。

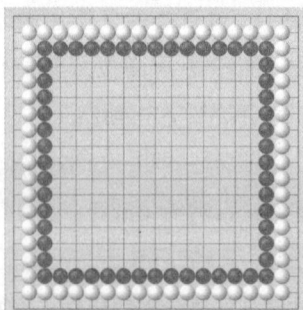

图 2

图3中，白方在三路围了所有的角和边，用五十六颗棋子围了136个交叉点，而黑方用四十八颗棋子围了121个交叉点。从上面数字看，白方稍微亏了些，但是黑方的空一旦被白方突破，后果不堪设想。

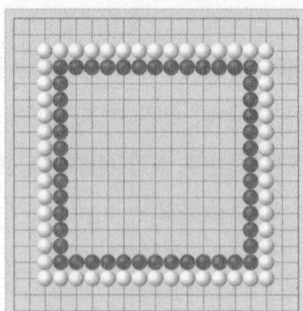

图 3

图 4 中，黑棋用十九颗子围了右边所有的边空，而白棋只用九颗子就围了左边所有的边空，白棋效率更高。

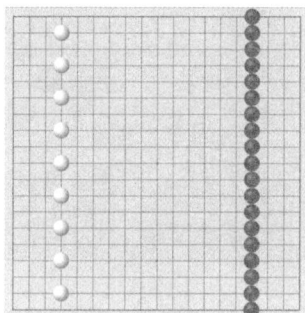

图 4

此外，占领地域也要考虑战斗的可能性。以做眼为例，角上的眼比边上的眼好做，边上的眼又比中腹好做，不论作战还是占地，角上比边上重要，边上比中腹重要。

图 5 中，在角上做活需要六颗子，而在边上做活需要八颗子，在中腹做活需要十一颗子，因此，开局时一定要先占角部。

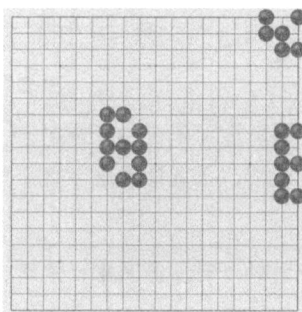

图 5

【基本技能】

图 6～图 9 中，黑白双方谁的下法效率更高？请把答案写在棋盘下面的括号里。

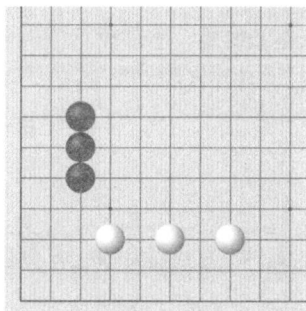

图 6（　　）

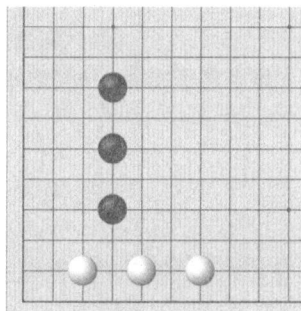

图 7（　　）

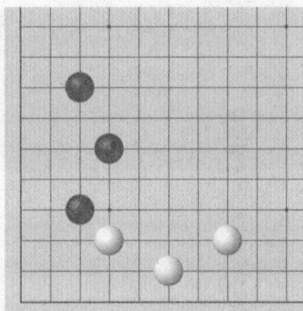
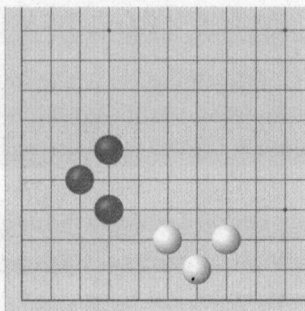

图 8（　　）　　　　　图 9（　　）

【方寸风雅】

景逊以诗招棋因答

北宋·文同

待阙官期远，侨居客思多。

许时闲日月，愿与局中磨。

赏阅：

等待补缺的任命书总是遥遥无期，寄居他乡思乡之念格外多。许多闲着等待的日子，下棋消磨倒还不错。

本诗作于作者等候朝廷任命之时，漫长时光难以消遣，只有围棋还能遣怀，反映出围棋是文人士大夫的一种雅好。

文同（1018—1079），字与可，号笑笑居士，梓（zǐ）州永泰（今四川盐亭县东北）人，北宋画家、诗人，曾任太常博士、集贤校理等职。他以学名世，擅诗文书画。有《丹渊集》等。

【手谈经纬】

夫智者见于未萌，愚者暗于成事……《老子》曰："自知者明。"

——《棋经十三篇·自知篇》

赏阅：

聪明而有远见的人，在事物发生前就能看出苗头与动向；愚昧的人，即使事情已完成也不明白其中的道理……《老子》说："能正确认识自己的人是明智的人。"

【乾坤通识】

围棋比赛中的让子方法

在日常围棋交流比赛中，若对局双方棋力差距较大，棋力弱的一方便没有获胜的机会。这时，为让棋力弱的一方重新找回平衡，可采取让子的方法。

让子，也称为受子、贴子。让子通常有让先、让二子、让三子……让九子等，让先可以理解为让一子，即让下手执黑棋先下，终局不贴目。让二子以上时，黑棋先在棋盘上的星位摆上相应的子数。

让先棋比赛中，黑棋先行，黑棋超过 180.5 子即可获胜。若刚好 180.5 子，则双方和棋。

让二子以上的比赛中，白棋先行，黑棋需超过 180.5 子加让子数的一半，才能获胜。举例说明，在让五子中，黑棋需要超过 $180.5 + 2.5 = 183$ 子，才能获胜，若正好是 183 子，则双方和棋。

【知学思考】

1.用二十颗棋子，在角部、边上和中腹去围空，角、边、中腹各能围多少交叉点？

2.联系实际，谈谈你是怎样理解"自知者明"这句话的。

【知行合一】

1.与家人、朋友分享故事《百龄对弈》和文同的《景逊以诗招棋因答》，懂得学艺要实事求是，要谦逊，要有恒心。

2.图 10、图 11 中，A、B 两点对比哪一点的效率更高？请把答案写在棋盘下面的括号里。

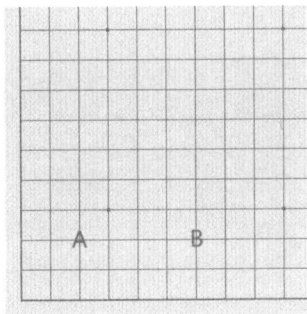 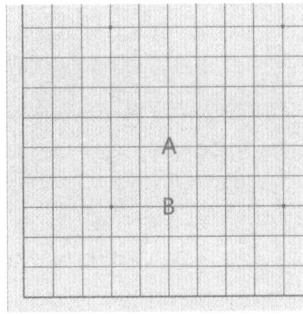

图 10（   ）　　　　　　图 11（   ）

3.图 12～图 15 中，黑白双方谁的下法效率更高？请把答案写在棋盘下面的括号里。

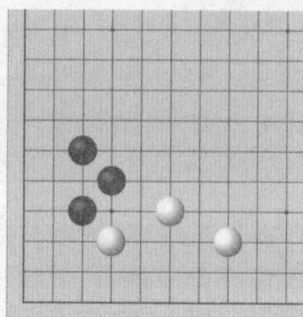

图 12（　　）

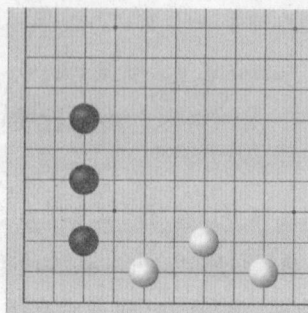

图 13（　　）

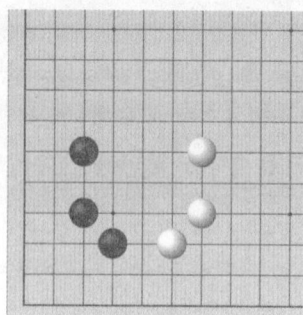

图 14（　　）

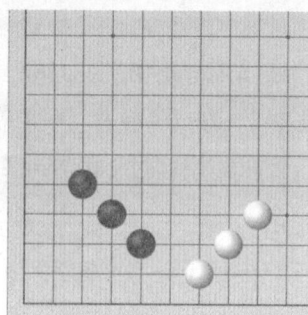

图 15（　　）

4.围棋游戏——张飞捉曹操

图 16 中，黑脸张飞（黑子）要利用"关门"的技巧，把白脸的曹操团团围住。规则如下：

（1）天元先放一颗白子，代表曹操。

（2）白子每次移动一步（上下左右）。

（3）白子四面被围，无法移动时，即形成白棋被提掉的状态，游戏结束。

（4）棋盘上黑子越少越好，代表越快捉住了曹操。

（提示：可以每人执黑一次，用黑子少的一方获胜；要掌握包围的技巧。）

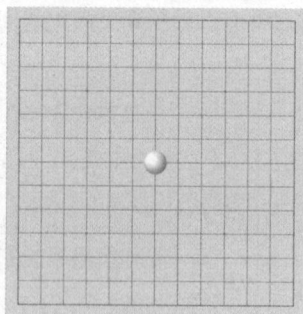

图 16

5*.名局精粹：上网搜索"梁魏今（黑先）——范西屏（白）（第二谱）"，感受弈棋之趣。

第二十六课 占角、守角与挂角

【历史典故】

季高对弈

晚清重臣左宗棠（táng），字季高，很喜欢下围棋，棋艺也相当高超。一次，左宗棠在出征途中看见一茅舍的横梁上挂着"天下第一棋手"的匾额，心中不服，就下马与茅舍主人连弈三盘。左宗三盘棠皆胜，得意地笑道："你可以将此匾额摘下了！"茅舍主人拱手相送，微笑不语。随后，左宗棠自信满满地领军继续前进。

不久，左宗棠班师回朝时又路经此处，却发现"天下第一棋手"的匾额依然高挂在茅屋横梁上。左宗棠暗想，我与他再下三盘，定要让他输得口服心服，然后当场摘下这"天下第一棋手"的牌子。可是，这次左宗棠却连输三盘，他深感讶异，问茅舍主人道："您有如此棋艺，为何之前要输我三局？"茅屋主人答道："上次您有军务在身，率兵打仗保卫疆土是国家大事，我不能挫您的锐气。现今，您已得胜归来，我自会全力以赴！"左宗棠终于明白了茅屋主人的智慧，佩服不已。

阅读启示： 该故事告诉我们，世间真正的高手，是能胜而不一定要胜，有谦让的胸襟，并且具有爱国情怀。

【基础知识】

占角、守角与挂角

角部要比边上和中腹更易占有空地，用同样的子在角上可围得更多的空，本课主要了解占角、守角和挂角的相关知识。

1. 占角

围棋的全局下法，通常是从角部开始的，也就是占角。星位、小目、"三·3"是最常用的占角点。

图1中，A位是星位，B位是小目，C位是"三·3"。星位处于第四线上，不仅易于向中腹发展或在今后的双方交锋中取得外势，还是一手棋占角，加快布局速度，很受棋手喜爱。

图2中，这是黑一子所占星位图，但角上留的"空"地较多，以后对方可以在A位点"三·3"，将其角空夺去。

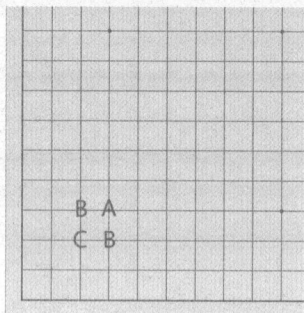

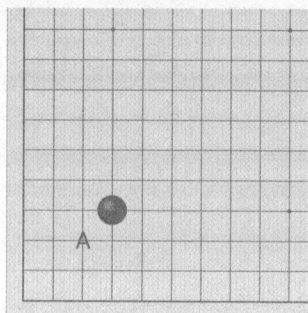

图1   图2

图3中，"三·3"比星位坚实牢固，在角部占有了"三·3"，角部一般可以归自己所有，对方不容易侵入角空。"三·3"的不足是，向中央发展的速度较慢，对外势的影响较小。

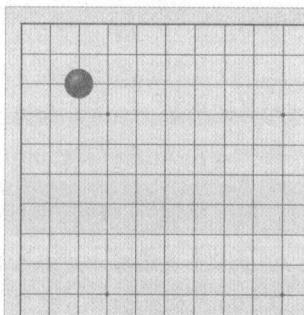

图3

2. 守角

守角的目的在于先建立根据地，然后以此为依托，或攻击对方，或扩大地域。占角后，若不会守，则无意义。

图4中，黑1小飞守角（俗称无忧角）比较常用，以后若在A位小尖则角空完全守牢。小飞守角有利于占实地，但缺乏灵活性。

图5中，黑1单关守角也比较常用，比小飞守角更利于向两边展开，但给白棋留有A位的好点。除A位之外，还有B位飞挂或C位靠等手段。

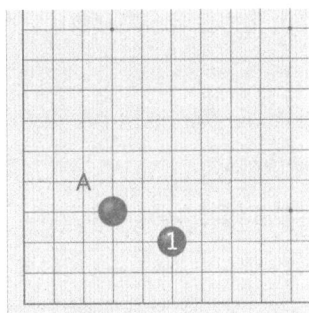
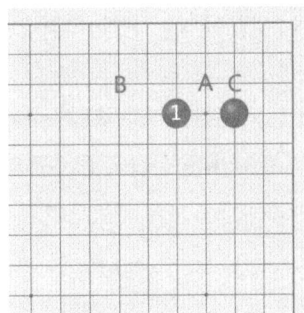

图 4　　　　　　　　　　　　图 5

图 6 中，黑 1 是大飞守角。与前两种守角方式相比，大飞守角更灵活、控制的范围更广阔。但是大飞守角的缺点也更明显，即角上较空虚，对方攻入的机会更多。

图 7 中，这是"三·3"守角时的图形。星位子若用"三·3"来守（如黑 1）可不必再补第三手棋。

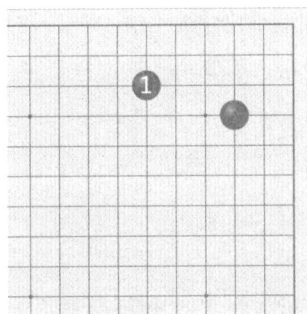
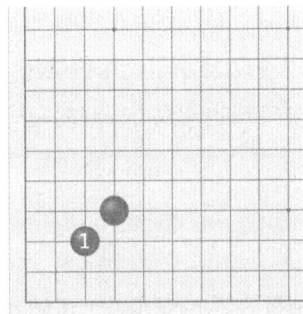

图 6　　　　　　　　　　　　图 7

3. 挂角

在布局时，当一方已在角上占了一个据点时，另一方在此据点附近下子，达到攻击或分角的目的，就叫挂角。

图 8 中，白 1 是小飞挂角。小飞挂角着重于取地，而不利于取势。

图 9 中，白 1 是大飞挂角。大飞挂角较小飞挂角离角上黑子远了一路，对角的影响相对小了一点，但利于向边上展开，可以说是一种防御性质的挂。

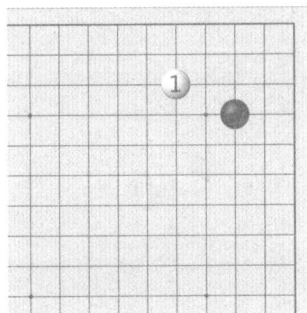
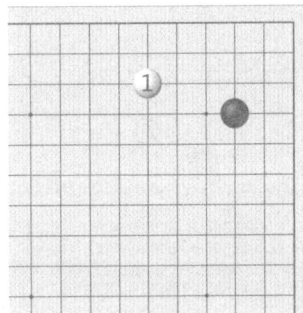

图 8　　　　　　　　　　　　图 9

图 10 中，白 1 是一间高挂。一间高挂比小飞挂和大飞挂更利于发展势力，但在获取实地上要稍差一些。

图 11 中，白 1 是二间高挂。二间高挂更利于发展势力，但在取地上要更差一些。各种挂法的共同目的都是为了分角，低挂偏重于取实地，高挂偏重于取外势。

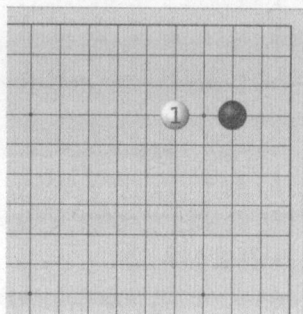
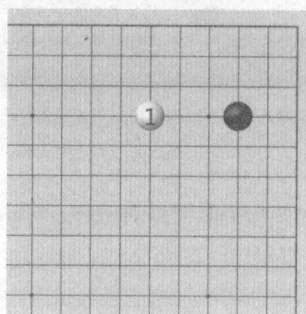

图 10   图 11

相对于角的低挂来说，高挂更重视限制对方角部未来的发展。但是，高挂对角部实地所得较少，二间高挂则对角部的影响力更小了。这种挂法比较轻松，不像小飞挂那样紧张，但若在他处有与其相配合的己方棋子，则有时也能取得很好的布局效果。

【基本技能】

1. 请判断图 12～图 15 中的守角是否正确。正确的画"√"，错误的画"×"。

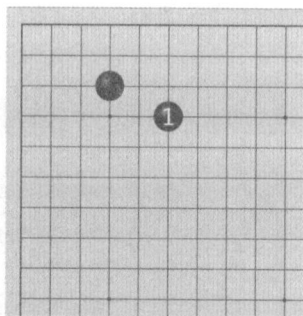
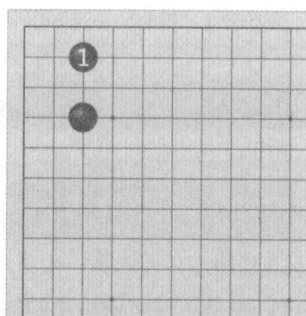

图 12（   ）   图 13（   ）

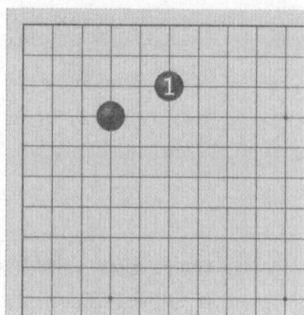
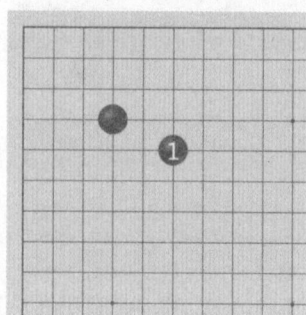

图 14（   ）   图 15（   ）

2.请判断图16～图19中的挂角是否正确。正确的画"√"，错误的画"×"。

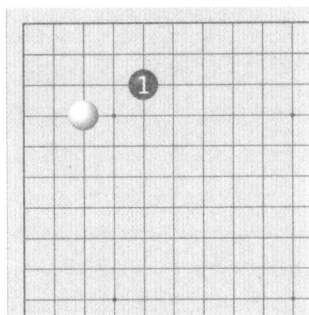

图16（　）

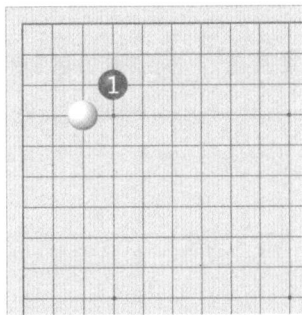

图17（　）

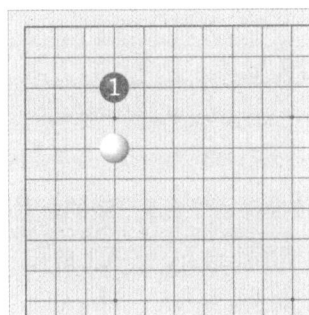

图18（　）

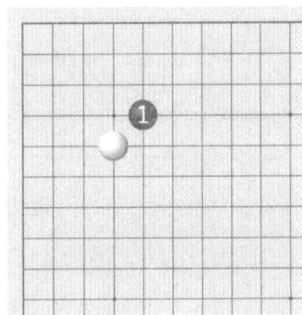

图19（　）

【方寸风雅】

约　客

南宋·赵师秀

黄梅时节家家雨，青草池塘处处蛙。
有约不来过夜半，闲敲棋子落灯花。

赏阅：

黄梅时节阴雨绵绵的乡村，青草池塘中传来一阵阵青蛙的鸣叫声。已经是半夜时分了，朋友却未如约而至，（我）无聊地敲着棋子，灯灰一点一点落在桌子上。

这首诗通过对环境的描写以及对"闲敲棋子"这一细节的渲染，写出等待朋友而朋友深夜未到的些许怅（chàng）惘（wǎng），隐约地表现了作者寂寞的心情和对朋友真挚的感情。

赵师秀（? —1219），字紫芝，号灵秀，永嘉（今浙江温州）人，南宋诗人，曾任上元主簿、筠（jūn）州推官等职。赵师秀开创了"江湖派"诗风，擅长五律。有《赵师秀集》。

【手谈经纬】

夫弈棋布势，务相接连……躁而求胜者多败。

——《棋经十三篇·审局篇》

赏阅：

下棋布阵时，务必使棋子之间连贯配合……心情急躁、急于求胜的人，大多会失败。

【乾坤通识】

围棋常用术语（七）

1. 爬

爬是指一方的棋子在对方的压迫下，沿着边上低位也就是一线或二线的位置上长，可用于做活、连络、占地、搜根等。图20中，黑1爬就是在白△二子的压迫下，二线上的长。

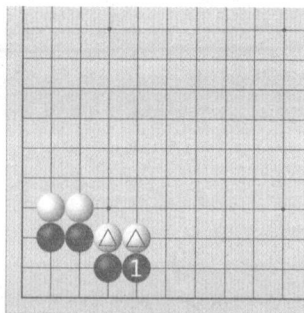

图 20

2. 接

接是将可能被对方分开、切断的棋子连成不可分割的整体。图21中，白1护住了自己的断点，使白△二子连成了不可分割的整体。

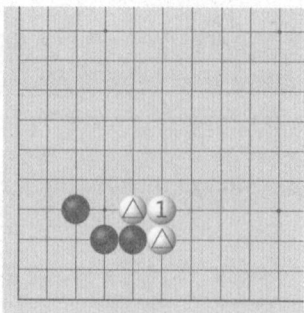

图 21

【知学思考】

1.守角的目的是什么？占角、守角与挂角三者之间有什么异同？

2.联系实际，谈谈你对"躁而求胜者多败"这句话的理解。

【知行合一】

1.与家人、朋友分享故事《季高对弈》和赵师秀的《约客》，懂得做人要学会谦让，做事要把握分寸。

2.请判断图 22～图 25 中的守角是否正确。正确的画"√"，错误的画"×"。

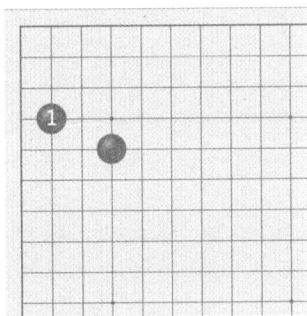

图 22 （   ）

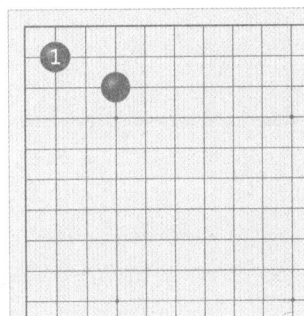

图 23 （   ）

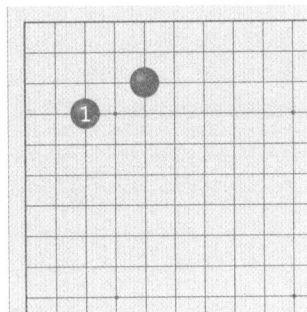

图 24 （   ）

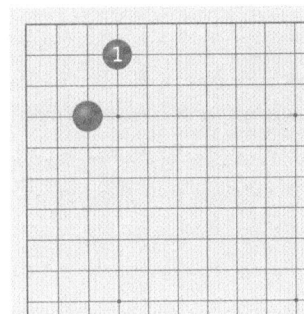

图 25 （   ）

3.请判断图 26～图 29 中的挂角是否正确。正确的画"√"，错误的画"×"。

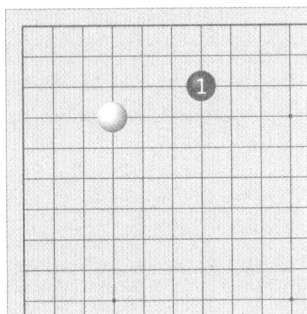

图 26 （   ）

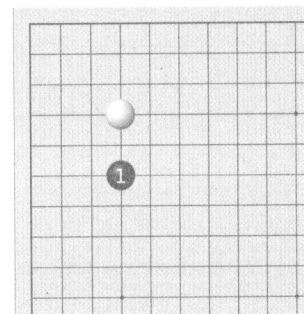

图 27 （   ）

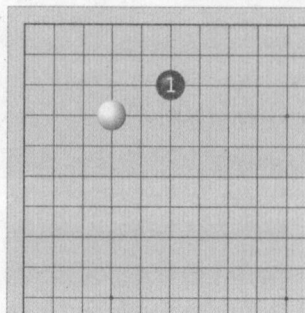 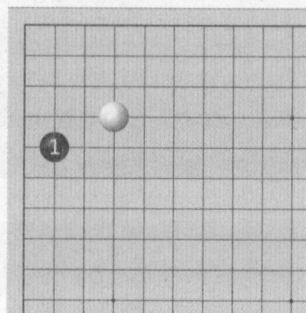

图 28（　　）　　　　　　图 29（　　）

4*.名局精粹：上网搜索"梁魏今（黑先）——范西屏（白）（第三谱）"，感受弈棋之趣。

第二十七课 角部和边上的常见死活

【历史典故】

一子解双征

唐宣宗（846—859）时，有一位日本王子来朝，宣宗设宴款待。这位日本王子是日本的第一品棋手，十分喜好下棋。宴席上，日本王子提出要与中国围棋高手切磋（cuō）棋艺，唐宣宗最初没有放在心上，随便找来几个棋手与他对弈，日本王子连连胜利。唐宣宗顿觉失了颜面，立即招来当时的棋待诏顾师言。

顾师言执白先行，当行至第42手时，顾师言已知是双征，自己的两块棋必丢其一。日本王子面露得意之色。顾师言蹙（cù）眉思考，突然想起前代棋手王积薪曾下过"一子解双征"之局，再细看眼前棋盘，胜算在握，便落下第43手，即"一子解双征"！日本王子走投无路，只得缴（jiǎo）械投降，后来又连输三盘，不得不认输。

之后，日本王子得知顾师言是第三品棋手，便提出要向第一品棋手请教，官员委婉回绝道："棋坛的规矩是，只有胜了三品，才能和二品对弈。"日本王子叹息道："日本的第一品不如大唐的第三品，真是天外有天啊！"

阅读启示：该故事告诉我们，"人外有人，天外有天"，无论弈棋还是做人，我们都应该谦虚谨慎，尊重他人。

【基础知识】

角部常见死活

角上因其位置的特殊性，虽然做活较容易，但也容易遭到袭击。

角部常见的死活口诀是："四死六活五个补，角上方四是死棋。开口扳六是死棋，紧气扳六是净死。"

图1中，角上的黑棋是死棋。

图2中，黑1立，白2点，黑死。这就是"四死"。

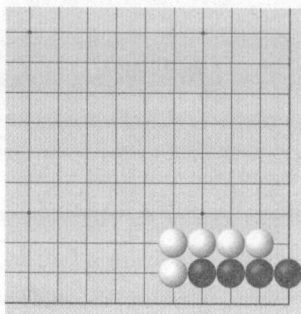

图1

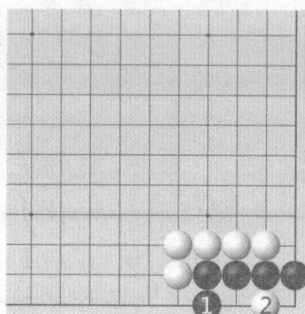

图2

图3中，角上的黑棋是活棋。

图4中，白棋先下，黑也是活棋。这是"六活"。

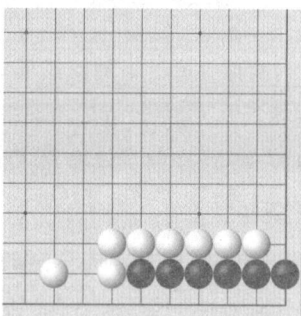

图3

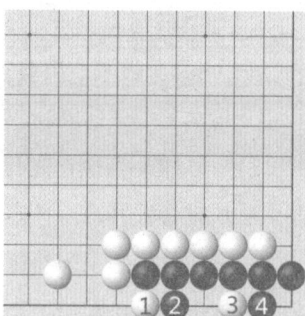

图4

图5中，白棋从角上二线连爬了五个，看起来有做眼的空间，这时谁先动手很关键。

图6中，若轮到白棋先走，白1立，里面成为直四，白棋是活棋。这是"五个补"。

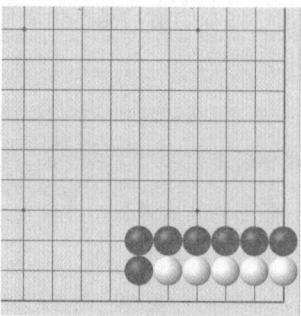

图5

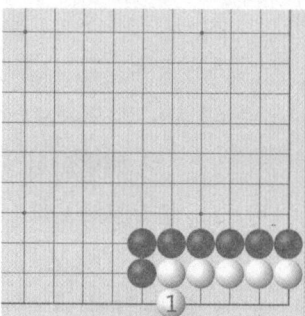

图6

图7中，角上黑棋做出了一个方四的大眼，方四是一个眼。

图8中，若黑棋企图在A位做眼，白在B位点，黑棋是死棋。这是"角上方四是死棋"。

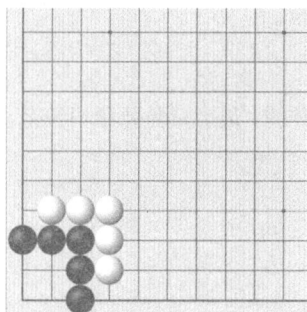
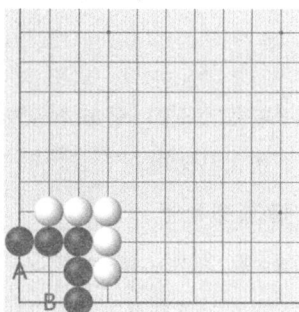

图 7   图 8

图 9 中，黑棋在角上围住了六个格，但两边都开口，这个棋形是"开口扳六"，黑棋是死棋。

图 10 中，若黑 1 立企图做活，白 2 扳缩小眼位，然后白 4 点，黑棋无法做活。这是"开口扳六是死棋"。

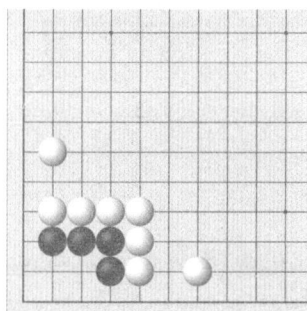
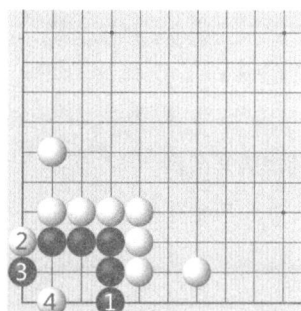

图 9   图 10

图 11 中，黑棋在角上围住了六个格的位置，但外气全部被封死，这个棋形是"紧气扳六"，如果白棋先走也同样是死棋。

图 12 中，白 1 靠击中黑棋要害，白棋无法做活。这是"紧气扳六是净死"。

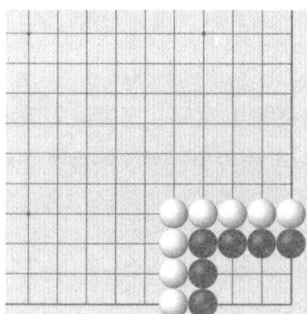
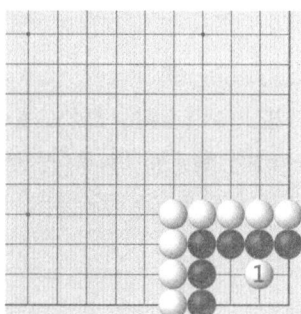

图 11   图 12

边上常见死活

边上的死活与角上有很大不同，但基本原理是一样的。边上常见死活口诀是："六死八活七个补，边上方四是死棋，边上扳六是活棋。"

图13中，边上的黑棋是死棋。

图14中，黑1至白4，黑死。这是"六死"。

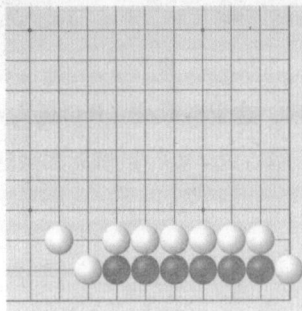

图13

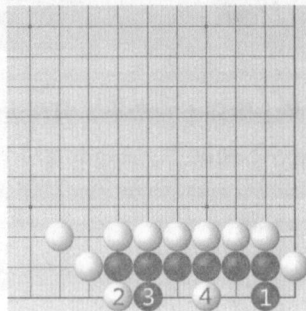

图14

图15中，边上的黑棋是活棋。

图16中，白棋先下，黑也是活棋。这是"八活"。

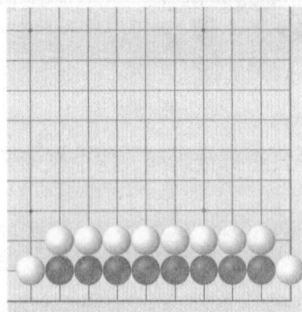

图15

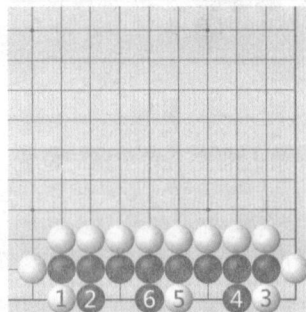

图16

图17中，白棋从边上二线连爬了七个，看起来有做眼的空间，这时谁先动手很关键。

图18中，若黑棋先行，黑1立，白2扳，黑3挡，里面成为直四，黑棋是活棋。这是"七个补"。

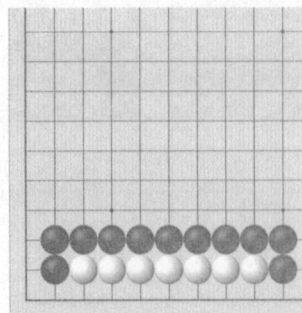

图17

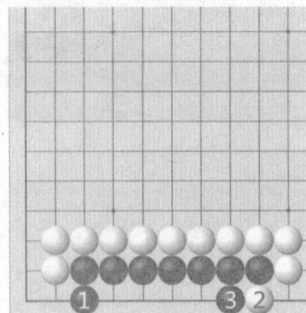

图18

图19中，黑1企图做眼，白2点，黑棋是死棋。这是"边上方四是死棋"。

图20中，白棋的包围圈比较松，但只要黑棋跑不出来，黑棋终归是方四，只有一个眼。

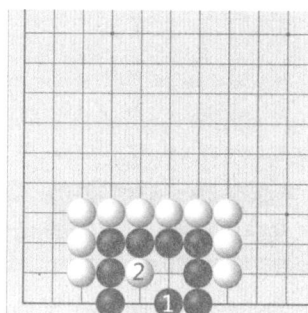

图19

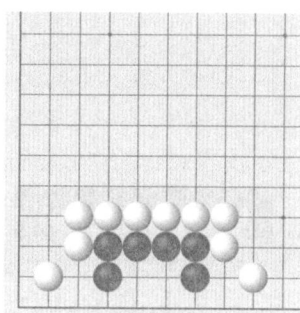

图20

图21中，这是角上的扳六型，由于没有外气，黑棋动手，可净吃白棋，气紧是白棋无法回避的缺陷。这是"边上扳六是活棋"。

图22中，为了追究白棋的气紧，黑在1位靠是好手。白2夹，黑3立，白无法在A位打吃。

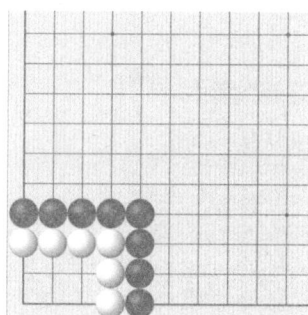

图21

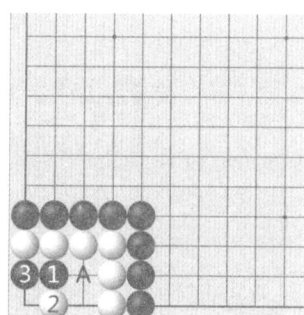

图22

【基本技能】

1.（黑先）图23、图24中，黑棋怎样走才能杀死白棋？请在要下子的位置写"1"。

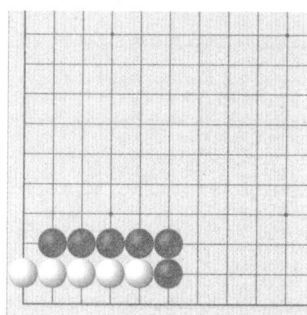

图23

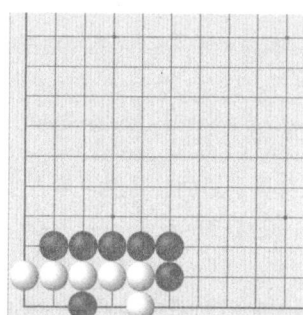

图24

2.（黑先）图25、图26中，黑棋怎样走才能杀死白棋？请写出必要的过程。

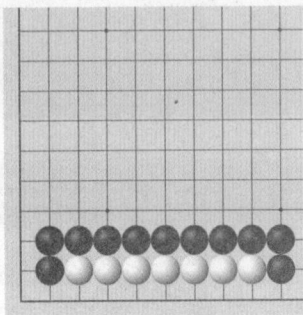

图25

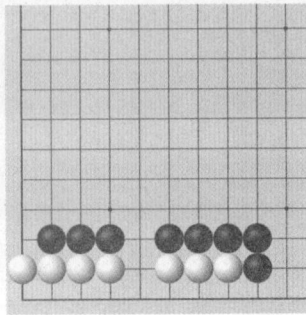

图26

【方寸风雅】

又送前人琴棋书画四首·棋

北宋·文天祥

我爱商山茹紫芝，逍遥胜似橘中时。

纷纷玄白方龙战，世事从他一局棋。

赏析：

我喜欢秦末"商山四皓（指秦末东园公、绮里季、夏黄公、甪（lù）里先生）"那样吃着紫芝隐居的生活，逍遥自在远胜在橘子中下棋的两人。棋盘上黑白双方激烈厮杀，其实世间事就如弈棋一般。

本诗既表达了作者思想的超旷高远和感情的幽微深远，也表达了他对平淡而不枯寂的生活方式的向往。

文天祥（1236—1283），字宋瑞，号文山，吉州庐陵（今江西吉安）人，南宋政治家、文学家，曾任右丞相兼枢密使。他与陆秀夫、张世杰并称为"宋末三杰"。有《文山先生全集》。

【手谈经纬】

误人者多方，成功者一路而已。能审局者多胜。《易》曰："穷则变，变则通，通则久。"

——《棋经十三篇·审局篇》

赏阅：

使人犯错误的方法很多，但通向成功的路却只有一条。能够审时度势的人取胜的可能性大。《易经》说："事物一旦到了极限就要改变它，改变才能通达，通达才能保持长久。"

【乾坤通识】

围棋常用术语（八）

1. 并

并是在棋盘上原有棋子旁边的同一路上紧贴着下子，一般用于加强自己和连接。图27中，黑1并就是为了让自己角边上的棋强起来，不被白压住头。

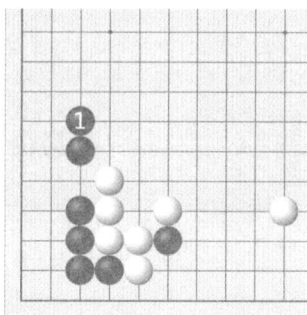

图 27

2. 扳

扳是当棋盘上双方棋子并排紧贴在一起时，在对方棋子的头上着子。图28中，黑1扳，走在白△二子的头上。扳不仅用在阻止对方向前长，也可用在连接上，还能用于占地、分断对方等。

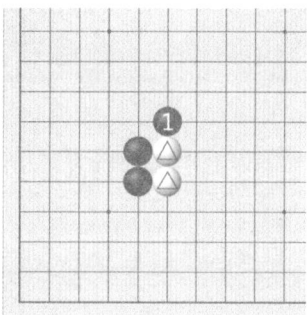

图 28

【知学思考】

1.角部常见死活与边上常见死活有什么异同点？

2.联系实际，谈谈你对"穷则变，变则通，通则久"的理解。

【知行合一】

1. 与家人、朋友分享故事《一子解双征》和文天祥的《又送前人琴棋书画四首·棋》，懂得"天外有天"的道理，做人要谦虚谨慎，尊重他人。

2.（黑先）图 29～图 32 中，黑棋怎样走才能杀死白棋？请在要下子的位置写"1"。

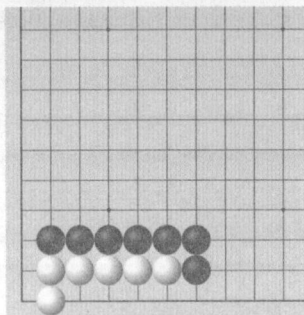

图 29

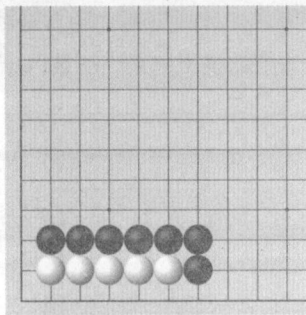

图 30

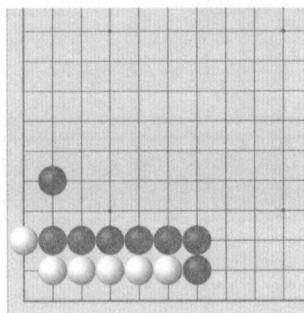

图 31

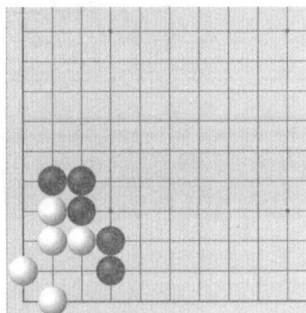

图 32

3.（黑先）图 33～图 36 中，黑棋怎样走才能杀死白棋？请写出必要的过程。

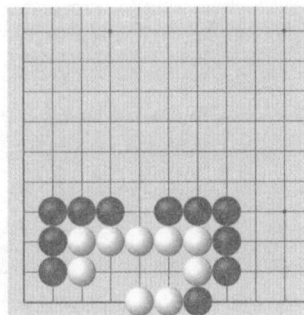

图 33

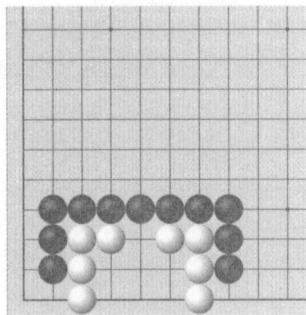

图 34

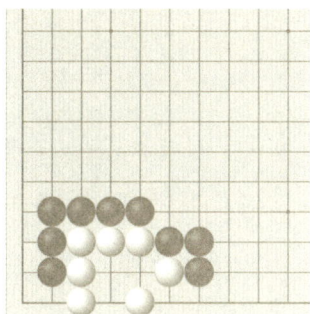
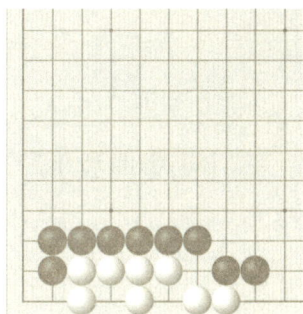

图 35　　　　　　　　　图 36

4.围棋游戏——孔明棋（一）

图 37 中，孔明夜观天象，参悟天机，还原推演思考难题，跳过的棋子越多越好。规则如下：

（1）在方阵范围内，以跳跃的方式（横或直）移动棋子。

（2）被跳过的子必须从棋盘上拿掉，每次只能跳过一颗子。

（3）棋盘上没有棋子可以跳跃时，游戏结束，检查剩下的棋子数。剩一子，天才；剩两子，聪明；剩三子，中等；剩四子，加油。

（提示：可以从剩一子还原成二子、三子……用"还原法"来帮助思考。）

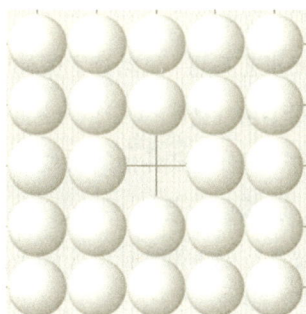

图 37

5*.名局精粹：上网搜索"梁魏今（黑先）——范西屏（白）（第四谱）"，领悟人生如棋，一着不慎，满盘皆输。

197

第二十八课 布局常识

【历史典故】

一子定乾坤

隋朝末年，天下大乱，群雄并起。当时有个侠客叫张仲坚，绰号"虬（qiú）髯（rán）客"，胸有大志，想伺机争雄天下。他听说李世民是天下奇才，希望能和他见上一面，再谋后计。

李世民应邀而至，张仲坚见其气度不凡，大有帝王之相，争霸中原之念顿时消减了不少，但他还是想探探李世民的谋略。张仲坚早知李世民喜欢下围棋，于是提出要和李世民在棋盘上切磋一番，李世民欣然答应。双方坐定，张仲坚抓起四颗黑子摆在四个角的星位上说："老虬四子占四方。"李世民心知肚明，便不慌不忙地将一颗白子放在天元上说："小子一子定乾坤。"

李世民棋艺高超，虽然让了张仲坚四子，仍始终掌握主动。中盘过后，张仲坚的四个角已被吃掉三个。李世民又拿起一枚棋子，要向最后一个角发起进攻时，张仲坚托住他的手说："中原已归李公子，西南一隅（yú），山高路远，就请公子交付于我吧。"后来，李世民开创大唐盛世，张仲坚领军南征北战，当了南蛮扶馀（yú）国的国王。

阅读启示： 该故事告诉我们，无论是弈棋还是做人，都要懂得谦虚，要有自知之明。

【基础知识】

布局常识

在围地要领中已讲了角的知识，但边的知识尚很少涉及。图1中，边一般要涉及五条线，沿棋盘的边缘依次上数，一线因占不到空不应落子，而二线位置较低，走一颗子才围1个交叉空，五线下部空虚，敌方在A位左右投子就有可能生存，在一般的对局中很少有人走五线围空。所以，在棋局开始时，几乎所有的棋子都落在三线、四线上。这些上下起伏、形成有机配合的三线、四线的棋子，在开局时，就各自先抢占大场。这个开始争夺的阶段叫布局。

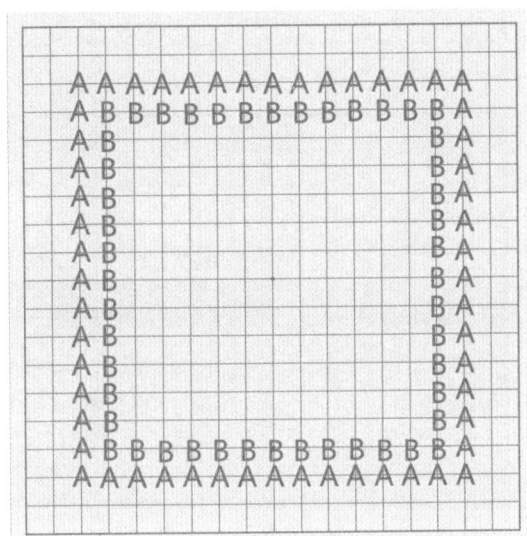

图 1

三线和四线是黑白双方必争之地，一般地说，三线取空优势大，被称为地线。四线有取地的一面，但更偏于取势，被称为势线。围棋着子选点，最关键的是周围子力的配合与全局子力的配合，所以地线与势线一定要配合得当。

图 2 中，棋盘上所有的子都不是挨着的。布局时，一定要把棋子分开，散落地、有空间地抢占要点。

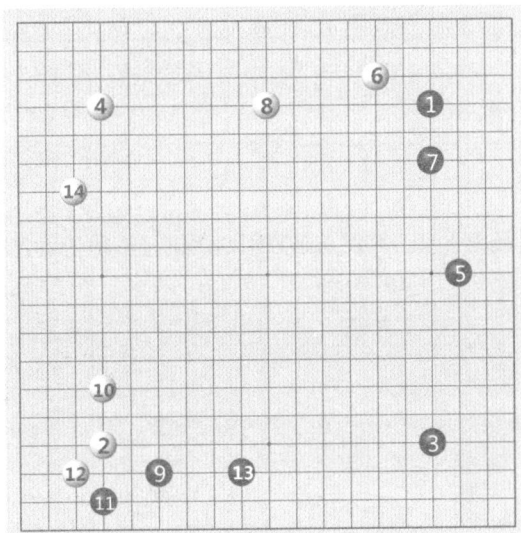

图 2

图 3 中，A、B、C、D 周围一带，是布局的大场，价值较大（大场的价值体现在双方无子的空间）。

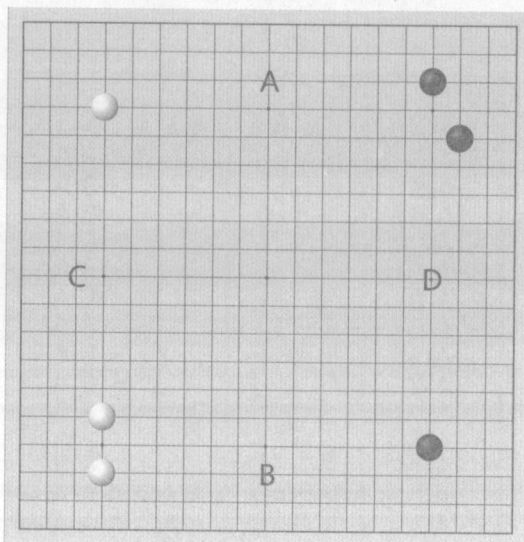

图 3

图 4 中，与自己的子的距离为三路，这叫拆三。上边有两个子形成了势力，而中间距离要掌握好，这是拆的要领。布局中可以广泛且恰当地使用拆，也就是在己方势力背景下沿边路延伸。

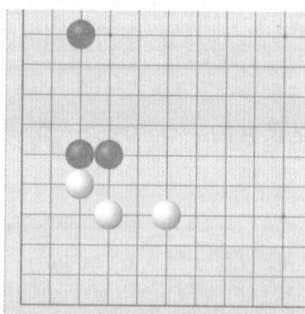

图 4

图 5 中，黑子是拆四。

图 6 中，白子是拆二，最为常见，其优点是只用两手棋且不易受敌方冲击。

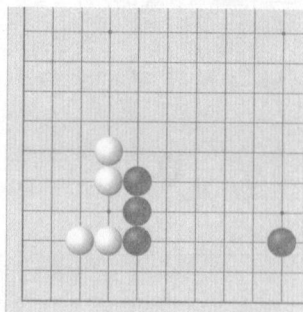

图 5

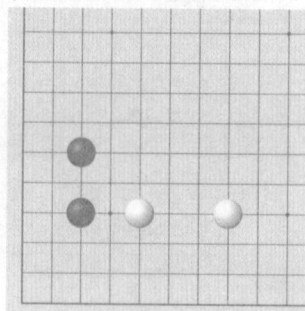

图 6

图 7 中，白方冲击黑方拆二，而黑方应对至黑 10，白方下法失败（白方二线爬过，黑方外势厚壮）。

图 8 中，白方冲击黑方的拆二，黑方从底下扳，至黑 6，白方吃了大亏，白 3 已跑不出去，而黑

方棋形整齐。

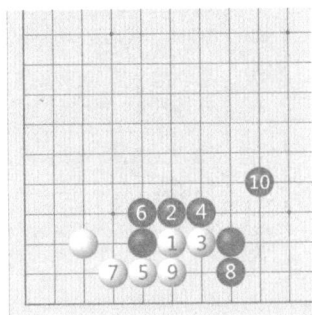

图 7

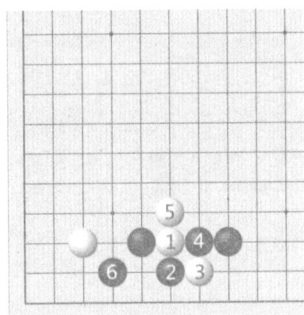

图 8

图 9 中，这是立二拆三。该棋形中，若是开拆的白子少一路就变成了拆二，但那将十分局促，子的效率不高。

图 10 中，黑走 1 位，白在 2 位盖住，白棋无论如何都不吃亏，这是立二拆三的合理性。

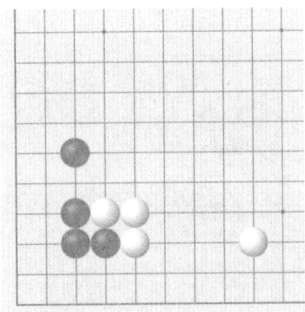

图 9

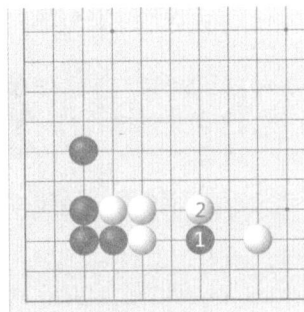

图 10

图 11 中，白 1 打入，黑 2 以下是准备好的手段，白棋下法失败。立三就要拆四，初学者往往会惧怕白方 1 位打入。

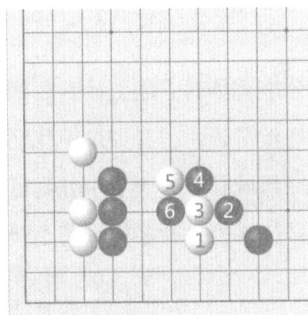

图 11

【基本技能】

1.（黑先）图 12、图 13 中，黑棋应该拆在什么位置？

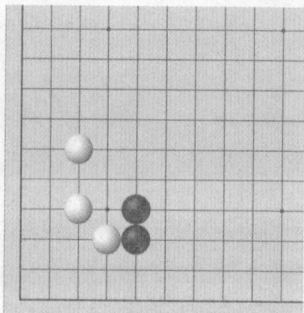
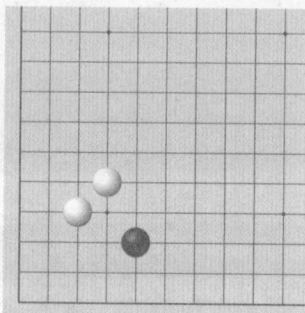

图 12　　　　　　　图 13

2.（白先）图14中，黑方立三拆四本是合理的，白棋打入黑阵，黑方小尖是正着，但白方飞了一小步，黑方如何应对？

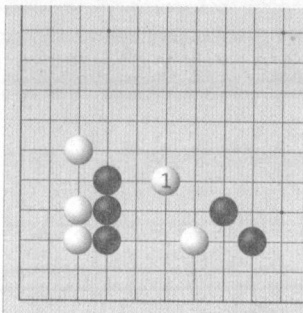

图 14

【方寸风雅】

弈棋二首呈任公渐

北宋·黄庭坚

偶无公事客休时，席上谈兵校两棋。

心似蛛丝游碧落，身如蜩甲化枯枝。
<small>tiáo</small>

湘东一目诚甘死，天下中分尚可持。

谁谓吾徒犹爱日，参横月落不曾知。

赏阅：

　　偶尔有公事办完的空闲时间，与棋友摆上棋盘谈论棋道。下棋时凝神专注，心如同轻盈的蛛丝悠悠飘荡在碧空中，身体像蜕化的蝉壳一样，有形状而无实质。遇到像南朝湘东王萧绎一样只有一目的棋形，也只能甘

心去死，但是对弈者还是不服输，仍然在精心运筹，希望能得到个平分天下的局面。谁说我们还珍惜时间？连星辰更替，月落西山都已全然不知。

黄庭坚（1045—1105），字鲁直，号山谷道人，洪州分宁（今江西修水）人，北宋文学家、书法家，曾任北京国子监教授、校书郎、秘书丞等。他的诗造诣很高，与张耒（lěi）、晁（cháo）补之、秦观合称"苏门四学士"。黄庭坚的书法亦能独树一帜，与苏轼、米芾（fú）、蔡襄合称"宋四家"。有《山谷集》。

【手谈经纬】

法曰：夫持重而廉者，多得；轻易而贪者，多丧。不争而自保者，多胜；务杀而不顾者，多败。

——《棋经十三篇·度情篇》

赏阅：

按法则来说：担负重任而廉洁的，能得到更多；轻率而贪婪的，会失去更多。不贸然相争而善于防御的，获胜的几率会更多；一味杀夺而不顾后果的，失败的几率会更多。

【乾坤通识】

围棋常用术语（九）

1. 挡

挡是直接阻挡对方侵入自己的地域或防止棋子冲出包围，用己方棋子紧靠对方的棋子的行棋方法。图15中，黑1就是为了阻挡白棋侵入自己边上地域的下法。

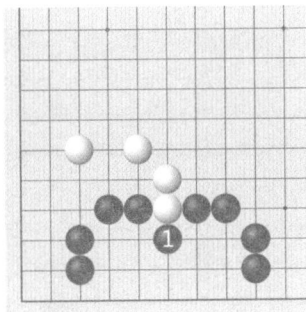

图15

2. 顶

顶是在对方棋子行棋方向的棋子的头上下子，有尖顶、鼻顶等形式。图16中，黑1与白△碰撞在一起，并在白方前进方向的棋子头上走了一子，所以叫顶。

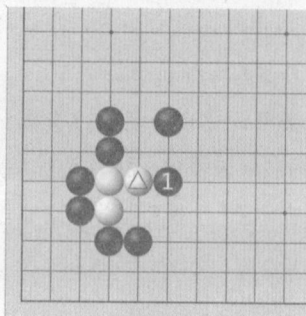

图 16

【知学思考】

1. 布局的基本原理是什么?

2. 联系实际，谈谈你对"持重而廉者，多得，轻易而贪者，多丧"的理解。

【知行合一】

1. 与家人、朋友分享故事《一子定乾坤》和黄庭坚的《弈棋二首呈任公渐》，懂得做人要有骨气，但不要有傲气。

2. 请判断图 17～图 20 中的守角是否正确，正确的画"√"，错误的画"×"。

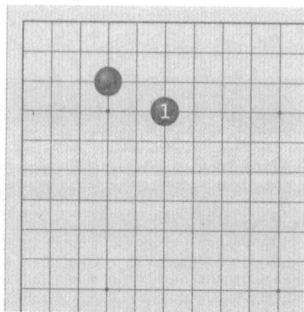

图 17（　　）

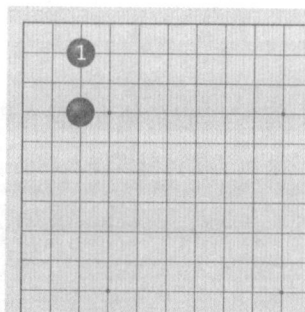

图 18（　　）

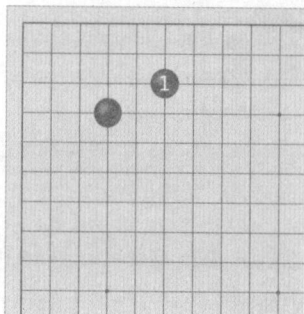

图 19（　　）

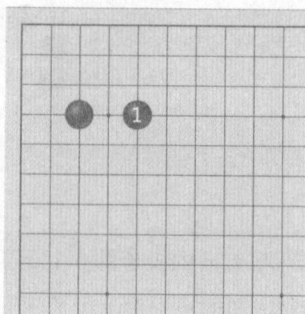

图 20（　　）

3. 图 21 ～图 24 中的黑 1 是正确的拆边方法吗？正确的画"√"，错误的画"×"。

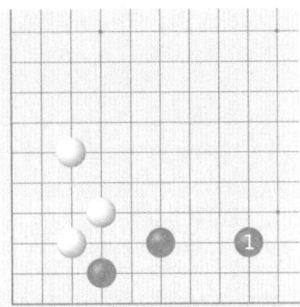

图 21 （　　）

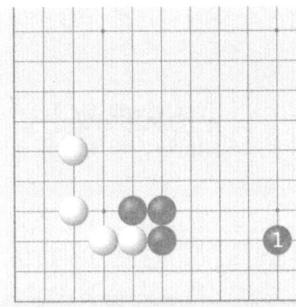

图 22 （　　）

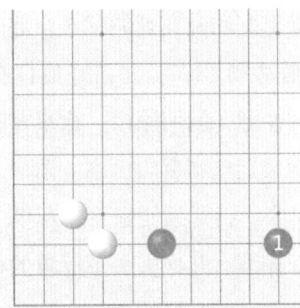

图 23 （　　）

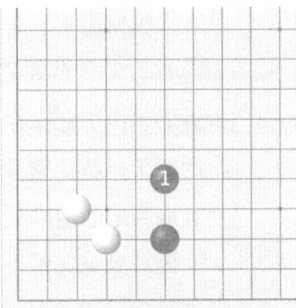

图 24 （　　）

4*.名局精粹：上网搜索"梁魏今（黑先）——范西屏（白）（第五谱）"，体会人生如棋，宁静致远。

【历史典故】

慧眼识珠

施襄夏自幼喜爱下棋，但是他的父亲认为他体弱多病，下棋过于损耗精气，还是学琴比较好，因此便让他学琴。施襄夏六岁那年，棋坛名手徐星友来施家做客。午后，徐星友和施襄夏的父亲在庭院下棋。施襄夏虽很想观棋，但父命在先，不敢违拗（niù），只好独自在房间里弹琴。如泣如诉的琴声引起了徐星友的注意，问明原由，徐星友很是心疼这个喜爱围棋的孩子，就让施襄夏的父亲把施襄夏叫出来。语毕，施襄夏早已经听着声音兴高采烈地来到了棋桌旁，行礼后便坐下来观棋。

施襄夏见父亲下棋过于谨慎，几次失去了反攻的机会，想出口提醒，但又怕父亲责骂，始终缄（jiān）默不语。徐星友获胜后，他看着棋盘若有所思，徐星友就问他对这局棋的看法。施襄夏礼貌地提出了复盘的请求，徐星友略有惊讶，随后欣然同意了。两个大人站在旁边看，没想到他居然真的能一步步摆回到中盘厮杀时的局面，并指出了自己的父亲可以反守为攻的一步要棋。徐星友沉思片刻，继续与他对弈。他不仅走出了对方设下的圈套，还依仗刚才那一步要棋一举形成了胜势。徐星友赞叹地对施襄夏的父亲说："还是让这孩子好好学围棋吧，将来一定会超越我！"从此，施襄夏的父亲就同意让他学习下棋，终于如徐星友所言，施襄夏成为了"一代国手"。

后来徐星友六十大寿，施襄夏的父亲精心画了一条龙作为礼物相赠。那龙栩栩如生，龙身似有无数珍宝环绕。尤其是一双龙眼犹如宝珠，光亮异常。画纸上端更是题了醒目的"慧眼识真珠"五个大字。

阅读启示："慧眼识珠"泛指敏锐的眼力，称赞人善于识鉴人才。

【基础知识】

布局中的拆与逼

拆，也叫拆边、开拆，经常用于在边上围地或寻求根据。一般情况下，拆的距离限度最小为拆一，最大为拆五。拆的大小限度是否合适，要以它所依靠的势力为条件，势力越大，拆的距离就越远。

图1中，左边的白△一子是拆三，这颗子与左下角的配置是立二拆三的好形，白△一子与左上角的白子也构成了拆三的形状。左下角的黑●一子与黑方角上棋子形成的是拆一。右边中间黑A二子是拆二的形状。

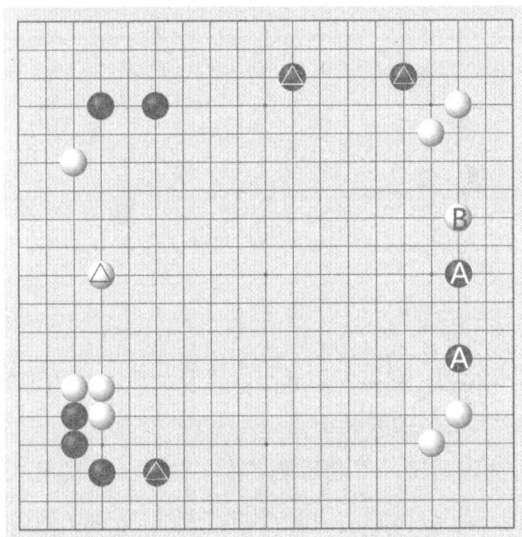

图1

图2中，A、B、C中的哪一点最好？白棋在A位拆二是最佳选择，因为如果在B位拆三，黑方以后在C位打入，白棋会陷入苦战。

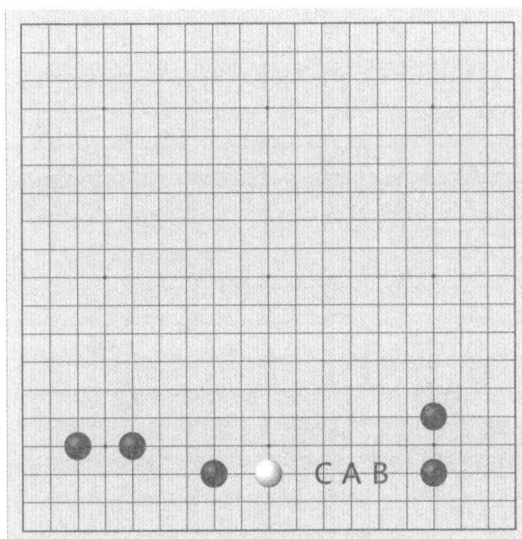

图2

图3中，白方在1位拆后，被黑2打入，以后行棋至黑10，白方没有牢固的根据地，将来易受攻击。而在下边的黑棋不论是向左还是向右都能连接起来。

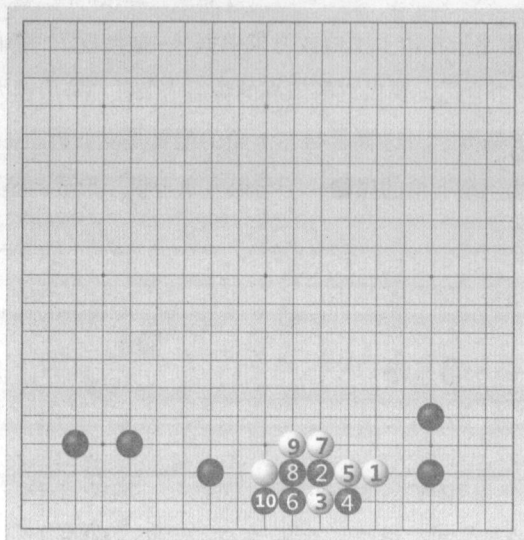

图3

开拆与逼迫经常是相提并论的。逼就是紧逼对方棋的一种拆。一般而言，被逼之后的棋往往会产生相应的打入点或一些较严厉的后续手段。

图4中，黑1的拆可称为逼。这一手之后便产生了白方A位的打入点。白方被黑1逼后，一般要在B位或其他位置补棋。若黑1之后，白方脱先它投，黑便立刻在A位打入，打入后的变化较多。黑1对白方来说是逼，而对黑方来说则可称为拆，它只制造出攻击对方的后续手段，迫使对方补棋。

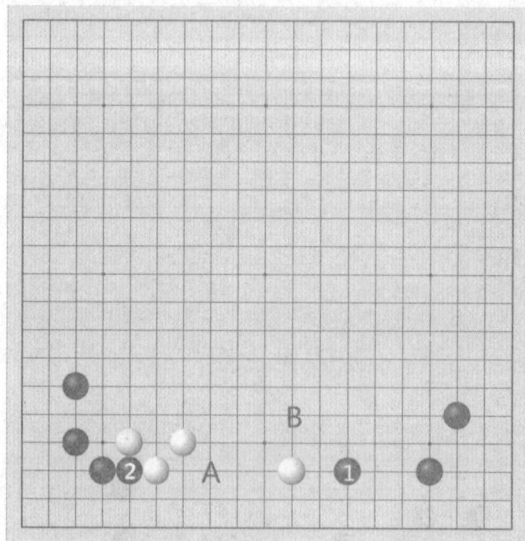

图4

图 5 中，黑 1 既是巩固自己，为己方建立根据地的拆，也是逼紧白方下边之棋的好手。这种棋形叫拆兼逼。

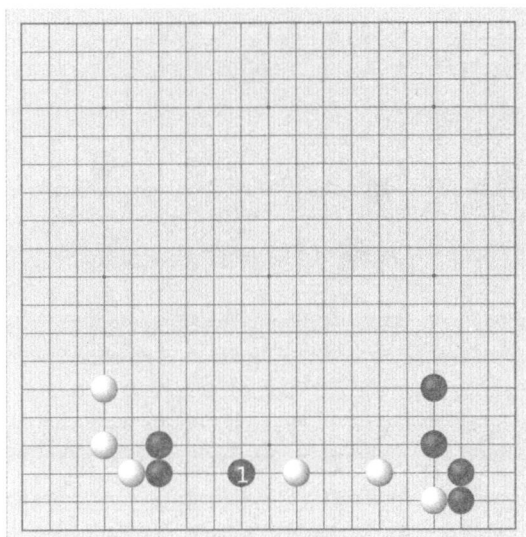

图 5

图 6 中，黑 1 比较单纯，它占有了一定的角部及边上的地域，但并没有对对方的棋构成威胁。

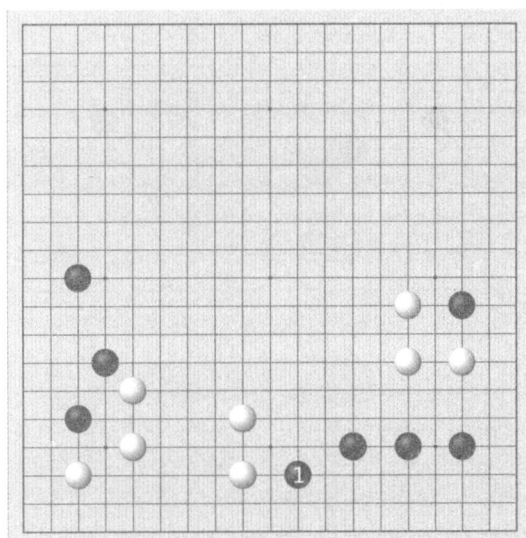

图 6

【基本技能】

（黑先）图 7～图 10，拆边练习。

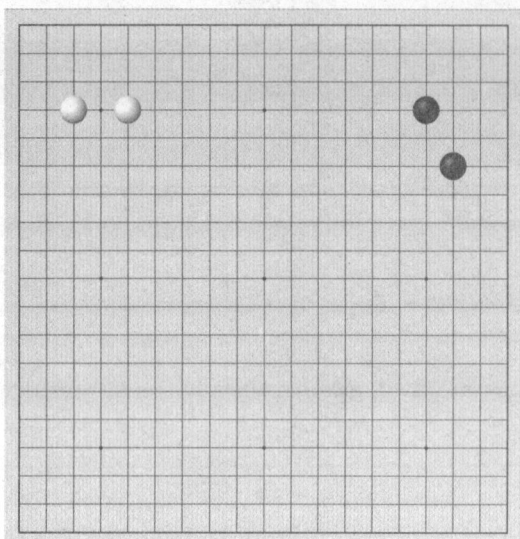

图 7

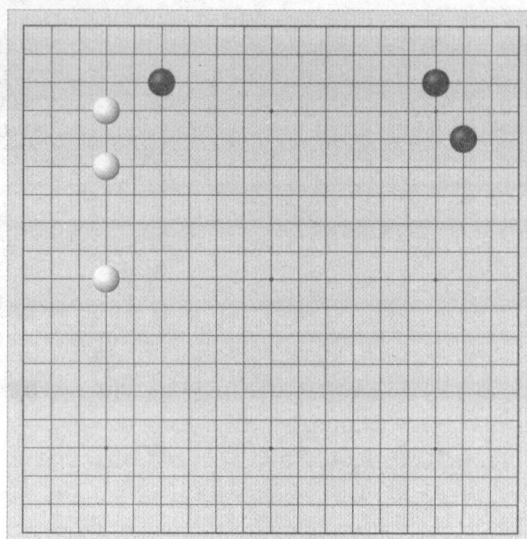

图 8

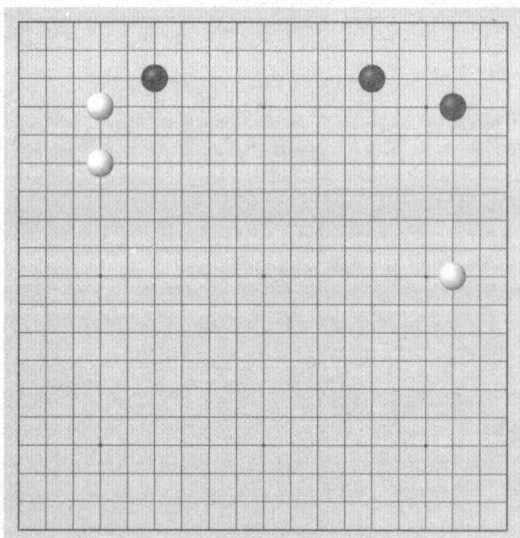

图 9

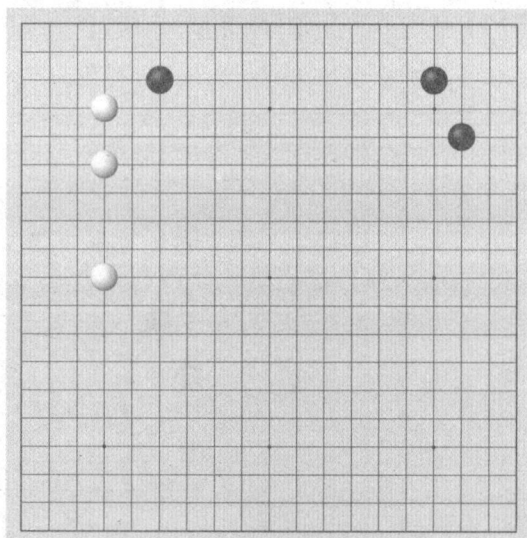

图 10

【方寸风雅】

梦中作

北宋·欧阳修

夜凉吹笛千山月，路暗迷人百种花。

棋罢不知人换世，酒阑无奈客思家。

赏阅：

夜来幽凉，笛声悠扬，飘散至被月光笼罩的千山。夜路幽暗，而百花繁盛，迷离扑朔。一局棋罢，不知人间已经换了朝代。酒已喝尽，仍是无法克制地思念起家乡。

本诗作于作者被贬谪（zhé）之后，四句诗表达四种不同的意境，充满梦境的天马行空。全诗既表达了作者对官场的厌倦，也有着无法彻底放下人世牵绊的矛盾心理。

【手谈经纬】

能自畏敌者强，谓人莫己若者亡，意旁通者高，心执一者卑。语默有常，使敌难量；动静无度，招人所恶。

——《棋经十三篇·度情篇》

赏阅：

能够重视敌手的人强大，认为别人不如自己的人失败，思路广阔的人高明，思想偏执于局部的人低下。说话或沉默有规律，使对手难以捉摸；动作和止息没有节制，会招致对手厌恶。

【乾坤通识】

围棋常用术语（十）

1. 挤

挤，即从原来就有的己方棋子出发，继续向敌子集中的地方插入，使对方原本连接的棋形出现断点等问题，促使对方补棋。图11中，白1挤，黑棋在A位出现断点，黑必须再补一手。

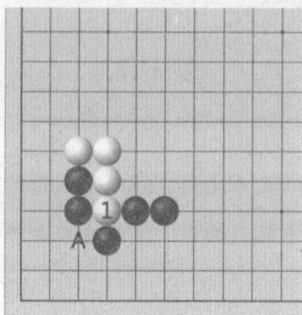

图 11

2. 封

封是封锁敌方棋子向外部发展的着法，也可以说是封锁住对方棋子的出路，可以防止对方棋子向中央发展。图12中，黑1封住了白六子的发展后所形成的左下角势力强大。

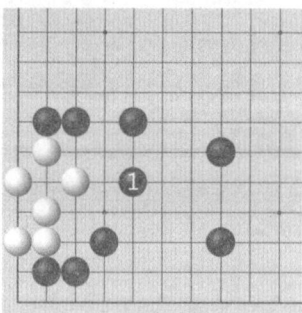

图 12

【知学思考】

1. 布局中拆与逼的方法是什么？

2. 联系实际，谈谈你对"意旁通者高，心执一者卑"的理解。

【知行合一】

1. 与家人、朋友分享故事《慧眼识珠》和欧阳修的《梦中作》，做人要懂得"玉汝于成"，尽量帮助人才聪颖而出；还要学会在逆境中自我调适，想得开，放得下，同时又不忘初心。

2.（黑先）图13、图14，拆边练习。

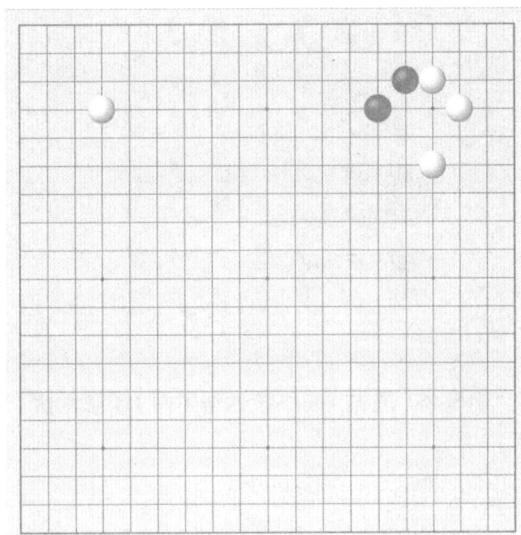

图 13

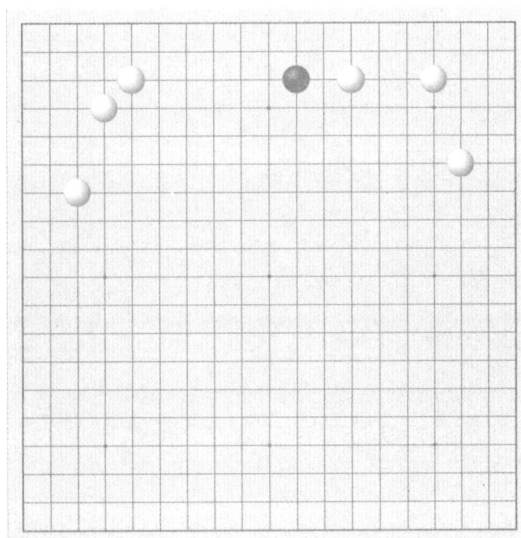

图 14

3.围棋游戏——孔明棋（二）

图 15 中，孔明夜观天象，参悟天机，还原推演思考难题，跳过的棋子越多越好。规则如下：

（1）在方阵范围内，以跳跃的方式（横或直）移动棋子。

（2）被跳过的子必须从棋盘上拿掉，每次只能跳过一颗子。

（3）棋盘上没有棋子可以跳跃时，游戏自动结束，检查剩下的棋子数。

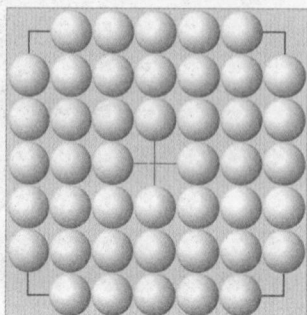

图 15

4*.名局精粹：上网搜索"梁魏今（黑先）——范西屏（白）（第六谱）"，感受弈棋的变幻莫测。

第三十课 布局中的高低协调

黑白兄弟

相传，春秋时期有一对双胞胎，哥哥名叫道，弟弟名叫理。兄弟俩虽是双胞胎，可哥哥长得像涂了炭一样黑，而弟弟却长得像涂了粉一样白。

当时有一位围棋高手，教会了两兄弟下围棋，两人勤加练习，慢慢地掌握了围棋中进退、取舍、攻防等棋理。兄弟两个人时常在一起下棋，哥哥执黑棋，运筹帷（wéi）幄（wò），弟弟执白棋，聪慧敏锐。此外，由于两人是双胞胎，心有灵犀，当兄弟二人中的一人与他人对弈，偶尔出现纰（pī）漏时，另一人在旁就能感知到，并发出只有两人才能懂的信息，提醒自己的兄弟，所以两兄弟总是能大获全胜。由于百战百胜，黑白兄弟声名鹊起，拜在他们门下学棋的人也越来越多。

阅读启示： 围棋只有黑白两种颜色，然而，正是这朴素的两色，蕴含着丰富的含义和深邃（suì）的哲学思想，启迪着人们的智慧。

【基础知识】

布局中的高低协调

布局的棋子基本落在边和角，布局时在边上着点，大体是三线和四线，虽然高低只有一路之差，却有截然不同的效果。布局时一定要注意高低线的协调配合，保持棋盘上棋子的平衡。以角为中心的"两翼展开"和高低协调而形成的"立体结构"是比较理想的布局构图。

图1中，黑白双方的布局都比较协调。黑棋以右下角为中心，与右上角、右边、左边上的棋相呼应。白棋以左上角的无忧角为中心向两翼自然展开，并与左下角的白子相呼应。

图2中，把图1中原来处于高线的白棋上边一子和左边一子降到三线（如图2中的白△二子）。白棋位置改变后，一律处于低位。上边白△子与挂角的一子均在低位；左边白△一子与左下角的白棋同处于低位。黑棋在布局上占上风。

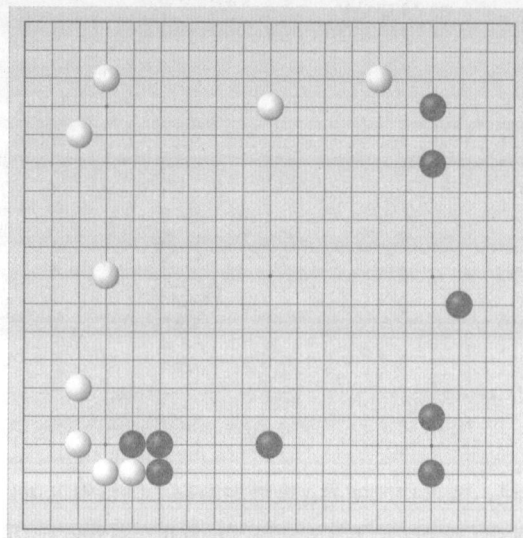

图1

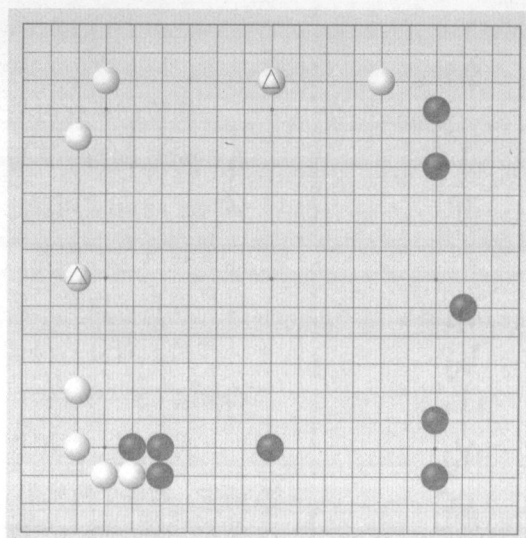

图2

图3中，上方的白棋与下边的黑棋都是以角为中心分别呈"两翼展开"状，同时，双方又都是配置较好的"立体结构"。立体形状既重实地，也能向中央发展。

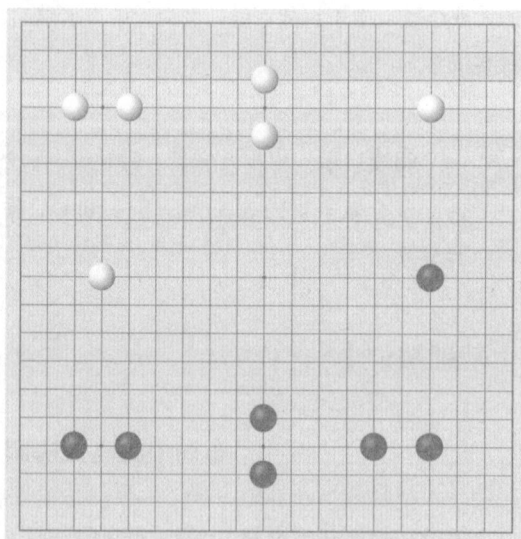

图3

图4中，高低协调是为了能在开局布成好形状，黑棋应再补一手棋。

图 5 中，黑 1 在三线上拆补，下面的黑棋全部处于低线，面对左右两角的白方阵势，黑方显得过于保守。

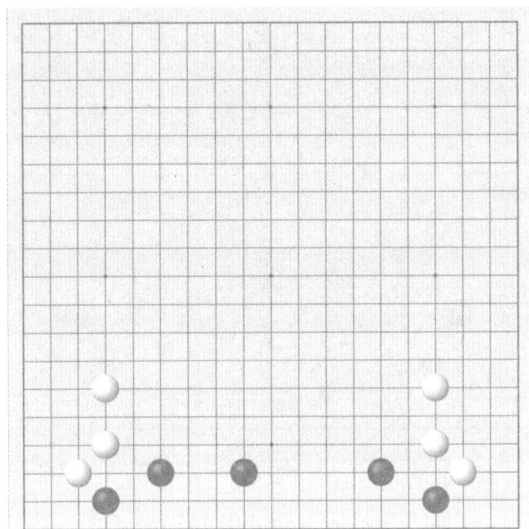

图 4

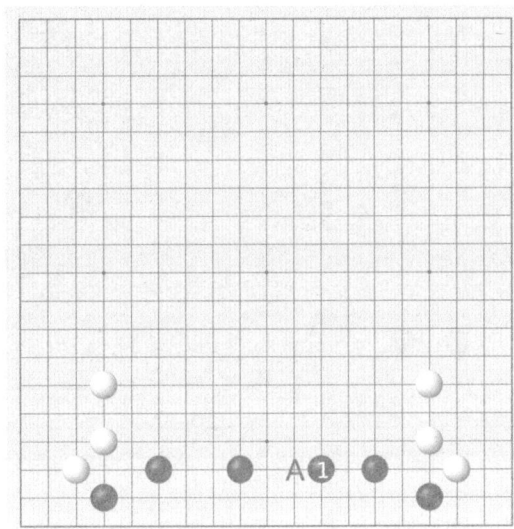

图 5

图 6 中，黑 1 飞于四线补棋，配合左右的黑棋低线的子形成灵动的棋形。

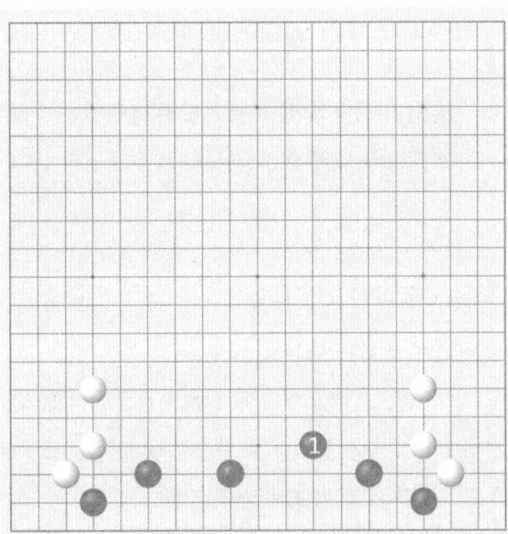

图 6

【基本技能】

1. 图 7 中，黑方此时若在下边占大场，应该将棋行在高线上，还是低线上呢？为什么？

2. 图 8 中，A、B 两点行棋有什么不同？哪一点更佳？

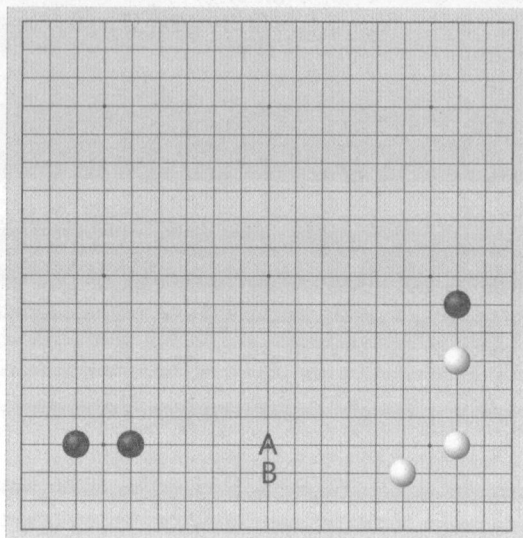

图7

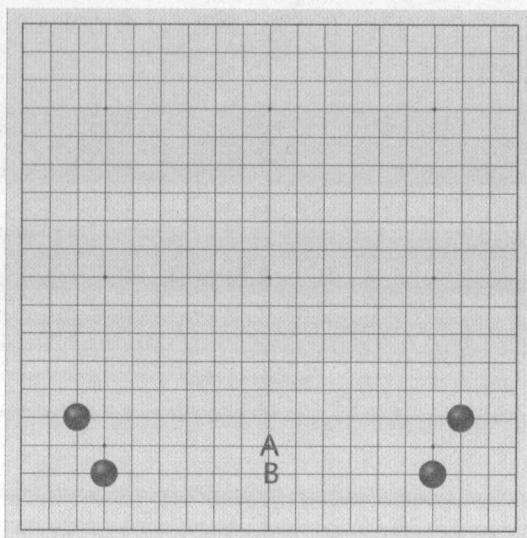

图8

【方寸风雅】

观弈图

明 · 高启

错向山中立看棋，家人日暮待薪炊^{chuī}。

如何一局成千载，应是仙翁下子迟。

赏阅：

不应该在山中站着看别人下棋，已是傍晚时分，家人正等着柴禾烧火做饭呢。一局棋怎么会下了千年之久？大约是仙翁落子谨慎缓慢吧。

高启（1336—1374），字季迪，长洲（今江苏苏州）人，明代诗人，曾任翰林院编修等职。高启学问渊博，能文，尤精于诗，与刘基、宋濂并称"明初诗文三大家"，又与杨基、张羽、徐贲（bì）合称"吴中四杰"。有《高太史大全集》等。

【手谈经纬】

兵本不尚诈谋，言诡道者，乃战国纵横之说。棋虽小道，实与兵合。

——《棋经十三篇 · 斜正篇》

赏阅:

　　兵法本来不崇尚诡计,说诡诈之道的,是战国时代纵横家的说法。围棋虽然是一种小技艺,但道理却与兵法相合。

【乾坤通识】

围棋常用术语(十一)

　　狭义的点就是下一着棋可破坏对方的眼位。图9中,黑1点后,白就无法做活。它大多数用在死活上。广义的点范围很广,在对局中主要有如下几种形式:

　　1.图9中所讲的是破眼时的点。

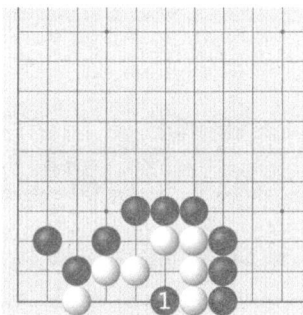

图 9

　　2.可以用来窥视对方的断点或薄弱环节,以达到借机促使对方棋形尽早固定,以免将来多变的作用。图10中,黑1、黑3连点,使白棋成为一条棒状,自己却借机整形。

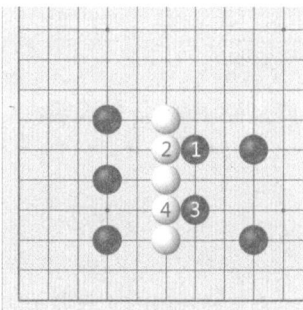

图 10

　　3.在对方的阵势中作试探。图11中,黑1点,看白如何应付后再做打算,是以静待动的好着。

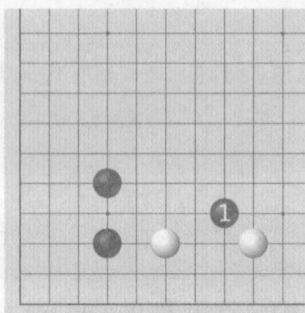

图 11

4.侵略对方的阵地，从深处入手。图 12 中，黑 1 侵分了白棋的角地，并搜取了白棋的根据地。

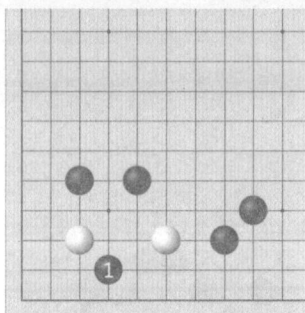

图 12

5.点还有一种说法，是指棋盘上的具体交叉点，如好点、要点等。

【知学思考】

1.为什么布局中一定要注意高低协调呢？

2.联系实际，谈谈你对"棋虽小道，实与兵合"的理解。

【知行合一】

1.与家人、朋友分享故事《黑白兄弟》和高启的《观弈图》，体会对弈、观棋的闲情雅致。

2.图 13 中，右边上的白棋应拆在何处？假若白在右边拆过之后，黑于 A 位拆边，此时左下角的白棋应怎样下？

3.图 14 中，右边的白棋应怎样补棋？下边的黑方应怎样补棋？

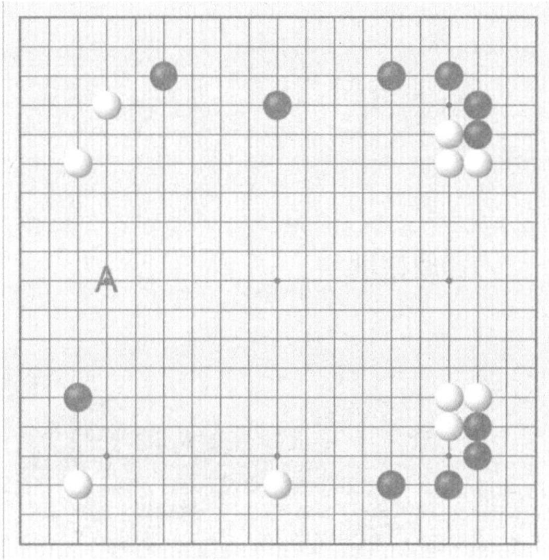

图 13

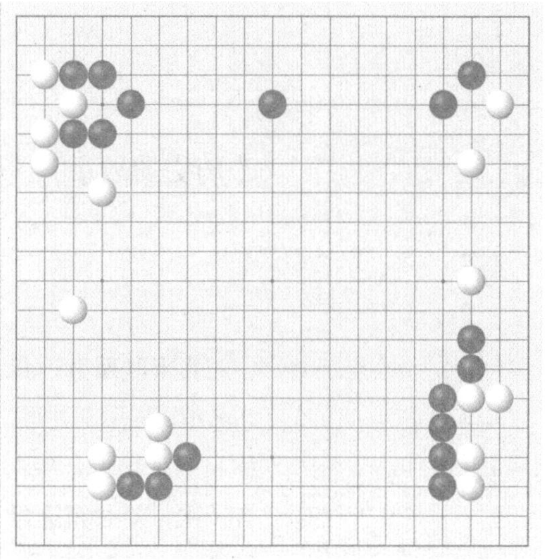

图 14

4*. 名局精粹：上网搜索"施襄夏（白）——胡肇（zhào）麟（lín）（受二子）（第一谱）"，体会对弈之趣。

第三十一课 布局中的大场与急所

【历史典故】

钱塘摆棋

北宋时期有一位知名围棋国手刘仲甫，称霸棋坛二十余年。有一次，刘仲甫途经钟灵毓(yù)秀的钱塘，每日都出门看钱塘高手对弈。几日后，他忽然在自己住的旅馆门外树起一面"江南棋客仲甫，奉饶天下棋先"的招牌，并拿出白银三百两作为赌注。这面招牌很快引来当地的议论，钱塘的围棋高手都准备与他一较高下。

钱塘的富户也凑了白银三百两作为赌注，请刘仲甫与本城棋品最高者对弈。两位高手行至50着，局面上刘仲甫已处处受制，又过20着，他突然故意搅乱棋局，把棋子都捡入棋盒内。观看下棋的人都指责他耍赖，可刘仲甫却淡定地说："钱塘高手如云，美名在外，我来这里就是为了试试自己的实力，若能得胜，就北上入都担任棋待诏，否则就回老家。近日观棋，我已对钱塘棋手的品次了然于胸，现在就让我为你们剖（pōu）析这几日看过的棋局吧。"说着刘仲甫就在众人怀疑的目光中在棋盘上摆开了这几日看过的所有棋局，边摆边讲，一连摆下70余局，都讲得头头是道，毫无差错，众人这才诚心叹服。

最后他又摆出了刚刚被自己搅乱的一局，说："这一局大家都以为黑方必然得胜，其实白方自有回春妙手。"说罢，刘仲甫就在最不起眼的地方下了一子，20着后，这一子却成了改变全局的要棋，刘仲甫整整胜了13路！从此，刘仲甫更加棋名大振，成为一代国手。

阅读启示： 围棋千变万化，在行棋过程中，要认真思考，决定自己该出哪一手棋，有的高手下一着棋甚至要想到后面的几十步棋。学习也是如此，要有认真的态度，积极思考，才能取得好成绩。

【基础知识】

布局中的大场与急所

在围棋的布局阶段，棋盘上的各个战略要点叫"大场"，在布局阶段应尽可能多地抢占棋盘上的"大场"。此外，布局时还有比一般大场更急迫的下子之处，这便是"急所"。"急所"是在敌我双方互相接触的棋形中，无论对于攻方还是守方都至关重要的那些点。

图1中，白1是布局中的双方必争之处，若让黑方占领，白左右两侧将被攻击，但白方若占此处，将构成气势宏伟的模样。

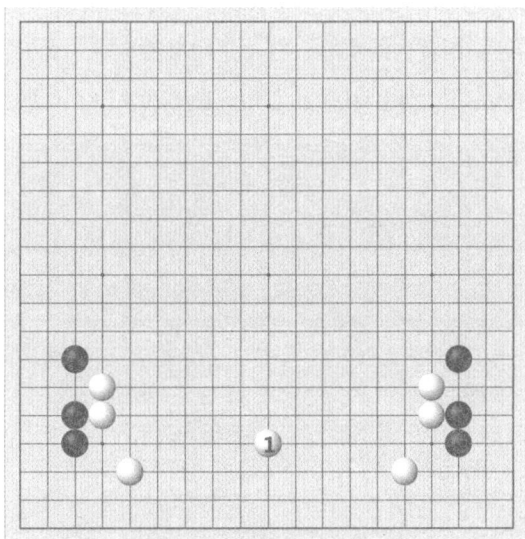

图1

图2中，黑1最大限度地开拆是布局中的大场，也是黑白双方开拆的中心点，白2只能在狭小的地方逼住，黑3跳起后，与左下角黑棋构成规模宏大的阵势。

图3中，若白方先走，白1拆，黑方只能在2位逼，黑3起跳，与右下角的白棋构成大模样。双方各自占角之后棋盘边路的中心往往是布局的大场。

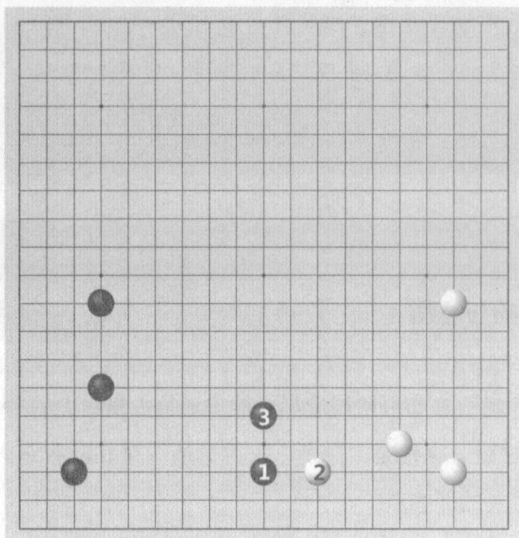

图2

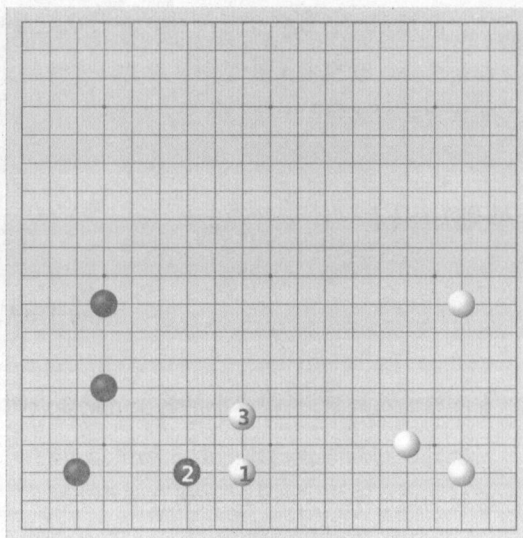

图3

图4中，黑方在左上角的定式并未走完，应在A跳一手才能完成。但黑方却脱先在左下角托角。当左下角的定式以黑一子的开拆而宣告结束后，右边是明显的大场。此时白子应下在何处呢？

图5中，白1分投，很大，黑2跳，补净左上角，白方可在A、B两点选择开拆。

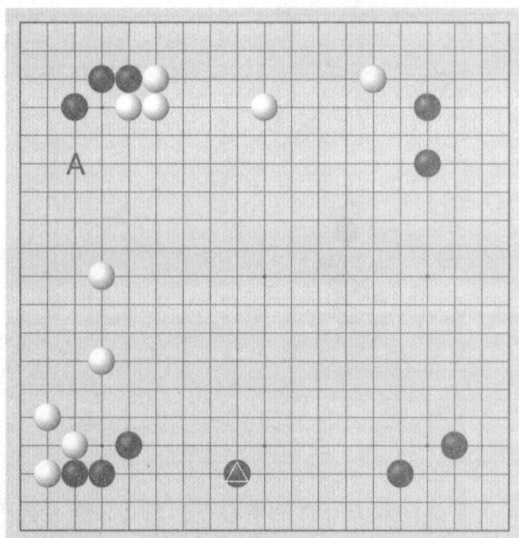

图4

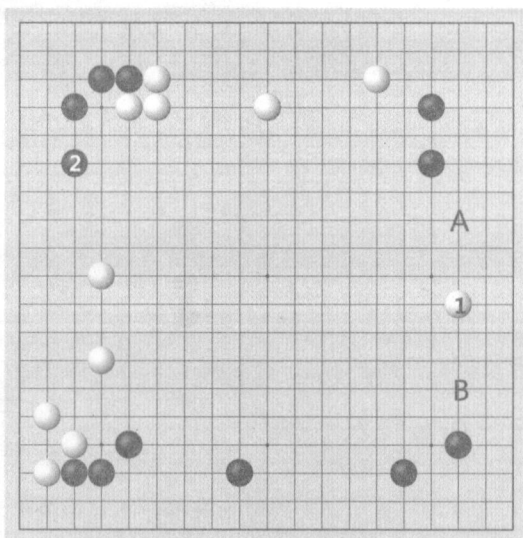

图5

图6中，白1靠下，黑2下扳，白3挤，黑4粘住，白5长时，黑6爬，白7长后，黑在右边占大场，白失去占右边大场的机会，但在左上角得到补偿。左上角的黑棋被白压迫在低线上，且白方上边的阵势与左边的阵势连成一片，形成模样。此时，轮到白方行棋，白方可选择在黑阵中打入或侵消。

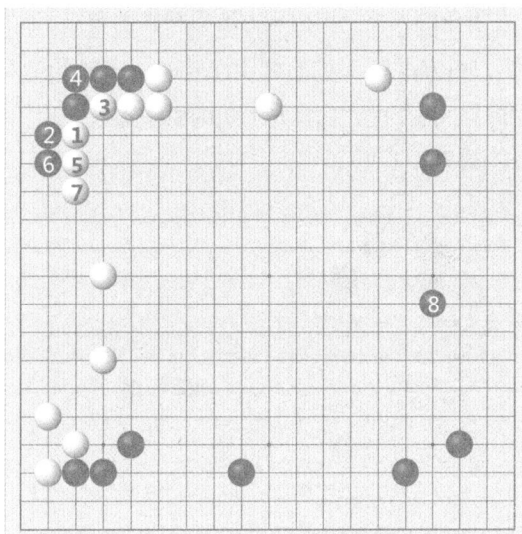

图 6

置未行完的定式于不顾而脱先它投时，对方一定会有相应的手段来给予回击，此时也往往会产生布局的急所。此外，在布局时与双方根据有关的应接中也容易产生急所。

图 7 中，右上角黑在 A 位大飞一手才能完成定式的基本形。A 位是黑方活棋根据的要点。但黑方却舍此一手而脱先它投，作为白方应把右上角的黑棋作为攻击目标。

图 8 中，白 1 刺，黑 2 接，白 3 立，黑 4 扳，白 5 反扳住，这时右上角的黑棋因为无法做成两个眼只能逃向中腹。在布局阶段，若一方取得根据的要点被对方占据，那么它在以后的棋局中会成为被攻击的对象。

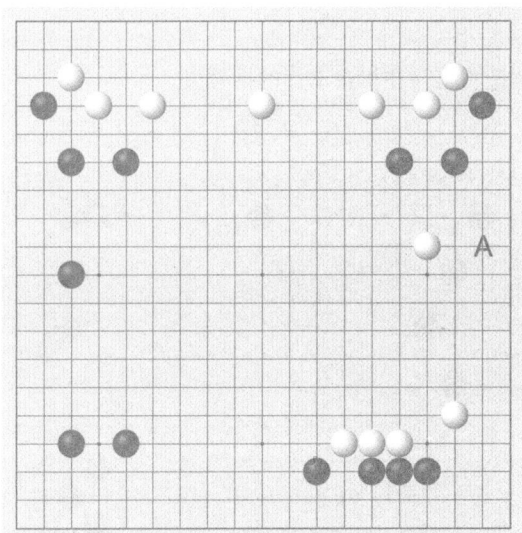

图 7

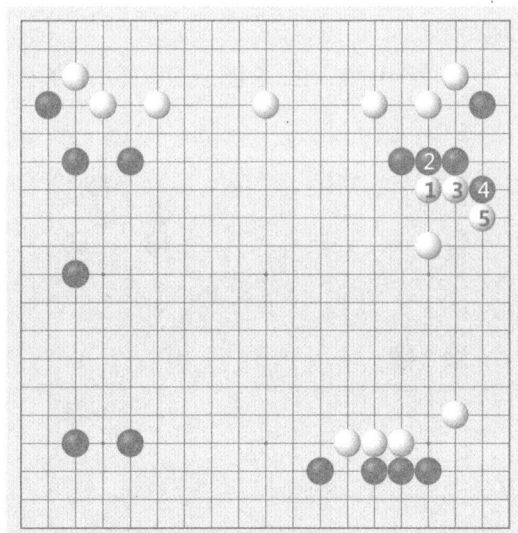

图 8

布局阶段为己方取得根据或争夺对方的根据是整个布局的急所。特殊时，还会有一手棋关系到对局双方的根据，谁占有它，谁就能成活。

图9中，轮到白棋行棋，左下角的A位是黑白双方取得根据的要点。谁占有它，谁就能拥有主动权。

图10中，轮到白方行棋，白方占有A位的可能性较大。白1下在A位，黑2扳，白3点，黑方眼位不全，若黑4粘，白5尖、白7虎，白棋与下边的棋子连成一片。

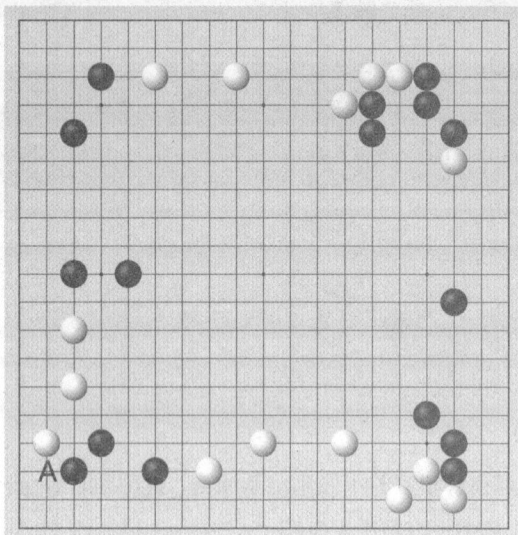
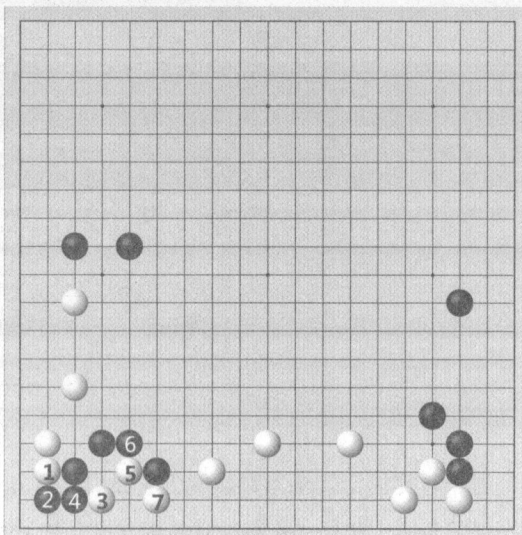

图9　　　　　　　　　　　　　　　　图10

【基本技能】

1.图11中，轮到白行棋，A、B、C哪个点是黑白双方取得根据的要点？请把答案写在棋盘下面的括号里。

2.图12中，A、B、C哪一点是双方的要点？请把答案写在棋盘下面的括号里。

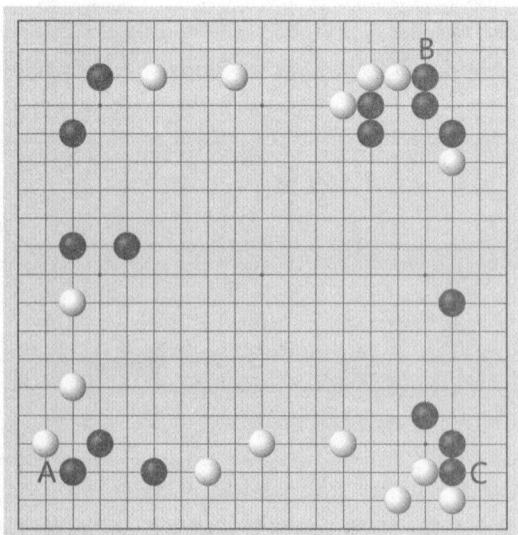
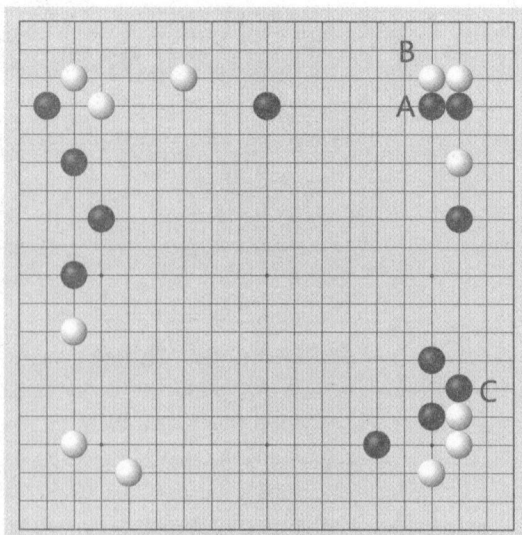

图11（　　）　　　　　　　　　　　　图12（　　）

题八仙对弈图

清·纪昀

局中局外两沉吟，犹是人间胜负心。

那似玩仙痴不省，春风蝴蝶睡香深。

赏阅：

无论是对弈的人，还是在旁观看下棋的人，都面对棋局感触颇多，这个世界最令人难以释怀的就是胜败之心。下棋不过是消遣而已，岂能沉迷其中太过当真？如此还不如去睡大觉。

纪昀（1724—1805），字晓岚，晚号石云，直隶献县（今河北沧州）人，清代政治家、文学家，曾任左都御史、礼部尚书等职。纪昀学宗汉儒，博览群书，工诗及骈（pián）文，尤长于考证训诂（gǔ）。有《阅微草堂笔记》《纪文达公遗集》，主编《四库全书》。

【手谈经纬】

得品之上者，则异于是，皆沉思而远虑，因形而用权，神游局内，意在子先，图胜于无朕，灭行于未然。

——《棋经十三篇·斜正篇》

赏阅：

棋品高的人，与旁人不同，个个深谋远虑，根据具体情况而随机应变，全神贯注于棋局之中，在投子之前已拿定主意，总是在没有征兆的情况下谋划取胜之道，在可能输棋的地方做足防备。

【乾坤通识】

围棋三阶段

围棋的"围"字包含了两个方面的意思，一是围吃对方的棋子，二是围地占空。从根本上说，吃子的目的也是为了多占一些空。

下一盘棋大致要经过以下过程：开始排兵布阵，抢占战略要点，构筑势力范围，也就是布局；然后双方展开激烈的战斗，通过战斗来反击对手的意图，实施自己的规划，也就是中盘；最后双方划清各自的边界线，为最后的数目做准备，也就是收官（又称官子）。简而言之，布局就是排兵布阵，中盘就是作战，收官就是确立竞逐边界。

布局、中盘、收官是一局棋通常的阶段划分，但并不绝对。一般来说，我们在对局时，会首先进入布局阶段，然后进入中盘阶段，最后进入收官阶段。

【知学思考】

1. 布局中的大场是什么？急所是什么？

2. 在下棋过程中，通常是怎样划分三个阶段的？

3. 联系实际，谈谈你对"图胜于无朕，灭行于未然"的理解。

【知行合一】

1. 与家人、朋友分享故事《钱塘摆棋》和纪昀的《题八仙对弈图》，懂得学习要有认真的态度，积极思考，掌握真才实学，为国家建功立业。

2. 图13中，黑1挂角后，白2二间高夹，黑方脱先于3位跳，此时轮到白行棋，急所在哪里？

3. （黑先）图14中，右上角的急所在哪里？

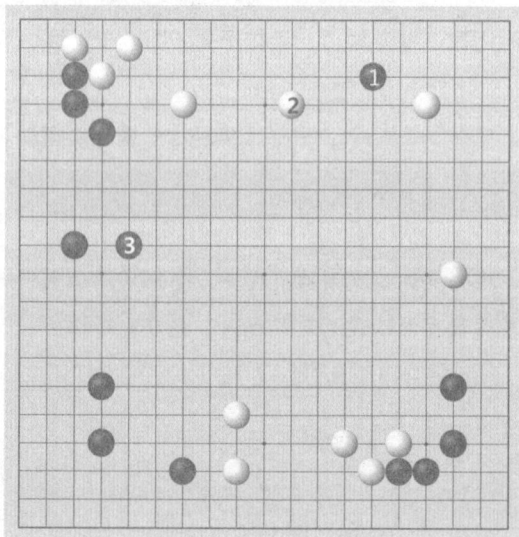

图13

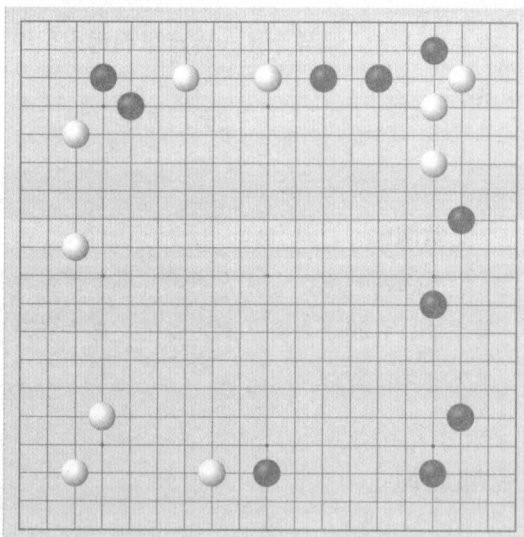

图14

4. 围棋游戏——孔明棋（三）

孔明夜观天象，参悟天机，还原推演思考难题，跳过的棋子越多越好。规则如下：

（1）在方阵范围内，以跳跃的方式（横或直）移动棋子。

（2）被跳过的子必须从棋盘上拿掉，每次只能跳过一颗子。

（3）棋盘上没有棋子可以跳跃时，游戏自动结束，检查剩下的棋子数。

（4）剩一子，天才；剩两子，聪明；剩三子，中等；剩四子，加油。

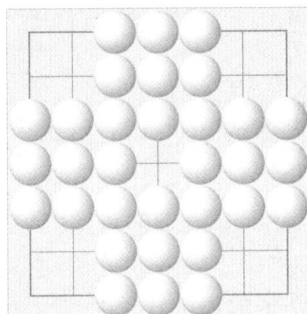

图 15

5*.名局精粹：上网搜索"施襄夏（白）——胡肇麟（受二子）（第二谱）"，感受对弈的乐趣。

【历史典故】

刘基救驾

刘基，字伯温，是明朝开国皇帝朱元璋的军师，他为朱元璋完成帝业起到了重要作用。相传，在明朝建国前的漫长征途中，刘基曾在一天深夜突然造访朱元璋的帐篷。朱元璋以为刘基有要事商议，赶紧穿衣起床，而刘基却说："我棋瘾（yǐn）犯了，想和主公下盘棋。"朱元璋心中疑惑，但也知道其中必有缘由，于是就和他对弈起来。不久，突然有人来报太仓失火。朱元璋放下棋子就要起身去察看，刘基却急忙拦住他说："我棋兴正浓，恳请主公与我走完这盘棋再说，先派个特使前去察看便是。"朱元璋只得坐下继续下棋，并采纳刘基的建议派特使坐着自己的车去现场察看。

棋下到中盘，又有人来报特使的车在半路中了埋伏，特使被杀。朱元璋听后大惊，这才明白刘基深夜来访的意图，敬重地鞠躬拜谢，并追问其中缘由。刘基这才泰然答道："我夜观天象，发现主公今晚有一劫难，所以特来救驾。"朱元璋劫后余生，看着满天的星空，满怀雄心地说了一句："天作棋盘星作子，日月争辉。"刘基随口对道："雷为战鼓电为旗，风云际会。"说完后两人相视一笑。之后，朱元璋在刘基等一班文韬（tāo）武略的人才辅佐下一统天下，最终开创了大明王朝。

阅读启示：刘基自幼聪颖，在家庭的熏陶下，从小就好学深思，对儒家经典、诸子百家之书非常喜爱，尤其对天文、地理、兵法之类更是潜心研究，颇有心得。他帮助朱元璋渡过一次次难关，辅佐朱元璋统一天下，开创了大明王朝。

【基础知识】

基本定式

围棋最初的争夺是从角部开始的。双方依据前人的实践和理论走出的彼此都可以接受的两分局势和变化，就是所谓的定式。定式主要有星定式、小目定式、"三·3定式"、高目定式等。

1. 星定式

（1）小飞挂。图1中白1小飞挂是对星位最常见的下法。对此黑有A位的11种常用应法。

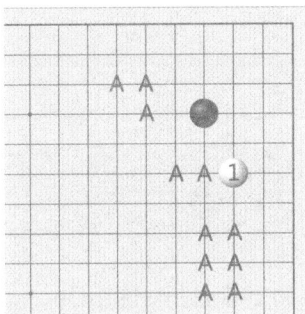

图1

（2）小飞应定式1。

图2中，对小飞挂，与对方挂角同型的小飞是坚实的下法，然后白3飞进角，黑4尖，白5拆。

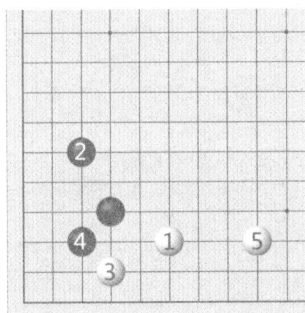

图2

图3中，白1点"三·3"，黑2挡后行至黑10，白方角部成活，而外面的挂角一子已严重受损，黑方获得厚壮的外势。

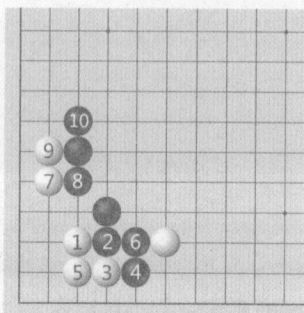

图 3

（3）小飞应定式 2。对图 3 中白 3 的飞角，黑 4 不在上一型的角上尖，而在本图的 4 位夹，这样白 5 尖进角中，以后的变化基本是白取实地，黑取外势。

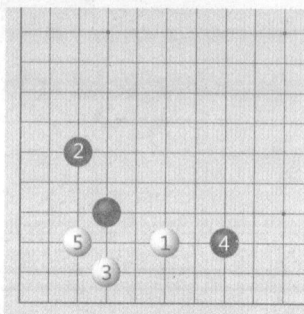

图 4

（4）接基本型的上图续至本图的黑 5，白先手占据角上实地，黑外势很厚，这是两分的结果。

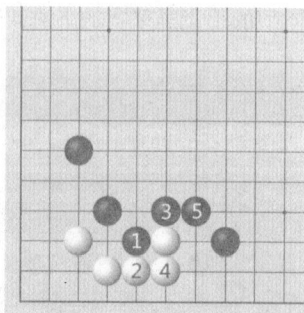

图 5

（5）单关应。图 6 中，对白棋的小飞挂，黑如本型的黑 1 单关应的下法也较多见，黑 1 的单关不如 A 位的小飞应坚实，但比小飞积极主动。

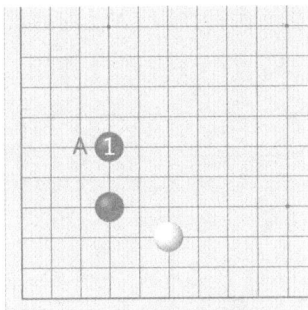

图 6

（6）单关应定式 1。图 7 中，黑单关应后，白 2 飞，如本型的 3 位夹也是星定式的一种，变化至白 10。由于白 10 的大飞绝好，所以白棋稍充分。

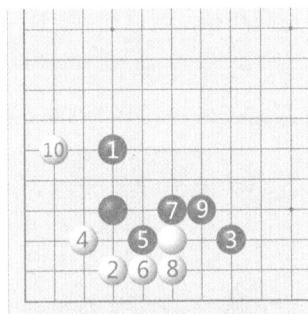

图 7

（7）一间夹定式 1。图 8 中，对白方的小飞挂，黑 1 一间夹相当严厉，有迫使对方点"三·3"之意，一般用于黑方希望取得雄厚的外势之时，迎接将来的中腹作战。

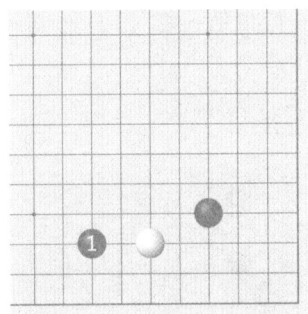

图 8

2. 小目定式

小目占角不仅有实质感、安定感，而且变化繁多。小目在角上处于低位，仅高于"三·3"，每个角都有两个位置可称小目。小目的坐标位置是在"三·4"的方位上，优点为势地均衡。

（1）图9中，对黑小目一子，白棋有种种挂法，A位的一间高挂（运用率最高），B位的小飞挂，C位的二间高挂，D位的大飞挂等等。

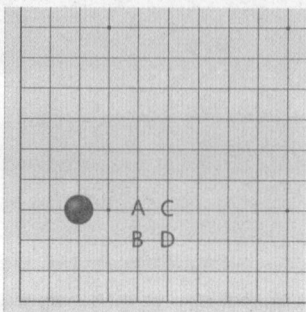

图 9

（2）一间高挂。图10中，白1一间高挂，黑可在A、B、C、D、E、F、G等处应手。白1的高挂适用多种场合。

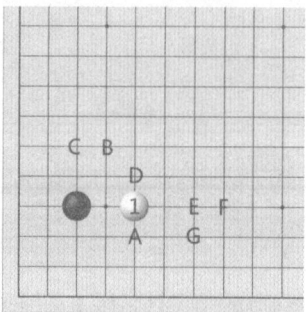

图 10

（3）拆一定式。图11中，黑2拆一应也是一型，白3托，黑4扳，白5退后，黑6下立，双方两分。

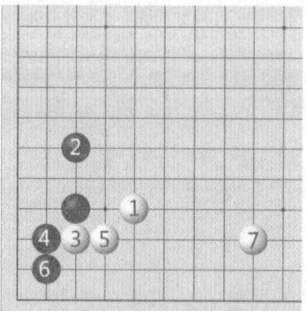

图 11

3."三·3"定式

相对于星位和小目，"三·3"的定式比较少，但在对局中经常见到。该定式的位置较低，一手棋占角，所以它虽利于保存实力，但易被对方压迫于低线，向中央发展较缓。

（1）"三·3"定式。图 12 中，黑 1 所下的点，就是"三·3"定式，对于黑方占"三·3"，白方有 A 位肩冲，B 位一间挂，C 位小飞挂，D 位大飞挂四种下法。

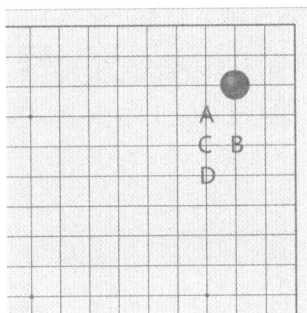

图 12

（2）"三·3"定式 1。图 13 中，白 1 肩冲挂角，黑 2 爬，白 3 长，黑 4 从下面二路飞，白 5 大跳。此后，黑棋于 A 位飞，白方 B 位跳也是定式一型，此图是定式的基本型。

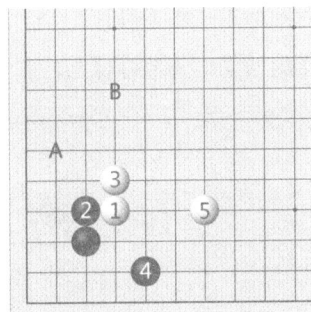

图 13

4. 高目定式

高目占角一般重视外势的发展，高目定式大多以取得一定的势力为目的。

图 14 中，白方对黑的挂角点基本是 A、B 两处。

图 15 中，小目挂角很常见，黑方以后有 A 位外靠，B 位内靠、C 和 D 位飞罩等应法。

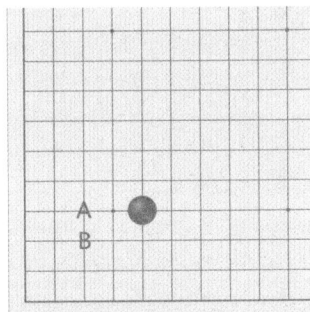

图 14

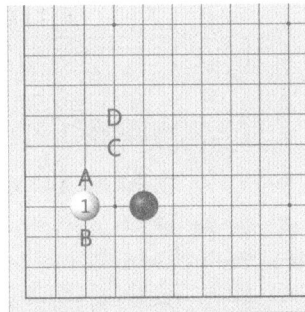

图 15

【基本技能】

1.图16中，白2若拆二将有怎样的结果？是否可行？

2.图17中，黑1大飞应，白2点角，这以后的变化大致会怎样？

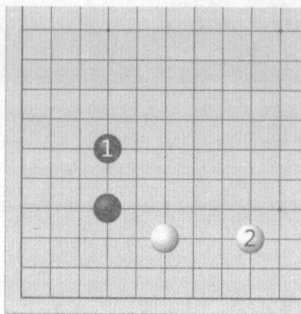

图16

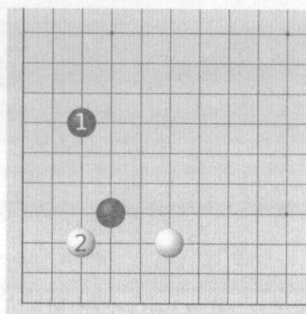

图17

3.图18中，白1若拆二将有怎样的结果？是否可行？

4.图19中，白1若肩冲将有怎样的结果？是否可行？

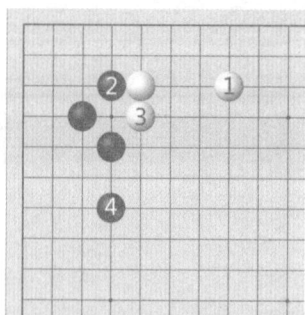

图18

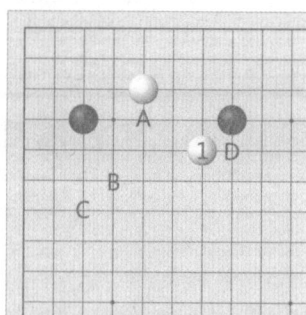

图19

【方寸风雅】

京口观棋六绝句

清·钱谦益

当局轮休下子迟，争先一着有人知。

由来国手超然处，正在推枰敛手时。

赏阅：

轮流落子时不要嫌对方慢，略微领先一步总有人能看出来。向来国手超凡脱俗之处，正是在棋盘边缩手思索之时。

本诗借棋局咏时事，抒发了作者对于改朝换代所感到的痛心慨然。

　　钱谦益（1582—1664），字受之，号牧斋，常熟（今属江苏省）人，明末清初散文家、诗人，他学问渊博，泛览子、史、文籍与佛藏经书，有《初学集》等。

【手谈经纬】

欲强外先攻内，欲实东先击西。

——《棋经十三篇·洞微篇》

赏阅：
要加强外势，就要先攻击对方的内部，想做实东边，就先要攻击西边引开注意力。

【乾坤通识】

围棋布局口诀

先占角，后走边，中间是个草包肚，
三线地，四路势，高低配合封好口；
抢实地，张外势，两翼张开连成片，
行宽处，勿拥挤，有双拆二可分投；
找生根，抢出头，既夹又拆好着点，
要占角，分手数，星和三三角一手；
二手角，无忧角，还可大飞一间跳，
三手角，常星位，星大小飞加小尖；
要拆边，单拆二，立二拆三三拆四，
若挂角，间一二，高低不同有四法；
星取势，三三地，小目定式变化多，
大雪崩，和大斜，村正妖刀最难解。

【知学思考】

1.基本定式中的星定式、小目定式、"三·3定式"、高目定式有什么区别？
2.联系实际，谈谈你对"欲强外先攻内，欲实东先击西"的理解。

【知行合一】

1. 与家人、朋友分享故事《刘基救驾》和钱谦益的《京口观棋六绝句》，懂得军事与博学的关系，历史上著名的军事家都通晓天文地理。学艺也一样，需要具有哲学、文学素养。

2. 图20、图21中，白1或者黑1是星定式中的小飞挂吗？是的画"√"，不是的画"×"。

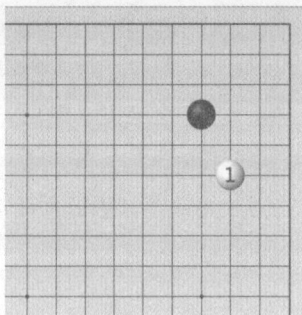 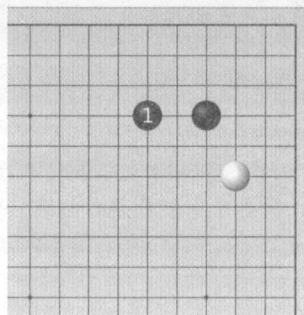

图 20（　　）　　　　　　　图 21（　　）

3. 图22、图23中，哪些是"三·3"定式？是的画"√"，不是的画"×"。

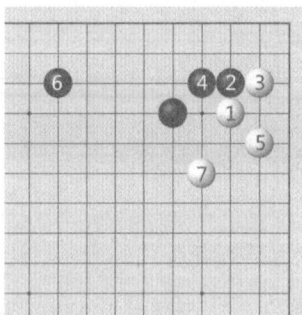 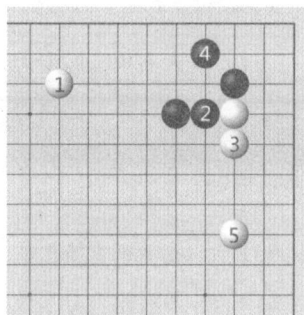

图 22（　　）　　　　　　　图 23（　　）

4*. 名局精粹：上网搜索"施襄夏（白）——胡肇麟（受二子）（第三谱）"，明白知己知彼百战百胜的道理。

本单元教学建议

◎教学目标

1.掌握围地、占角、守角、挂角、布局常识、布局中的拆与逼、布局中的高低协调、布局中的大场与急所、基本定式的概念，并能正确运用。

2.了解并掌握爬、接、顶等围棋常用术语。

3.理解并掌握《棋经十三篇》等基本棋理。

4.学会用一颗诗心观察人生，知道做人要忠于自己的信念，体会对弈者的闲情逸致，明白"自知者明""躁而求胜者多败""穷则变，变则通，通则久"等棋理。

◎教学重点

1.掌握围地、占角、守角、挂角、布局常识、布局中的拆与逼、布局中的高低协调、布局中的大场与急所、基本定式的概念，并能正确运用。

2.掌握爬、接、顶等围棋常用术语。

◎教学难点

1.占角、守角与挂角的基本棋形。

2.布局中的拆与逼、布局中的高低协调、布局中的大场与急所的基本棋形。

3.定式的记忆和运用。

◎广览博学

1.搜索、阅读《棋经十三篇》（自知篇、审局篇、度情篇、斜正篇、洞微篇）。

2.搜索、阅读"五赋"之四——梁武帝《围棋赋》。

3.搜索、观看视频《围棋人机大战 AlphaGo VS 李世石》（四）。

4.搜索、观看视频《围棋人机大战 AlphaGo VS 李世石》（五）。

5.搜索、观看视频《围棋人机大战 AlphaGo VS 柯洁》（一）。

第五单元

中盘

本单元概述

　　本单元安排的课程内容和教学目标是：引导学员熟知中盘基础理论、实战中的棋形基础知识；通过学习《刮骨对弈》和《围棋国手——刘仲甫》两则历史典故，懂得要做一个意志坚强的人，下围棋要实事求是，且明白寂寞清静才能达到深远的境界，冷静细致才能看清事物本质；通过赏阅《观棋和钱牧斋先生》和《送霞裳之九江》两首古诗，体会下棋时观者的全神贯注；通过理解《棋经十三篇》中的名句，懂得棋品如人品、知识与品德并重的道理。

第三十三课 中盘基础理论

刮骨对弈

关羽，字云长，三国时期蜀国名将，为人赤胆忠心，义薄云天，作战机智勇敢。关羽去世后，备受民间推崇，被后人称为"武圣"，与"文圣"孔子齐名；民间又尊其为"武财神"，与"文财神"范蠡（lǐ）共尊。

有一次，关羽在带兵攻打樊城时中了敌军的毒箭，整个右臂都动弹不得。大家劝关羽先回荆州治疗，但关羽决心攻下樊城再做治疗。名医华（huà）佗（tuó）闻讯赶来，看过关羽的箭伤后说："将军右臂的毒已经侵入骨头，普通药物无法治疗，只能割开皮肉，用刀刮去骨头上的毒，再敷（fū）上药，以线缝合，才可治愈。"由于没有麻药，手术非常残酷。为了镇痛，关羽叫人取来围棋，一边下棋，一边让华佗为他刮骨疗毒。手术过程就连将士们都不敢看，全程只听见刀子刮在关羽手臂的骨头上"嘎（gā）吱（zhī）嘎吱"的声音，可关羽虽疼得满头大汗，依旧聚精会神地下着棋。

等华佗刮完骨头上的毒，缝好伤口，关羽才大笑着站起来，伸伸胳膊说："先生真是神医啊！"华佗赞叹道："像将军这样勇敢坚强的，世间难有第二人了！"

阅读启示：该故事通过描述华佗为关羽将深入骨头的毒液用刀刮除的过程，表现了关羽令人敬佩的坚强意志，同时也反映了神医华佗精湛的医术。

【基础知识】

中盘基础理论

下好中盘首先要有良好的计算能力，也就是要把死棋、活棋算清；双方棋子接触战斗时要找到攻守要点；对杀时要算清哪一方气长。中盘作战时，分断对手，连接自己，是常用的下法。夺取对方根据地，使其不能就地成活，从而攻击获利的着法叫搜根。面对对方的大模样，必须要把它破坏掉，打入和浅消是常用的破坏对方大模样的手段。逃跑用跳，包围用尖和飞，这是中盘作战的一般常识。例如，图1中，白1镇，黑2尖，都是中盘作战的手段。

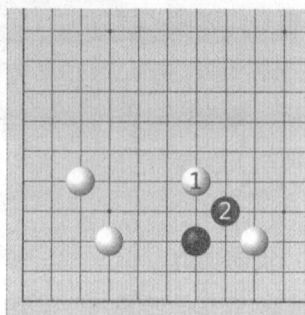

图1

图2中，黑棋在下边形成的结构是大模样，白棋必须将它破坏掉。

图3中，白棋下在A位是破坏对方大模样的常用手段，该手段被称为打入。

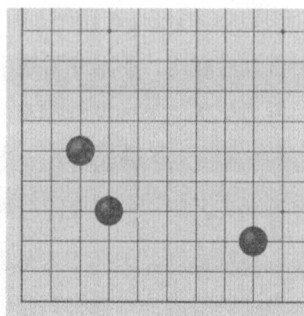

图2

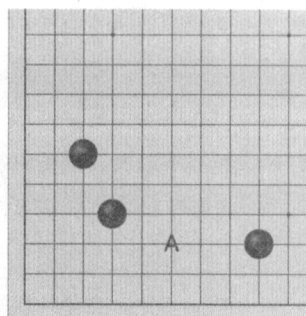

图3

图4中，黑棋一颗子落在白棋的包围中，白1尖是常用的封锁黑棋的手段。

图5中，白棋一颗子同样落入黑棋的包围中，黑在A位飞也是常用的封锁白棋的手段。

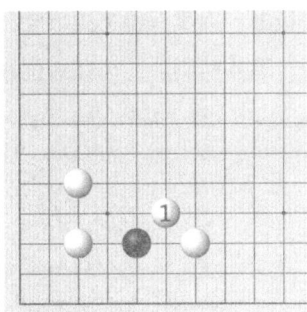

图 4

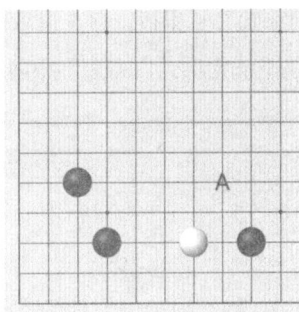

图 5

图 6 中，对于黑棋的一颗子，白 1 镇封锁黑棋也是常用的下法。

图 7 中，白棋现在面临封锁，白 1 尖是逃跑的手段，可以保持连接。

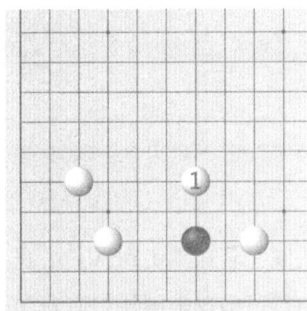

图 6

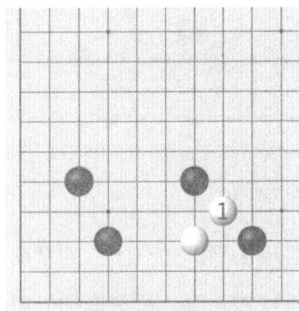

图 7

图 8 中，下边两颗白子是二间跳，棋形薄。白棋如何取得优势呢？

图 9 中，白 1、白 3 靠扳分断黑棋，黑棋被迫走 6 位以下的治孤（巧妙利用对方的棋型缺陷和薄弱环节，将自己的孤棋进行妥善、高效的处理）。白 7 通过攻击加强后在白 15 罩住黑二子，确立优势。

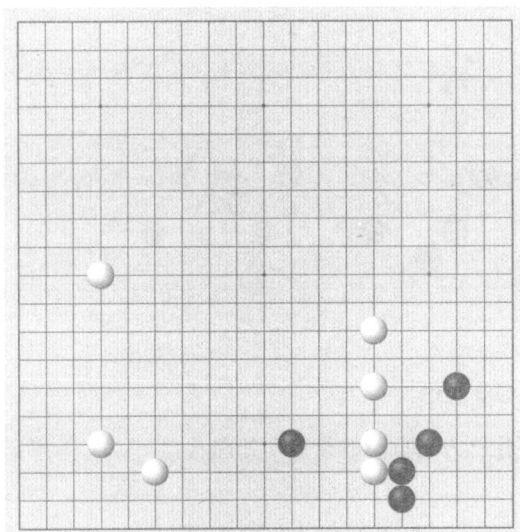

图 8

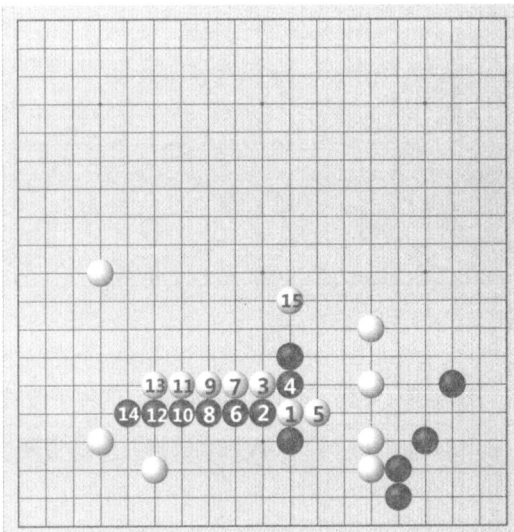

图 9

图 10 中，对白 1，黑 2 从里扳，白 3 退后于 5 位扳断，白棋获得下边大空。

图 11 中，白 1 镇下法错误。白右边形很薄，黑 2、黑 4 两刺后，黑在 6 位靠，白反受攻击。

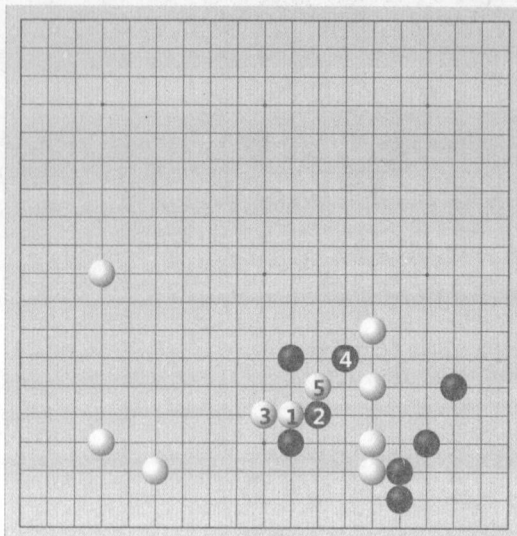

图 10

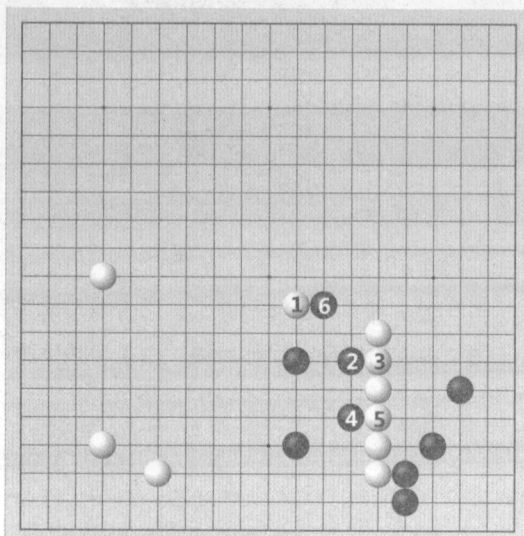

图 11

图 12 中，白想要攻击黑下边三子，应从哪里着手呢？若让黑走到 A 位，黑基本成活。

图 13 中，白 1 长搜根正确，黑只能向外逃跑，白棋可借攻击围住右边大空。

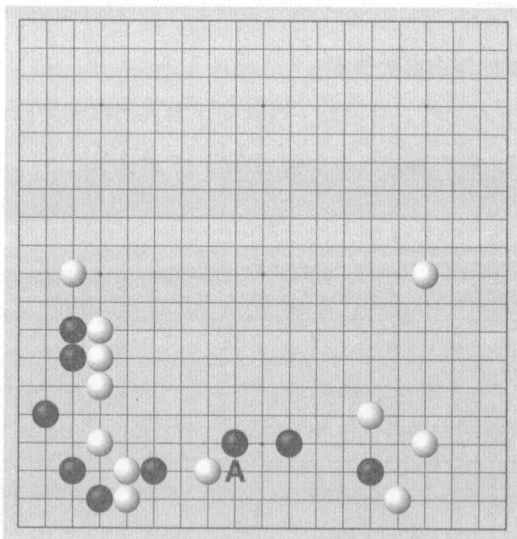

图 12

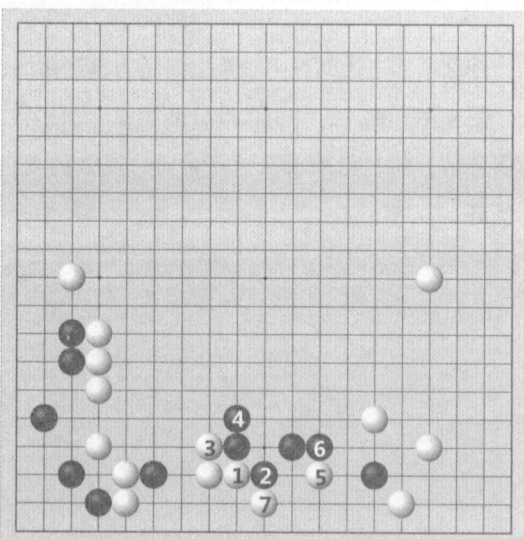

图 13

图 14 中，白 1 托对方的无忧角，这种手段被称为试应手。

图 15 中，白 1 下在 A 位是腾挪。通过腾挪，可让己方有危险的棋得到处理。

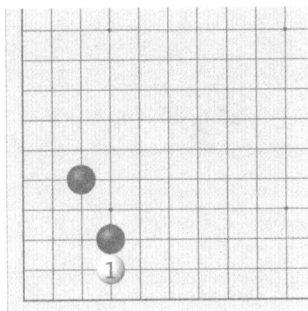

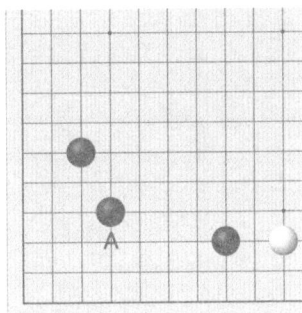

图 14　　　　　　　　　　图 15

【基本技能】

1.图 16～图 19 中，白△时黑棋应如何下？请在要下子的位置写"1"。

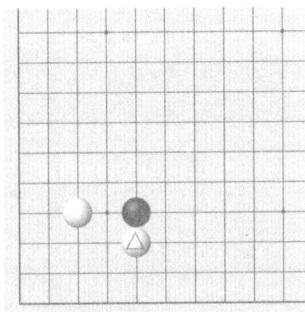

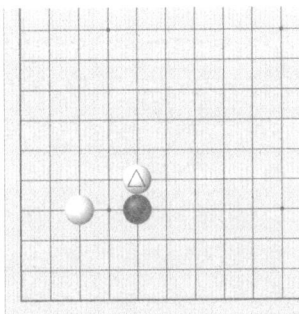

图 16　　　　　　　　　　图 17

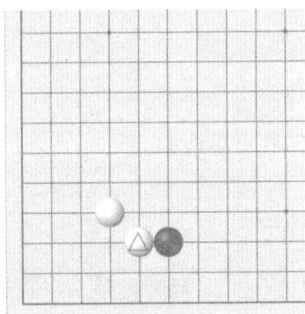

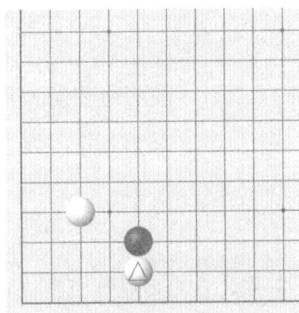

图 18　　　　　　　　　　图 19

2.下图 20～图 23 中，白能否断？能断的画"√"，不能断的画"×"。

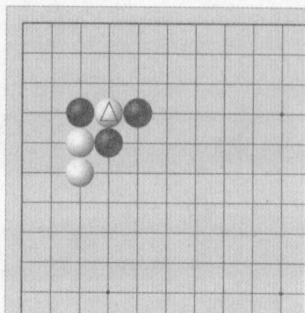

图 20 （　　）

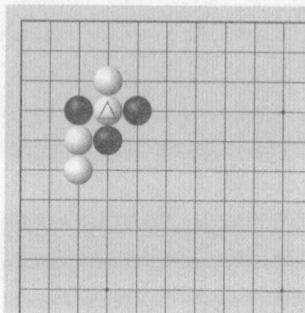

图 21 （　　）

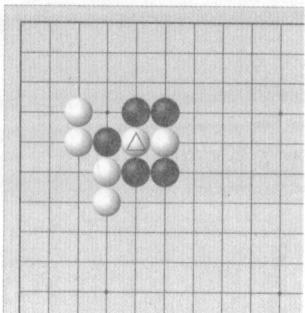

图 22 （　　）

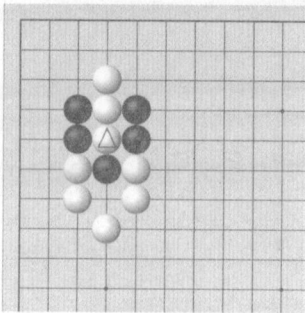

图 23 （　　）

【方寸风雅】

观棋和钱牧斋先生

清·吴伟业

莫将绝艺向人夸，新势斜飞一角差。

局罢儿童闲数子，不知胜负落谁家。

赏阅：

不要向别人夸耀自己的高超棋艺，在棋局中常会发现新的棋形。一局结束，旁观的儿童忙着帮助数棋子，不知道胜负各在哪一方。

这首诗写出了人生、世事的无常，可谓观棋见人生，观棋见世事。

吴伟业（1609—1672），字骏公，号梅村，太仓（今江苏苏州）人，明末清初诗人，曾任翰林编修等职。他与钱谦益、龚鼎孳（zī）并称"江左三大家"，长于七言歌行，初学"长庆体"，后自成新吟，后人称之为"梅村体"。有《梅村家藏稿》《梅村诗馀》等。

【手谈经纬】

夫弈棋者，凡下一子，皆有定名……《传》曰："必也正名乎！"

——《棋经十三篇·名数篇》

赏阅：

下棋对局的人，双方每下一子，都有固定的名称……《论语》中说："必须端正名分！"

【乾坤通识】

围棋中盘口诀

入中盘，实力显，打入侵消攻杀难。

边拆二，二路点，攻击搜根是要点。

边拆三，打中间，腾挪可以上下靠。

边大飞，逼后点，渡过安定又收官。

边超飞，打三线，四路三托真无趣。

攻宜飞，镇住头，形式要点天王山。

模样小，可浅消，尖冲飞吊退自如。

模样大，需打入，里可生根外可逃。

碰靠托，可腾挪，三路二路要手段。

台象镇，不怕刺，点刺生根相思断。

【知学思考】

1.中盘基础理论中哪些是常用的破坏对方大模样的手段？

2.联系实际，谈谈你对"必也正名乎"的理解。

【知行合一】

1.与家人、朋友分享故事《刮骨疗毒》和吴伟业的《观棋和钱牧斋先生》，学习关羽赤胆忠心的品格和勇敢坚强的毅力。

2.图24～图27中，白△时黑棋应该怎么下？请在要下子的位置写"1"。

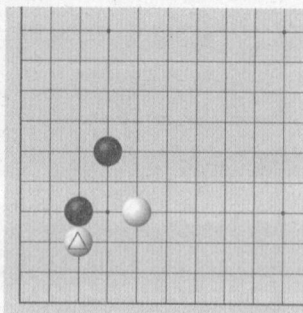

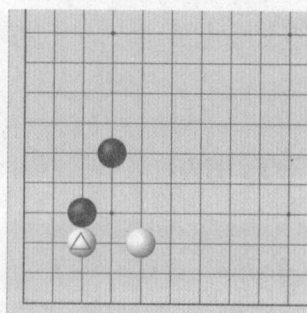

图 24   图 25

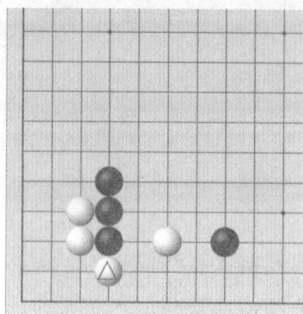

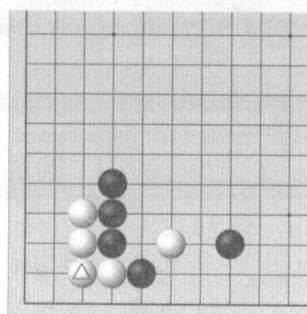

图 26   图 27

3*. 名局精粹：上网搜索"施襄夏（白）——胡肇麟（受二子）（第四谱）"，体会弈棋之妙。

【历史典故】

围棋国手——刘仲甫

刘仲甫是北宋时期有名的围棋国手，独霸棋坛二十余年，期间不断涌现新的棋手，想要取代刘仲甫的地位。

祝不疑也是当时的一位棋手，一天正好去京城办事，偶然被同乡拉到寺庭里观看国手下棋，恰巧刘仲甫也在，人们便要祝不疑与刘仲甫下一盘。开始时祝不疑请刘仲甫让子，刘仲甫告诉他："能到此处下棋的都是高手，先后都需要争呢！"于是刘仲甫让先，终局时祝不疑败了三目棋。祝不疑再次问刘仲甫："现在能让子了吗？"刘仲甫说："你的棋开始时走得很好，照这样我是不能让的；可是后来的走法不很理想，照如此下让五子也可以。"祝不疑笑而不语。可是第二盘下到三十余子，刘仲甫突然面色凝重地停下，拱手问道："敢问贵姓？"祝不疑的同乡忙随口胡诌（zhōu）："他是信州的李子明。"刘仲甫说："我虽然未曾出过京城，但也听说衡州有位祝不疑棋艺精湛，今年秋天便要进京做官，你是否认识此人？可惜我今日有约，这盘棋是下不完了，日后有机会一定登门拜访。"刘仲甫就此离去，后来有人告诉他在寺庭和他下棋的正是祝不疑，刘仲甫感叹道："果然名不虚传！"后来，两人多有来往，但奇怪的是从不谈棋，或许是刘仲甫知道祝不疑棋艺胜过自己，不敢再战。

阅读启示: 棋界很多人认为，刘仲甫独霸北宋棋坛二十余年，而祝不疑可以让刘仲甫一子以上。"长江后浪推前浪""江山代有人才出"，一切事物都是向前发展的，后人超过前人也是历史的必然。

【基础知识】

实战中的棋形

实战中的棋形问题，是初学者急需解决的问题，愚形和俗手这种不正规的形状若不改正往往会直接影响全局的胜负。不论从布局角度，还是从中盘角度，若棋形好，在将来的作战中就会更加主动。

图1中，五颗白子在一处显得呆滞，这是典型的凝形。

图2中，A、B两处不需白子加入，这是好形。

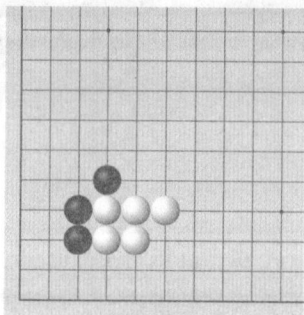

图1

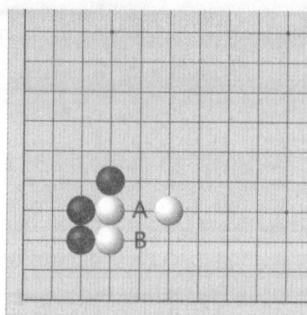

图2

图3是典型的俗手产生出来的愚形。白1冲是俗手，黑2扳住，白1和黑2交换，白方棋形变糟。

图4中，白1和白3都是大俗手。白方四子，黑方也是四子，白方四子潜力小，而黑方的子既占角地，又占边地，还取外势。

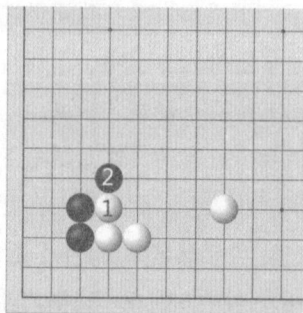

图3

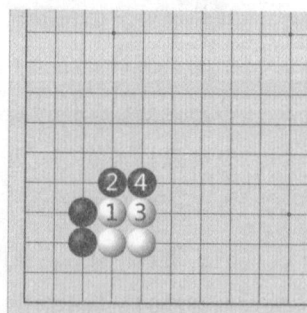

图4

图5中，白四子是提掉黑一子后产生的形状。

图6中，与图5相比，白△一子显得多余，作用不大。

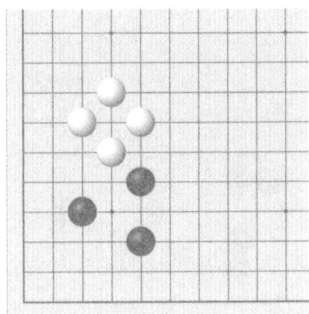

图 5

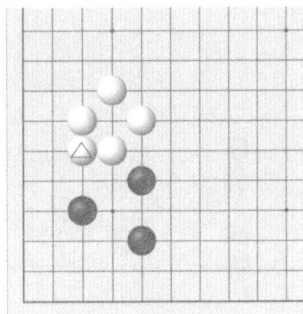

图 6

图 7 中，黑 1 扳，白 2 曲，这是空三角愚形。白棋的形状不仅没有紧黑棋的气，也没有对黑棋构成威胁。

图 8 中，黑 1 扳，白 2 拐，白棋形状很好。黑▲一子受了损伤，几乎失去价值。

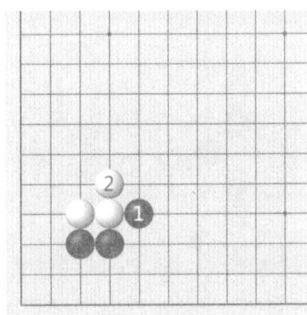

图 7

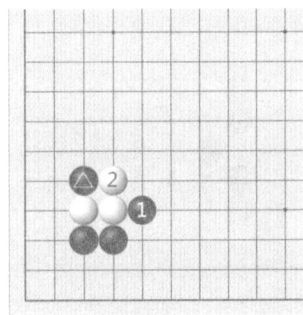

图 8

图 9 中，黑白双方棋子的棋形都很好。黑棋想攻击整块白棋，黑 1 刺，轮到白方走，白棋如何走呢?

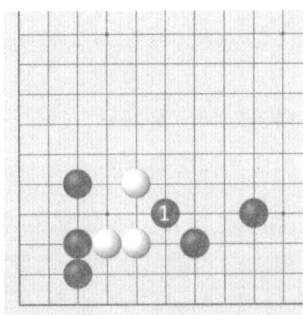

图 9

图 10 中，白 1 双，不仅出头广阔，而且威胁压迫了黑▲一子。若黑 2 长出，白 3 跳，白棋形状生动。

图 11 中，白 1 双，若黑 2 扩张右侧势力，白 3 扳下，黑 4 下立，黑左下角受损，白方获利。

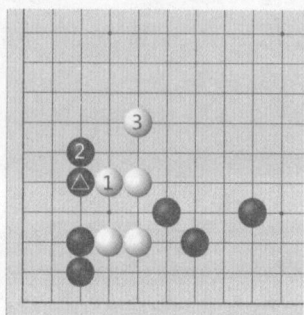

图 10

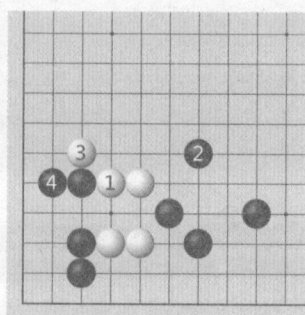

图 11

图 12 中，黑 1 是大俗手，它没有将自己的棋活干净，反而加强了对方的棋。白将来于 A 位点将十分严厉。

图 13 中，黑 1、黑 3 托退，白棋下立，白棋不怕 A 位有断点，若黑断，白方利于迎战。

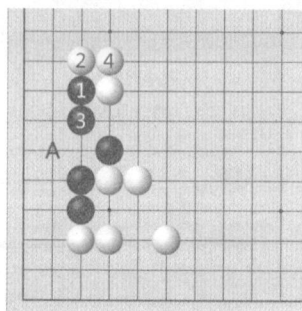

图 12

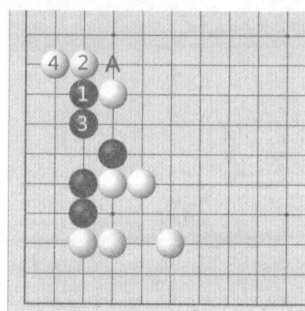

图 13

【基本技能】

1.（黑先）图 14 中，黑 1 打，白棋如何应是好形？

2.（黑先）图 15 中，黑 1 打，白应如何应对呢？

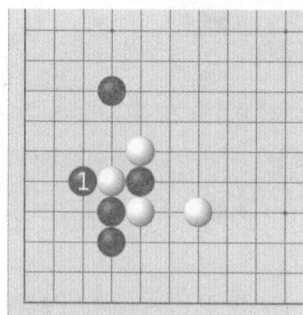

图 14

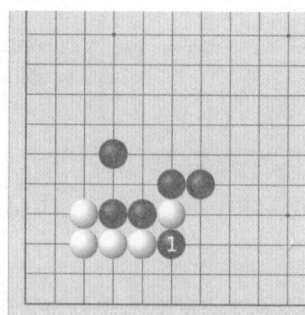

图 15

3.（黑先）图 16 中，黑在角上如何补棋？

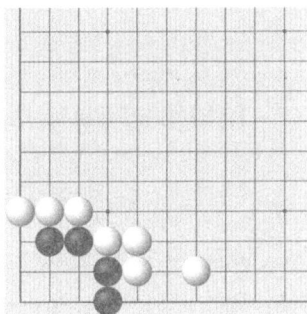

图 16

【方寸风雅】

送霞裳之九江

清·袁枚

新共扬州看明月，谁知转眼赋西征。

残棋再着知何日，怕听秋藤落子声。

赏阅：

刚刚才在扬州一起看明月，谁知你一转眼就要远行九江。这盘残局不知何时才能继续下完，最怕听见秋藤落下子来，因为这会让我想起我们一起下棋的日子。

袁枚（1716—1797），字子才，号简斋，晚年自号仓山居士，钱塘（今浙江杭州）人，清代诗人、散文家、文学评论家，曾任翰林院庶吉士。袁枚与赵翼、蒋士铨（quán）合称为"乾嘉三大家"，又与赵翼、张问陶并称"性灵派三大家"。有《小仓山房集》等。

【手谈经纬】

夫围棋之品有九。一曰入神，二曰坐照，三曰具体，四曰通幽，五曰用智，六曰小巧，七曰斗力，八曰若愚，九曰守拙。

——《棋经十三篇·品格篇》

赏阅：

围棋的品格一共九种：一是入神，即神游局中，妙不可言；二是坐照，即万象了然于胸；三是具体，即从大处着眼，小处入手，兼有众长；四是通幽，即知其意而达到妙境；五是用智，即智谋深重；六是小巧，即局部手段巧妙；七是斗力，即用蛮力夺胜；八是若愚，即遵守教条，防守坚固；九是守拙，即不斗巧斗勇，坚守愚拙。

【乾坤通识】

围棋作战判断

1. 作战范围内的子力对比，子力多的一方作战有利。了解作战的范围，可以通过扩大或缩小作战范围，使得在子力优势的范围内定型，从而取得理想的结果。

2. 子的配置，子的间距，位置高低，间距近则子的相关性强，位置高则利于向中腹作战发展，位置低则利于就地做活。

3. 子的轻重，包括子的轻重和空的轻重，若子能弃能取，则对作战有利，反之则不利。对于空来讲也是如此，若被破空而能从其他地方得到补偿，则成空域作战都有利。

4. 棋的块数，多一块棋，则多两个眼的负担，向中腹出头也要多一手棋。

【知学思考】

1. 在布局和中盘中，怎样才算是好形？怎样才算是愚形？

2. 在序盘或中盘阶段，怎样达到"拔花一子三十目"的效果？

【知行合一】

1. 与家人、朋友分享故事《围棋国手——刘仲甫》和袁枚的《送霞裳之九江》，懂得"长江后推后浪"的客观规律，一切事物都是向前发展的，要善于发现、培养后人。

2.（黑先）图17中，黑1打，白应该如何应？

3.（黑先）图18中，黑1刺是不是好棋？为什么？

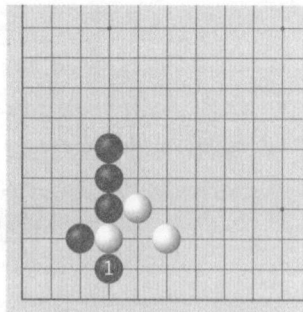 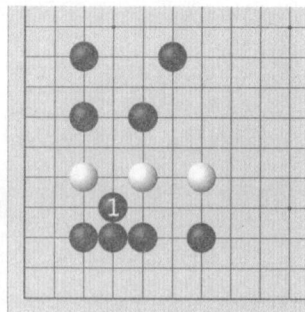

图17   图18

4*. 名局精粹：上网搜索"施襄夏（白）——胡肇麟（受二子）（第五谱）"，感受弈棋之妙。

本单元教学建议

◎教学目标

1.掌握中盘基础知识理论。

2.掌握实战中的棋形。

3.懂得棋品如人品、知识与品德并重的道理。

◎教学重点

1.中盘基础知识理论。

2.实战中的棋形。

◎教学难点

实战中的棋形。

◎广览博学

1.搜索、阅读《棋经十三篇》（名数篇、品格篇）。

2.搜索、阅读梁宣帝的《围棋赋》。

3.搜索、观看视频《围棋人机大战 AlphaGo VS 柯洁》（二）。

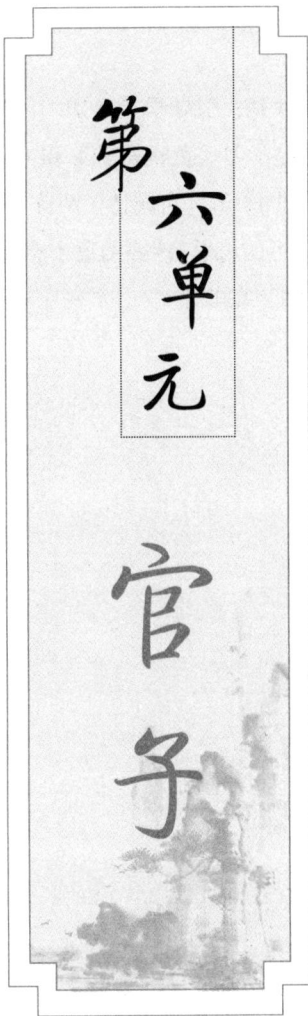

第六单元

官子

本单元概述

　　本单元安排的课程内容和教学目标是：引导学员熟知"目与官子""常见的官子手段""地域的计算与胜负判断"等行棋技术；通过学习《负棋寄驴》和《巧赢棋楼》两则历史典故，明白遇事要懂得随机应变；通过赏阅《松泉坐隐图》和《自题诗》两首古诗，知道比赛有胜负，际遇有好坏，人生有得失，明白寂寞清静才能达到深远的境界，冷静细致才能看清事物本质；通过理解《棋经十三篇》中的名句，懂得"安而不泰，存而不骄"等棋理。

第三十五课　目与官子

【历史典故】

负棋寄驴

范西屏是清朝围棋国手。有一次，范西屏骑着毛驴去扬州探亲，来到江边，想要坐船去扬州，可是自己的驴又无处安放，不禁犯起愁来。这时他看见路旁有人在下有赌注的彩棋，就过去对擂主说："我来和你对弈，但我身上没有带钱，若我输了，便以我的驴作为抵押如何？"擂主欣然应允。对局过后，范西屏果真输给了擂主，就遵守诺言将自己的驴子抵押给了擂主。走时范西屏又说："我回家练好了棋艺再来找你对弈，若那时我赢了，你就将驴还给我可好？"擂主认为他的棋艺不过如此，再怎么练习也没用，于是便爽快地答应了。

一个月后，范西屏探完亲再次回到江边，又来到上次弈棋的地方，对擂主说："我回家苦练了一月，已经棋艺大增，就让你三子吧！"擂主听此狂言很生气，可是两人连下了三盘棋，擂主都输了。擂主大惊，也只能按照约定将驴还给了范西屏。事后，擂主才得知前日与自己对弈的竟然就是国手范西屏，因要过江探亲才故意输棋把驴存放在自己这里。知道这件事的人都非常羡慕地对擂主说："你真有福气，和天下第一高手下了四盘棋，并且还'赢'了一盘啊！"

阅读启示：范西屏是清朝乾隆年间的围棋国手，被棋坛推崇为"棋仙"。他下棋出神入化，落子敏捷；做人聪明灵活，平易近人。该故事也告诉我们，遇事要机智，学会随机应变。

261

【基础知识】

目与官子

围棋的胜负取决于所占地域的多少。术语里用目来代表所占的地域，也就是双方各自所包围的交叉点。已围住的空，一个交叉点计算为一目；每提掉对方一颗子，计算为一目；提掉对方后还能围住1个空点，价值是二目；破坏对方围一目棋，价值一目；围一目同时破坏对方围一目，价值二目。官子虽只是先手、后手之争，有时仅集中在一目、二目的得失上，看起来好像微不足道，但正是这先后手及一目、二目，却可能是胜负的分水岭。

图1中，白棋围住了8个空交叉点，这8个交叉点就是八目。白方还有十六颗个用棋子占领的交叉点，这不叫目。

图2中，黑棋用八颗子围了不用棋子占领的7个交叉点。

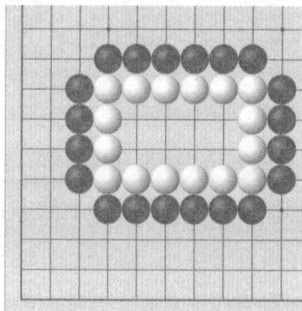
图1

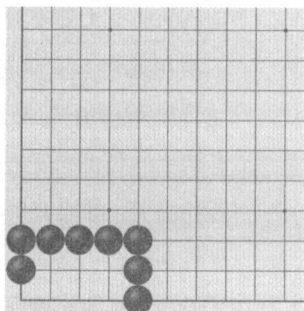
图2

图3中，白棋用8个子围了不用棋子占领的7个交叉点。若吃掉对方的棋子，则对方用棋子占领的交叉点就少1个，即等于己方多了1个不用棋子占领的交叉点。

图4中，在白包围中有黑❶一颗死子，但仍为七目，因为黑❶死子可计算为二目。

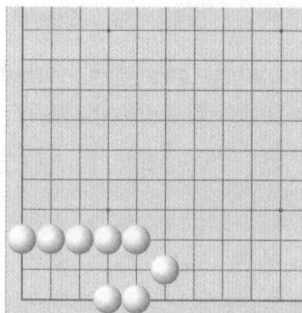
图3

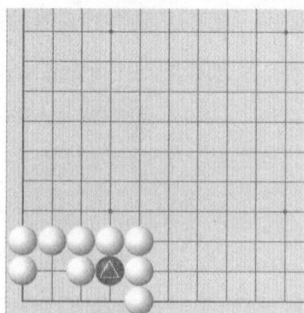
图4

图5中，白棋在A位提掉一颗黑子，白围有六目棋。

图6中，白△一子提过一黑子，现在白又走在这个提过的位置上，就等于白又用了一个棋子占

在了自己原来的二目上。因此，白△一子只能算一目。

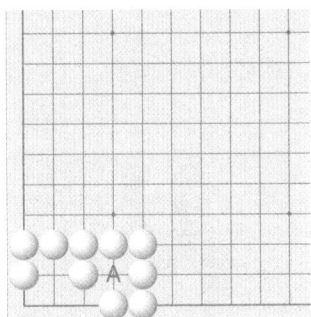

图 5

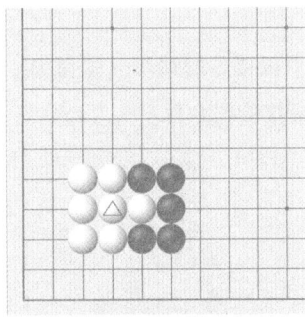

图 6

初级官子首先应掌握一块棋目数的计算。有了目数的概念，我们还需要掌握一些简单的官子手段，本部分主要介绍最基本、最常用的扳接。

一线的扳接。扳接主要有一线扳接和二线扳接两种，两者相差一路，但价值却差别很大。

图 7 中，白先，白 1 扳，黑 2 挡后，白 3 接住。这是一线扳接中白后手扳的形状。

图 8 中，黑先，黑 1 扳，白 2 挡住，黑 3 接住。这是一线扳接中黑后手扳的形状。

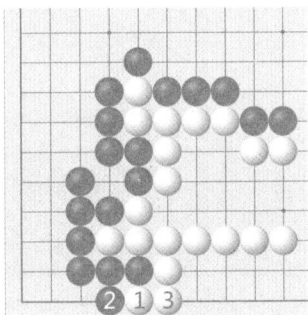

图 7

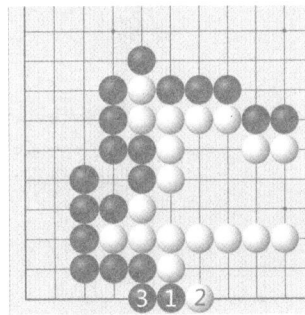

图 8

以上两图双方扳都是后手，是典型的一线双后扳接，其价值为二目。

图 9 中，白 1 扳，黑 2 挡，白 3 接住，黑 4 再补一手，这是白先手一线扳接的形状。

图 10 中，黑 1 扳，白 2 挡，黑 3 接住后，白 4 也得补一手，图中黑扳也是先手。

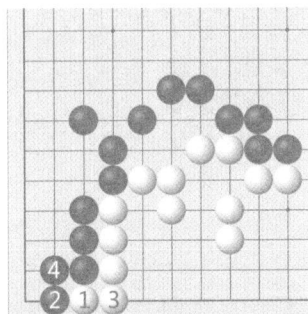

图 9

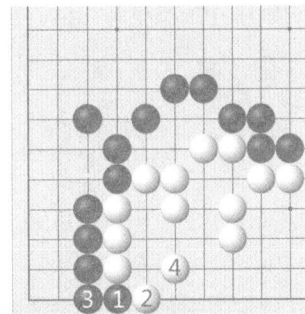

图 10

以上二图是一线双先扳接的典型，通过计算得出一线双先扳接价值四目。在官子阶段，二线扳接大的有十几目价值，最小也有六目价值，因此收官中要注意二线扳接的抢占。

图 11 中，这是二线扳接的最基本形状。白 1、白 3 扳接后，计算目数时按双方下立为准，白得 A 位三目。

图 12 中，这是黑扳接后的情形。黑得 B 位三目，破坏前图中 A 位三目。通过计算得出图 11、图 12 中的双后二线扳接价值六目。

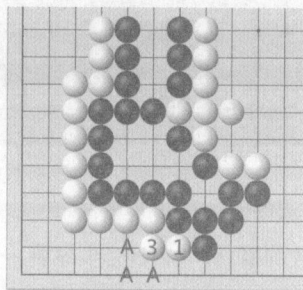

图 11

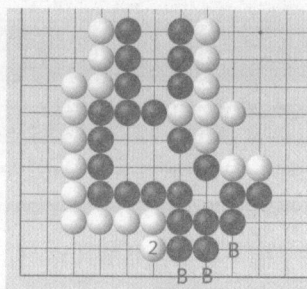

图 12

图 13 中，白 1 在一线扳接是先手，黑 4 补后，白方得 A 位三目。

图 14 中，黑 1 在一线扳，黑 3 接住，黑方的 B 位五目，破了图 13 中白方可成的三目，价值为八目。

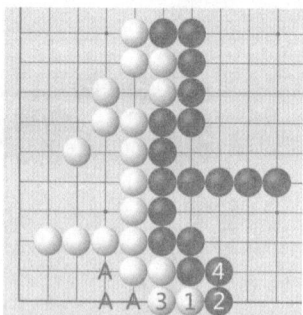

图 13

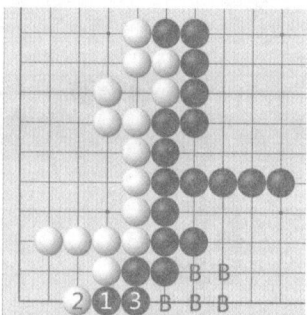

图 14

【基本技能】

1. 请计算图 15～图 18 中的黑棋有几目，并把答案写在棋盘下面的括号里。

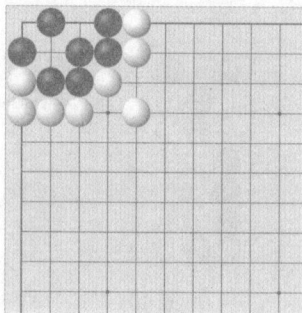

图 15（　　）

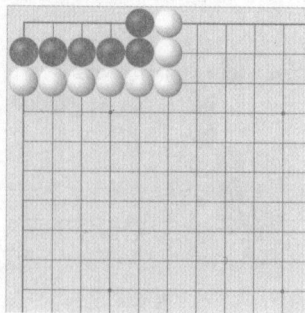

图 16（　　）

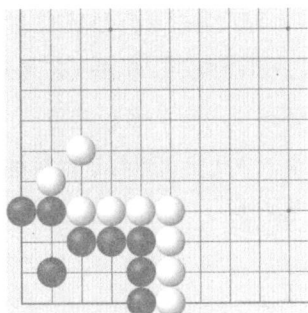
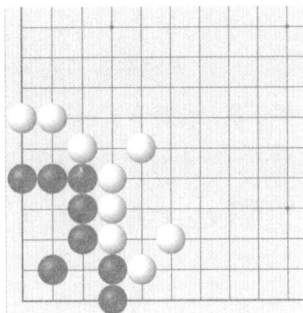

图 17（　　）　　　　　　图 18（　　）

2.（黑先）图 19～图 22 中，黑棋走在哪里是正确的官子下法？请写出必要的过程。

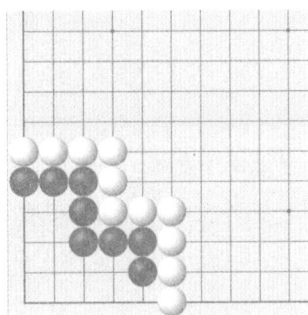
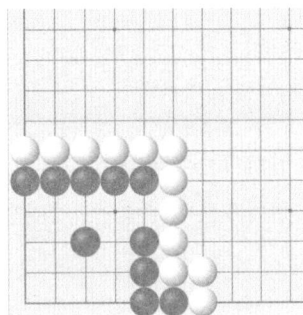

图 19　　　　　　　　　　图 20

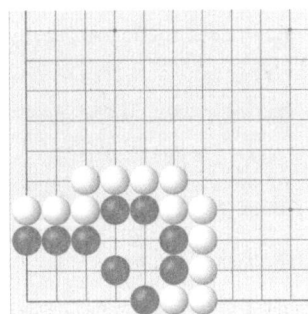
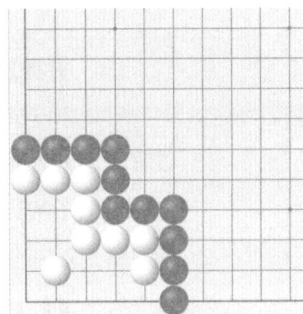

图 21　　　　　　　　　　图 22

【方寸风雅】

松泉坐隐图

清·刘钜（jù）

泉响松涛塞耳聪，四山寂寂万缘恐。

纷纷黑白人间事，都在相逢一笑中。

赏阅：

泉水的声音、风吹松林的声音都在耳边响起，担心的是山周围寂静无声。围棋黑白双方的纷争就如人间万事，相逢一笑都化为云淡风轻。

本诗用围棋寄托了作者对自然山水的喜爱之情，表达出闲散豁达的性格。

刘钜（生卒年不详），清朝光绪年间人，生平不详。

【手谈经纬】

夫棋，边不如角，角不如腹……赧莫赧于易，耻莫耻于盗，妙莫妙于用松，昏莫昏于复劫。

——《棋经十三篇·杂说篇》

赏阅：

下围棋，边不如角地容易得空，角地又不如腹地便于发展……最令人惭愧的事莫过于悔子，最令人耻辱的事莫过于偷子，最妙的棋莫过于妙在若即若离，最昏瞀（mào）的棋莫过于连续打劫。

【乾坤通识】

围棋收官口诀

收官子，常计算，收官常在一二路，
空一目，子两目，提子再填是一目；
增减空，劫三分，官子大小这样算，
超大官，关胜负，布局时候就要走；
双先官，先手官，逆收官再后手官，
双后扳，二路六，一路二目角过三；
二路空，可伸腿，低线扳渡有四目，
扳二二，先四目，二路三爬立四目，
终局劫，负争单，粘劫收后多两目。

【知学思考】

1. "目"的概念是什么？常见的官子手段有哪些？

2. 联系实际，谈谈你对"赧莫赧于易，耻莫耻于盗"的理解。

【知行合一】

1. 与家人、朋友分享故事《负棋寄驴》和刘钜的《松泉坐隐图》，懂得遇事要机智应对，遇到难题时要善于思考。

2. 图23～图26中的黑棋有几目？请把答案写在棋盘下面的括号里。

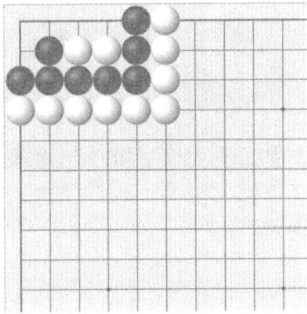

图23（　　）

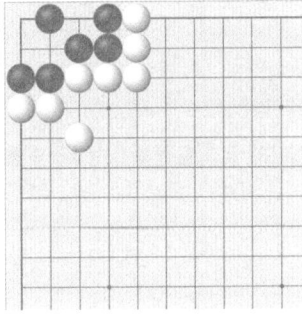

图24（　　）

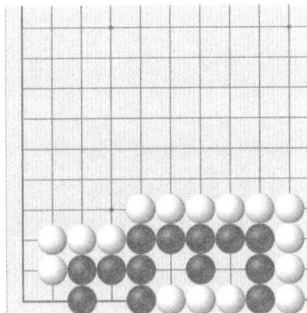

图25（　　）

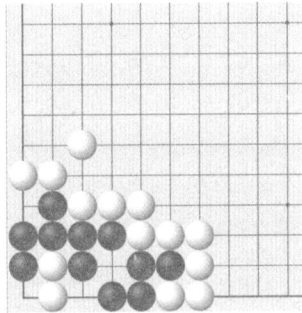

图26（　　）

3.（黑先）图27～图30中，黑棋走在哪里是正确的官子下法？请写出必要的过程。

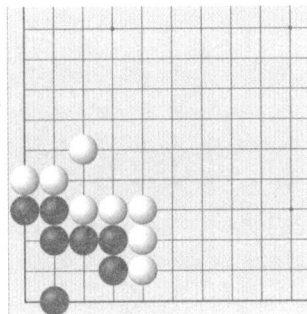

图27

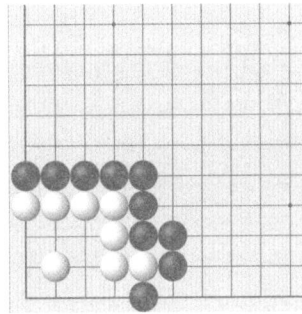

图28

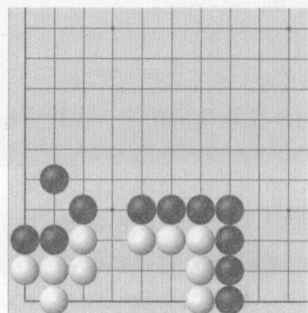 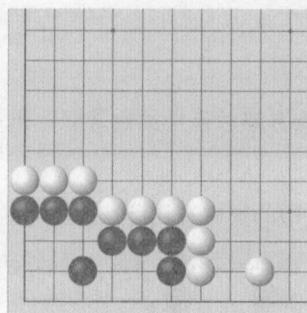

图 29   图 30

4*.名局精粹：上网搜索"施襄夏（白）——胡肇麟（受二子）（第六谱）"，感受棋盘上的风云变幻。

第三十六课 地域计算与胜负判断

【历史典故】

巧赢棋楼

徐达是朱元璋手下的一员大将，辅佐朱元璋建立了大明王朝，战功赫赫。相传，徐达与朱元璋二人曾在南京莫愁湖畔下棋，朱元璋以莫愁湖为赌注，若徐达赢了，便将莫愁湖赐给他。一番激战后，徐达险胜，朱元璋当场将莫愁湖赐给了他，并在对弈处建造一座亭楼，取名"胜棋楼"，楼前题了一副对联："世事如棋，一着争来千秋业；柔情似水，几时流尽六朝春。"

明朝建立后，徐达被连连封官，如今又被御赐湖建楼，更加不可一世。胜棋楼建成时，徐达宴请朝中同僚。席间有一位道长看不过徐达的张狂，善意提醒道："官场如棋局，瞬息万变，错投一子，全盘皆输。在下有副对联献给将军：'湖本无愁，笑南朝迭起群雄，不及佳人独步；棋何能胜，因残盘误投一子，致教此局全输！'"这副对联借弈棋劝诫徐达要时时警惕，但踌躇满志的徐达根本听不进去，抬头见堂上有幅《龙吟虎啸图》，随口道："古画一轴，龙不吟，虎不啸，花不闻香鸟不叫，见此小子，可笑可笑！"席上的另一位大臣刘伯温知道这位道长是好心提醒徐达，可徐达却仍旧态度傲慢，心中为他担忧，便接着徐达的话说："残棋半局，车无轮，马无鞍（ān），炮无烟火卒无粮，喝声将军，提防提防！"徐达这才恍然大悟，明白刘伯温是在告诫自己不可居功自傲，急忙行礼向道长表示歉意。从此一改狂妄自大的陋习，处处严于律己，克己奉公，成为一代名臣。

阅读启示：无论生活还是弈棋，我们都要时刻保持谦逊，戒骄戒躁，做虚怀若谷、淡泊名利的君子。

【基础知识】

地域计算与胜负判断

判断围棋的胜负，也就是判断谁围的地域大，地域大者为胜，反之为败。围棋中常采用数字法计算胜负，即清理出双方的死子后，对任意一方的活棋和活棋围住的点以子为单位进行统计。围棋盘上共有 361 个交叉点，棋子自身占据的交叉点和围住的空地都算抢到的地盘，一盘棋的胜负由双方占据交叉点的多少决定，更准确地说就是由双方活棋所占据的地域的大小来决定。1 个交叉点为 1 子，每方以 180½ 子为归本数，超过此数者为胜，反之为负。

围棋终局的胜负判定时还要注意分先、让先、让子的问题。

分先，指双方棋艺水平旗鼓相当，由双方轮流执黑先走。按我国现行的围棋规则规定：由于黑棋先行，有一定的先手威力，应由执黑的一方贴出 3¾ 子。所以黑所占的地方必须超过 184¼ 子（180½ ＋ 3¾）才能取胜。比如黑棋计算出 185 子，即黑胜 ¾ 子。而白方只要超过 177 子即可获胜。

让先，指水平略低的一方执黑先走，终局计算时不贴子，即各占 180½ 子为和棋，超过 180½ 子的一方获胜。让先规则适用于双方棋艺水平有一定差距的棋手之间的对局。

让子，即棋艺水平有较大差距时，对局双方所采用的对局形式之一，为了取得棋力的相互平衡，由水平低的一方执黑在棋盘的指定位置上连续放置若干黑子（水平差距大的子数增多，差距小的子数相对减少）。

图 1 中，黑白双方分占了左右两边的地域，因双方已把棋盘上所有的交叉点都各自占有，没有余下任何可争夺的地域，这盘棋就可以计算胜负了。

图 2 中，让 25 子，终局后黑方须贴换白方 12½ 子，贴还后仍以占 180½ 子为和棋。

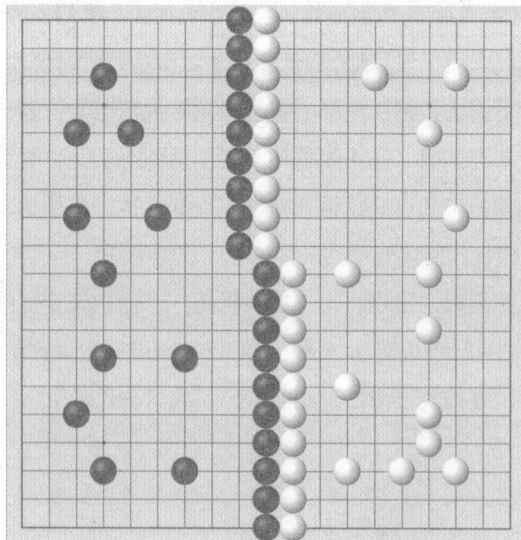

图 1

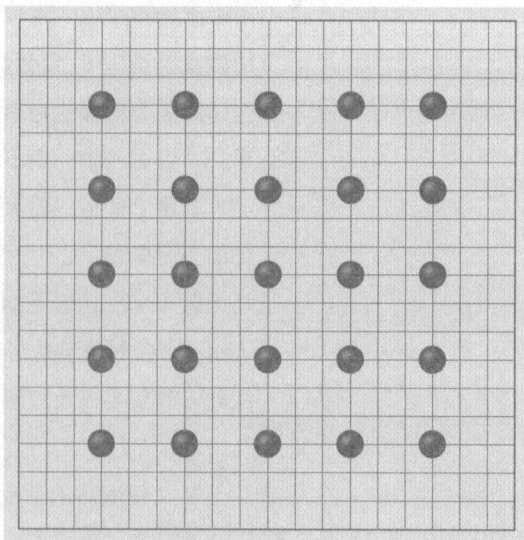

图 2

初学者有了一定的提高之后，可相对减少让子数，图 3 中，让 16 子的图形，待终局后黑方须贴白方 8 子。贴还后仍以各占 180½ 子为和棋，多者为胜。

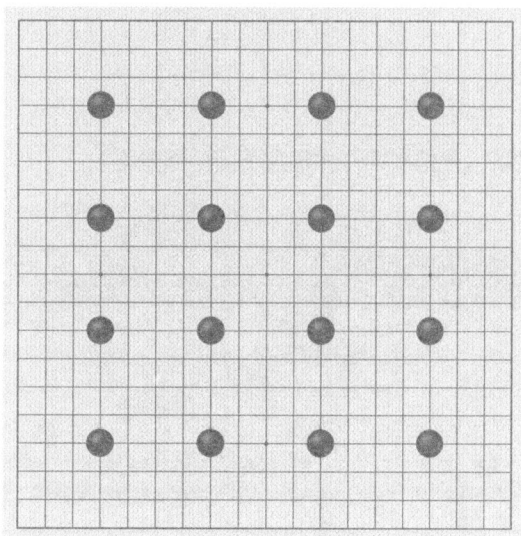

图 3

棋盘上所有的交叉点已被双方各自占有，其计算胜负的方法为：先拿掉双方的死子，然后将一方的地域用棋子填满，数一数便知胜负了。为计算方便，一般把小块地域填满，把大块地域做成整数。

图 4 中，这种形状是为了便于做棋而把散落的图形整齐化，右侧做了 40 子，上、下各方做了 20 子，共 80 子，除白棋围空中的黑死子外，盘面剩下的黑子加上 80 个做完的空，就是黑子的总数。这是实战后或比赛后所采用的计算胜负的方法。

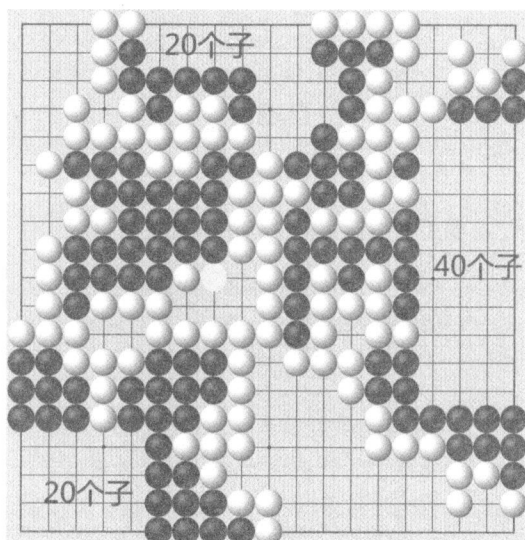

图 4

当然，初学者还不能掌握各种比赛规则所采用的计算胜负的方法，因为在比赛中（分先对局），黑方先行有一定的优势，因此，所有规则均采用了不同的贴目制度。例如，中国围棋协会和我国台湾应氏规则很大的分歧点为，黑方先行后贴目的具体数字不同。需要所有初学者都必须牢记的一点是，要想取得对局的胜利，就必须占有全盘交叉点的一半以上。

【基本技能】

请计算图 5 中棋盘的胜负，并把答案写在棋盘下面的括号里。

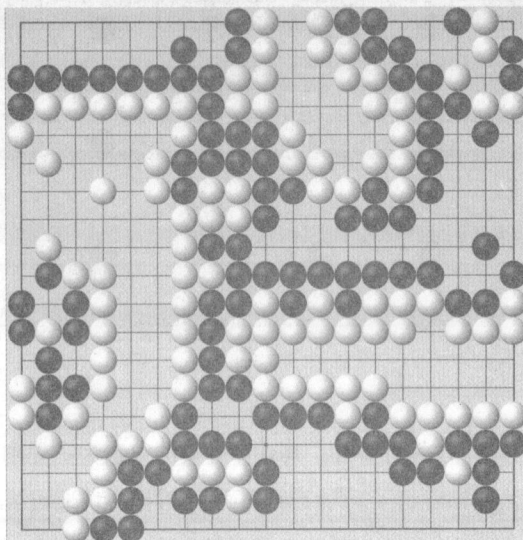

图 5（　　）

【方寸风雅】

自题诗

清·施襄夏

弗思而应诚多败，信手频挥更鲜谋。

不向静中参妙理，纵然颖悟也虚浮。

赏阅：

不深入思考双方局势而疲于应战必然会导致失败，随手落子是缺少智谋的表现。如果不能在寂寞清静中领悟精妙的道理，即使能在对弈时下出妙子也不过是偶然罢了。

本诗体现了作者对棋道的理解，即棋道如人生之道，须寂寞清静才能达到高远的境界，静下心来才能看清事物本质。

施襄夏（1710—1771），名绍闇（yīn），字襄夏，号定盦（ān），海宁（今属浙江省）人，清代围棋国手。施襄夏与程兰如、范西屏、梁魏今并称"清代围棋四大家"，与范西屏、黄龙士并称"清代三大棋圣"。有《弈理指归》。

【手谈经纬】

是以安而不泰，存而不骄。安而泰则危，存而骄则亡。

——《棋经十三篇·杂说篇》

赏阅：

因此，安稳时不可松懈，有优势时不可骄傲得意。安稳时松懈就会发生危险，有优势时骄傲就会导致失败。

【乾坤通识】

三十六计与围棋

《三十六计与围棋》为我国围棋职业九段棋手马晓春所著，他巧妙地把三十六计运用到围棋实战中。此书中的题材选自国内外的实战对局，书中所涉及到的作战技巧、手段，弈棋者应当学习，并灵活运用于棋盘上。下面我们简单了解一下三十六计之"围魏救赵"。

围魏救赵，原指战国时齐军用围攻魏国的方法，迫使魏国撤回攻赵部队而使赵国得救。后指袭击敌人后方的据点以迫使进攻之敌撤退的战术。应用在围棋上，指孤子被围时，借攻对方的孤子，在对方处理孤子时趁机使自己的孤子脱离危险。

图 6 是基本图，黑方简单地于黑▲位攻击白下边数子，并未考虑对白进行大规模总攻，此着局部看是攻击的急所，但从全局来看下法错误。具体请阅读图 7～图 12。

图 7 中，白 1 强行联络下法错误，因为此处白自身没有做两个眼的余地，黑 2 俗顶，然后黑 4 跳封，白棋就无生路了。

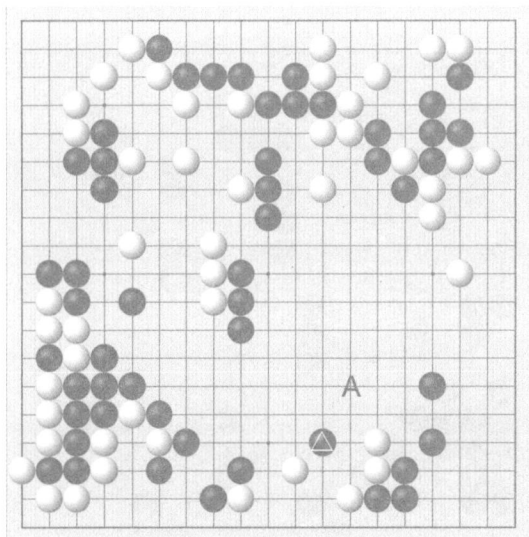

图 6

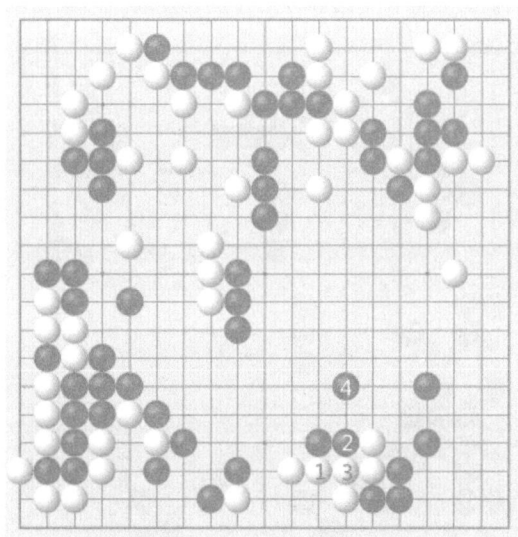

图 7

图8中，黑2断，白3夹，黑只能接。白5虚枷，黑不能全歼白棋，下法失败。

图9中，白1跳出时，黑2下法正确。白3挡，黑在4位挡，角上获得很大利益，将来有机会再于A位跳，这样黑棋不仅在实空上占优，还可以攻击白棋。

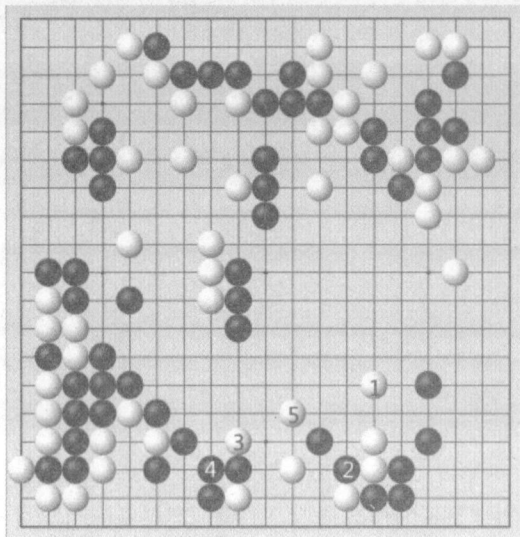

图8

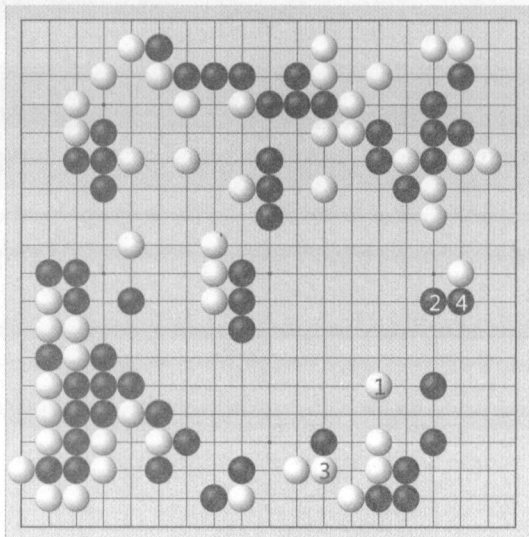

图9

图10中，白1跳封，黑2冲、黑4接。若白要破眼，白5拐是急所，白7长进角，黑8断打，白9长，黑10断、黑12扳好手。完全自己单方面地出逃是被动的下法，有时可以通过攻击对方来解救自己，这就是"围魏救赵"计的战略思想。

图11中，这是正解图。白1尖是"围魏救赵"的关键一步。白迫使黑2虎做眼，再3拐去黑眼放黑棋出逃。白5继续追击，黑6拐，白7跳出，黑8跳，白9尖是稳健的着法，虽然弃掉了下边三子，但走到了11跳下的大官子，从全局来看得失相当。本图白1尖采取缓攻策略，让黑外逃，始终牵制着黑棋，这样在下边和今后在别处作战时白就主动了。

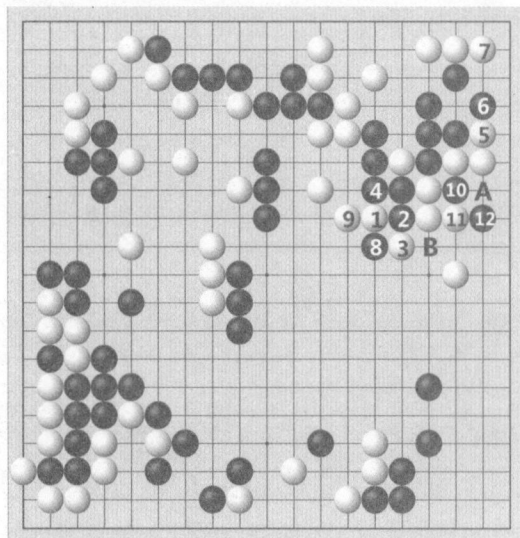

图10

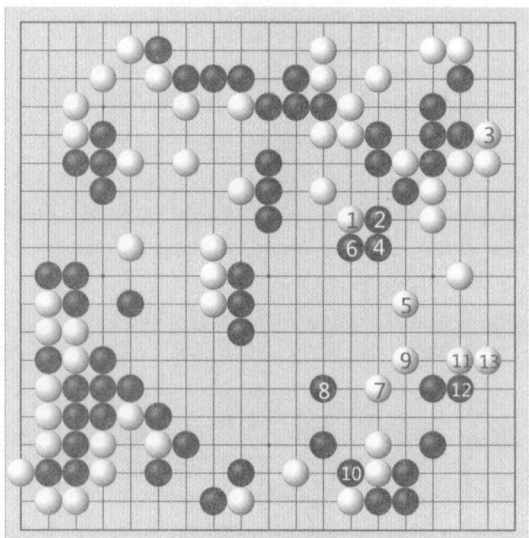

图11

图 12 中，白 1 尖时，若黑弃"魏"而攻"赵"，则形成转换。以下黑 4 飞全局最大，白 5 飞、白 7 压是先手权利，然后白 9、白 11 围住中央。这个转换的结果是围"魏"得利大，所失之"赵"小，故全局白优势。图 6 中黑▲攻击下法错误，正确的下法是在图 6 中 A 位强攻。黑▲攻击缓和，白方运用"围魏救赵"计，先对黑上面"魏"进行攻击，借攻击顺势连回了应救的"赵"。

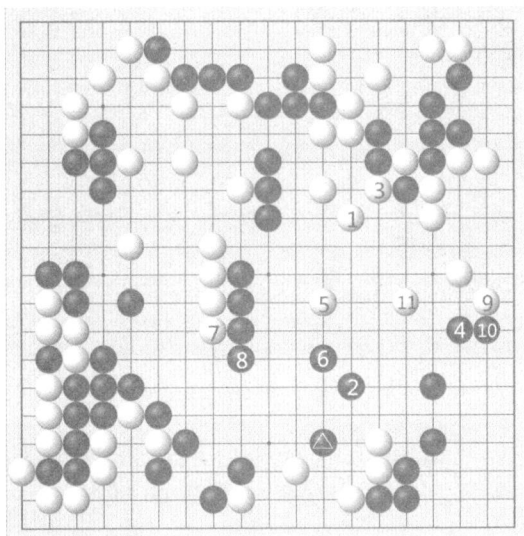

图 12

【知学思考】

1.如何计算一局棋的胜负？如何判定一局棋的输赢？

2.联系实际，谈谈你对"安而不泰，存而不骄"的理解。

【知行合一】

1.与家人、朋友分享故事《巧赢棋楼》和施襄夏的《自题诗》，懂得做人要保持谦逊，功成名就之时更要保持低调，学艺也一样，寂寞清静才能达到高远的境界。

2.请计算图 13～图 16 中棋局的胜负，并把答案写在棋盘下面括号里。

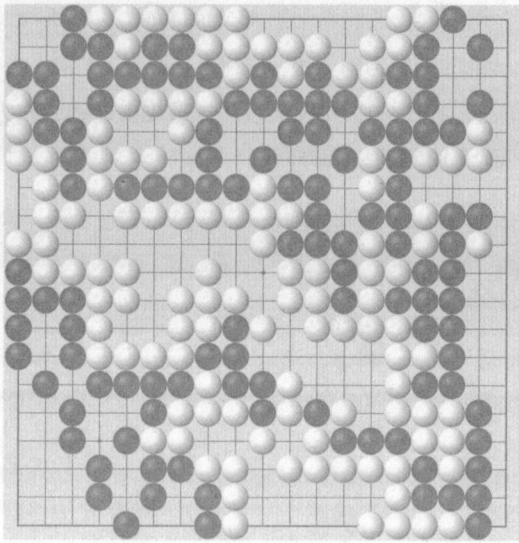

图 13 （　　）

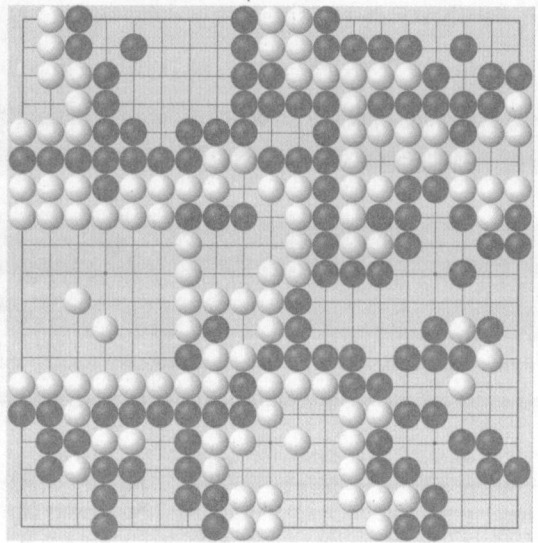

图 14 （　　）

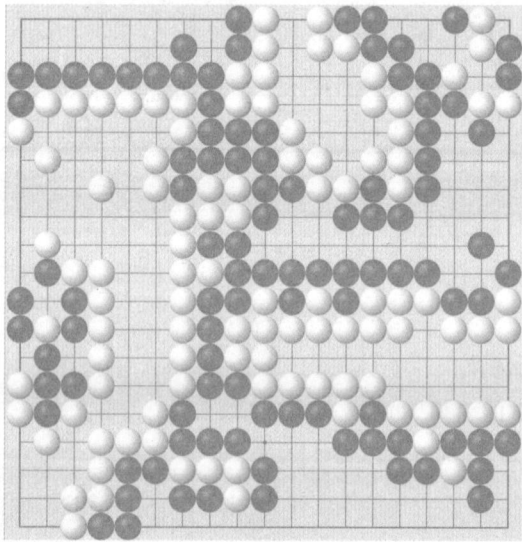

图 15 （　　）

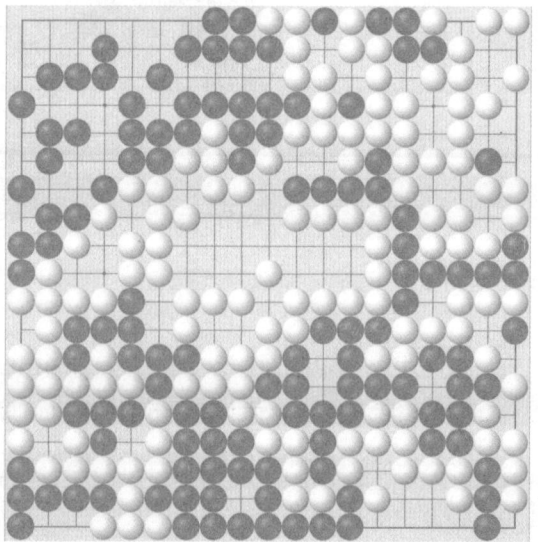

图 16 （　　）

3*.名局精粹：上网搜索"施襄夏（白）——胡肇麟（受二子）（第七谱）"，体会棋如人生。

本单元教学建议

◎教学目标

1.掌握目与官子、常见的官子手段的概念。

2.了解并掌握地域计算与胜负判断的规则与方法。

3.知道比赛有胜负,际遇有好坏,静下心来才能看清事物本质,明白"安而不泰,存而不骄"等棋理。

◎教学重点

1.目的计算。

2.地域计算与胜负判断的规则与方法。

◎教学难点

掌握围棋地域计算与胜负判断。

◎广览博学

1.搜索、阅读《棋经十三篇》(杂说篇)。

2.搜索、阅读《三十六计与围棋》。

3.搜索、观看《围棋人机大战 AlphaGo VS 柯洁》(三)。

编后记

以浙江大学、西泠印社、中国美术学院、中国围棋协会、浙江师范大学、浙江音乐学院等单位的知名学者为学术指导，由浙江大学出版社出版，新华书店重点推广发行的《中华人文素养教程》（简称《素养教程》），历时三载，六易其稿，即将付梓出版。《素养教程》是二十多位学者专家、十多位专职编辑人员和三十多位国学才艺任课教师，以及浙江大学出版社专业人士心血和智慧的结晶，是人文素养教育"十三五"时期的重大研究成果，是我国深入实施中华文化伟大复兴大计和教育部行将颁布新教材之际重要的人文素养教程。

浙江大学以及文化部、全国文联、中华文化促进会、浙江大学出版社的有关领导、专家对《素养教程》的研发工作十分重视，多次对编著方案、编辑团队、课程大纲、教程体例等予以指导。乙未年仲秋，印发了《素养教程课程大纲》和《素养教程编辑标准、体例和工作方案》，向二十几位具有教材编著、出版经验的学者、专家征求意见，组织召开论证会，进行了三轮修正，最终经楼含松、余潇枫、潘新国、杨念迅、贺海涛、毛德宝等知名学者专家审定。《素养教程》编著工作由具有教材教法专业知识、教学教研实践经验和人文素养教育学术造诣的李德臻先生持纲主编，编审由具有深厚汉语言文字功底和丰富教材编辑经验的潘新国、杨念迅先生担任，国学、古筝、围棋（级位卷）、书法（楷书卷）、国画（花鸟卷）、生活美学六科教程分别由黄灵庚教授、盛秧教授、何云波教授、魏峰教授、蒋跃教授、陈云飞研究员担任学术指导，毛德宝教授任美学指导，张中宁女士任执行主编。张中宁、朱心怡、李云蕾、高阳梦觉、盛梦雪分别负责相关科目文献整理、基础编辑和校对工作，黄菊负责插画等工作，李晔子、李雨童分别负责编辑部行政、大纲论证、编辑通联和制图、摄影、版面初设等工作。编著期间，多次印发各科目教程篇目样章以征求相关学者专家和任课教师的意见，先后组织二十多次编审会议，精心修改，至戊戌年孟秋《素养教程》完稿，提交浙江大学出版社审定陆续付梓出版。三年来，诸专家学者和编辑人员，凭着对承扬中华优秀传统文化的高度使命感和责任感，为《素养教程》研发工作付出了不懈的辛劳。在此，表示衷心的感谢！

《素养教程》研发是一项庞大的系统工程，需要大量的财力、智力和时间投入，需要方方面面的配合和支持。在整个研发过程中，得到故宫博物馆、中华珍宝馆、中国知网、北京大学图书馆、浙江大学图书馆、中国美术学院图书馆、西泠印社、浙江省图书馆、浙江美术馆、杭州市图书馆等单位的文献支持；得到陈劲、李圣华、吴惠青、胡朝东、沈志权、王平、周刚、洛齐、王琦、古宗耀、田仙珺、董闰聪、晏鸽、汤汤、邹唯成等学者和葛玉丹、冯社宁、沈爱云等出版界专家的指导；得到胡荣达、邹志刚、陈军、何燕、李真、颜天明、于顺喜、李向阳、王俊良、李志龙、叙音、董岩、颜永刚、林桂光、蔡唯敏、左睿、张尧、胡金、高飞等亲朋好友和业界同仁的帮助；得到袁秀粉、邓雅丹、王亦微、李淑媛、骆稽泓、徐亦林、江洁、吕京、金迅兆、董俐妤、韩云清等国学才艺教师的配合，许艳、沈玲、王鹏飞、陈翰丹、施双、吴莹等教师参与了教程研发前期的文献整理、编辑、插画、题款、摄影、制图等工作。在此，一并表示诚挚的感谢！

由于编著出版工作时间紧、任务重、体例新、现成文献缺乏、工作难度大，《素养教程》存有不足之处，恳请专家、学者、任课教师和广大读者予以批评指正，以便今后进一步修正完善。谢谢！

我们的联系方式：

电话：0571-88955339

邮箱：rwsydzmz@163.com   rwsyzzn@163.com

编　者

二〇一八年八月二十七日

专家评语荐言

§ 传承弘扬优秀传统文化，需要对传统文化进行分析鉴别，去芜存菁；需要通过当代化阐释，体悟式传播，让优秀传统文化精神深入人心。《中华人文素养教程》在这方面做了有益的探索。

——楼含松（浙江大学人文学院院长，古典文学理论家）

§ 德臻先生主编的《中华人文素养教程》从诗教、史学入手领悟汉字、乐曲、画面的意境，从而涵养学生的审美情怀和激发学艺兴趣，继而循序渐进地习修才艺。这是对传统才艺教学的一个创新，也是创新必备的人文艺术基础。

——陈劲（清华大学技术创新中心主任，教育部科技委管理学部委员）

§ 敦邈先生的责任担当在《中华人文素养教程》上得以完美诠释。"少年强则中国强，国学盛则中国盛。"本套教材中的琴棋书画诗礼以及茶艺、花艺、香艺、女红、服饰、妆容等才艺，无不彰显中华文化之博大精深。该教材编辑正规严谨，合乎规范，特荐为全国才艺海内外必用国标教材。

——贺海涛（全国才艺测评委员会主任，文化部中国书画院院长）

§ 上世纪八十年代，我与德臻先生合作过"学生整体素质教育实验"项目。时隔三十年，他仍不辞辛苦地耕耘在这方热土上。最近他主编出版的《中华人文素养教程》，将德育、美育、诗教、礼教、家学融进才艺教学中，真正体现了人文素养教育的本质，可以说是他不了的教育情怀、学术思想和淑世精神的一个完美结晶。

——董闰聪（全国优秀教师，浙江省首批功勋教师、特级教师）

§ 李德臻博士主编的《中华人文素养教程》集琴、棋、书、画、礼、仪、乐基础知识于一体，易学易懂，是少年儿童成长不可或缺的教科书。

——田仙君（中国人民大学少年新闻学院副院长，儿童诗歌著名诗人）

§ 李德臻院长主编的《中华人文素养教程》系统全面、丰富扎实，凝结众多专家学者的智慧和心血，能给当下青少年在家国情怀、人格修养、审美情趣等方面有趣、有效的熏陶和引领。

——汤汤（儿童文学著名作家、浙江省作家协会副主席）

§ 谁言文艺只言情？培铸根魂建世勋。笔底风云千万里，澄清玉宇大德行。——祝贺南木子先生主编的《中华人文素养教程》成功出版。

——王平（中国国家画院研究员，《中国美术报》执行总编辑）

§ 李德臻教授主编的《中华人文素养教程》不仅是一套艺术技法传授的教程，更是一套促进学生人文素养提升的教科书，强调的是中华优秀传统文化的传承，是我们实现"中国梦"的文化基石。

——毛德宝（中国美院出版社画册编辑室原主任、美术副编审）

图书在版编目（CIP）数据

中华人文素养教程·围棋（级位卷）/ 李德臻主编 .— 杭州：
浙江大学出版社，2021.6
ISBN　978-7-308-18865-4

Ⅰ.① 中… Ⅱ.① 李… Ⅲ.① 人文素质教育—中国—
教材 ② 围棋—教材 Ⅳ.①G40-012 ②G891.3

中国版本图书馆 CIP 数据核字（2018）第 293883 号

中华人文素养教程·围棋（级位卷）

北京（全国）艺术素质测评指定教程

李德臻　主编　潘新国　编审　何云波　学术指导

策划编辑	葛玉丹
责任编辑	冯社宁
文字编辑	张中宁
责任校对	董雯兰
封面设计	项梦怡
出版发行	浙江大学出版社
	（杭州市天目山路 148 号邮政编码 310007）
	（网址：http：//www.zjupress.com）
排　　版	杭州青翊图文设计有限公司
印　　刷	浙江新华数码印务有限公司
开　　本	889mm×1194mm　1/16
印　　张	19
字　　数	320 千
版 印 次	2021 年 6 月第 1 版　2021 年 6 月第 1 次印刷
书　　号	ISBN　978-7-308-18865-4
定　　价	48.00 元